PROPORCIONALIDADE, BEM JURÍDICO E TUTELA PENAL DO MEIO AMBIENTE

Conselho Editorial
André Luís Callegari
Carlos Alberto Molinaro
Daniel Francisco Mitidiero
Darci Guimarães Ribeiro
Draiton Gonzaga de Souza
Elaine Harzheim Macedo
Eugênio Facchini Neto
Giovani Agostini Saavedra
Ingo Wolfgang Sarlet
Jose Luis Bolzan de Morais
José Maria Rosa Tesheiner
Leandro Paulsen
Lenio Luiz Streck
Paulo Antônio Caliendo Velloso da Silveira

Dados Internacionais de Catalogação na Publicação (CIP)

F866p   Freitas, Marcio Luiz Coelho de.
         Proporcionalidade, bem jurídico e tutela penal do meio ambiente / Marcio Luiz Coelho de Freitas. – Porto Alegre : Livraria do Advogado Editora, 2015.
         184 p. ; 23 cm.
         Inclui bibliografia.
         ISBN 978-85-7348-976-7

         1. Direito penal - Meio ambiente. 2. Proporcionalidade (Direito). 3. Tutela. 4. Crime contra o meio ambiente. 5. Direitos fundamentais - Legitimidade (Direito). I. Título.

CDU 349.6:343.2
CDD 345.0242

Índice para catálogo sistemático:
1. Direito penal ambiental   349.6:343.2

(Bibliotecária responsável: Sabrina Leal Araujo – CRB 10/1507)

Marcio Luiz Coelho de Freitas

Proporcionalidade, Bem Jurídico e Tutela Penal do Meio Ambiente

livraria
DO ADVOGADO
editora

Porto Alegre, 2015

© Marcio Luiz Coelho de Freitas, 2015

Capa, projeto gráfico e diagramação
Livraria do Advogado Editora

Revisão
Rosane Marques Borba

Direitos desta edição reservados por
Livraria do Advogado Editora Ltda.
Rua Riachuelo, 1300
90010-273 Porto Alegre RS
Fone: 0800-51-7522
editora@livrariadoadvogado.com.br
www.doadvogado.com.br

Impresso no Brasil / Printed in Brazil

A meus filhos, Eduardo, Felipe e Clara, cuja existência dá sentido à minha vida e renova minha fé em um amanhã melhor.

À minha esposa, Andréa, que me dá um horizonte e orienta a direção do meu caminhar.

Mãos Dadas

Não serei o poeta de um mundo caduco.
Também não cantarei o mundo futuro.
Estou preso à vida e olho meus companheiros.
Estão taciturnos, mas nutrem grandes esperanças.
Entre eles, considero a enorme realidade.
O presente é tão grande, não nos afastemos.
Não nos afastemos muito, vamos de mãos dadas.
Não serei o cantor de uma mulher,
de uma história, não direi os suspiros ao
anoitecer, a paisagem vista da janela,
não distribuirei entorpecentes ou cartas de suicida,
não fugirei para as ilhas nem serei
raptado por serafins.
O tempo é a minha matéria,
o tempo presente, os homens presentes,
a vida presente.

Carlos Drummond de Andrade

Prefácio

Ao completar 25 anos, a Constituição Federal de 1988 representa marco histórico da transformação da Nação brasileira em Estado constitucional,[1] novo paradigma dos direitos fundamentais[2] e catalisador do pluralismo democrático e republicano, revelando-se dois elementos como estruturantes da opção constitucional pela efetividade de suas normas, quais sejam, eficácia irradiante dos direitos fundamentais[3] e inafastabilidade da apreciação jurisdicional.

Decorre do primeiro a unidade de sentido das normas constitucionais e infraconstitucionais a partir do princípio da dignidade da pessoa humana (aqui compreendido como fundamento do próprio sistema de direitos fundamentais), fenômeno denominado por Jorge Miranda[4] *revolução copernicana da juspublicística*, porquanto são as normas constitucionais que vinculam a atividade estatal infraconstitucional, e não o contrário.

O princípio da inafastabilidade da apreciação jurisdicional, previsto no inciso XXXV do art. 5º da Constituição Federal, de outro lado, identifica a ideia de controle, pelo Poder Judiciário, de todas e quaisquer ações ou omissões que possam gerar lesão ou ameaça de lesão a posições jurídicas atribuídas à cidadania, indicando um complexo sistema judicial cujo fim último é a concretização das normas constitucionais.

Nesse contexto, o papel reservado ao Poder Judiciário no sistema de freios e contrapesos das democracias modernas passou por uma profunda alteração. Fatores como o crescente reconhecimento de direitos fundamentais, não só relacionados aos direitos negativos (vida,

---

[1] ZAGREBELSKY, Gustavo. *El derecho dúctil*. 5ª ed. Madri: Trotta, 2003, p. 21 e ss.

[2] FERRAJOLI, Luigi. *Diritti fondamentali – un dibattito teorico*. 2ª ed. Roma: Laterza, 2002, p. 33 e ss.

[3] Sobre o moderno conceito de direitos fundamentais, veja-se: SCHAFER, Jairo. *Classificação dos Direitos Fundamentais*. 2ª ed. Porto Alegre: Livraria do Advogado, 2013, p. 63.

[4] Prefácio da obra *Direitos humanos*. FERREIRA DA CUNHA, Paulo (org.). Coimbra: Almedina, 2003, p. 11.

propriedade, liberdade etc.), mas também aos chamados direitos prestacionais (saúde, educação, segurança pública etc.), a democratização do acesso à justiça e o reconhecimento da Constituição como verdadeira norma fundante, impositiva e cogente,[5] e não mais a mera "folha de papel" de Lassalle,[6] geraram um enorme crescimento do grau de judicialização dos temas relevantes à sociedade, fazendo com que o Judiciário, ao firmar-se como o mais importante guardião dos direitos fundamentais, adquirisse o *status* de instituição essencial à própria existência do regime democrático.

A mudança do modelo do Estado de direito para o modelo do Estado constitucional provocou uma alteração também na função do juiz, que, nas democracias modernas, não só passou a ser responsável pela tradicional tarefa de assegurar que o exercício dos poderes públicos se dê conforme a lei, mas também (e principalmente) assumiu a posição de garante dos direitos fundamentais, inclusive contra o legislador. Nesse esquema institucional, como afirma Ferrajoli,[7] a interpretação judicial passa a ser também um juízo acerca da própria lei, cabendo ao juiz adotar somente os sentidos constitucionalmente válidos da lei, isto é, aqueles compatíveis com o ordenamento jurídico-constitucional, formado não somente por regras, normas que se aplicam por subsunção, mas também por princípios, normas que devem ser objeto de ponderação e balanceamento no caso concreto para sua correta aplicação.

Todavia, o reconhecimento de que as normas jurídicas também possam assumir a forma de mandados de otimização, aplicáveis de acordo com as condições fáticas e jurídicas, traz consigo a necessidade de que sejam criados meios aptos a evitar que a aplicação de princípios mediante o sopesamento possibilite uma atuação judicial irracional e arbitrária. Com efeito, uma abordagem principiológica desprovida de controles de racionalidade levaria a um panprincipialismo autoritário e, na feliz imagem criada por Habermas, faria "ruir a viga mestra

---

[5] HESSE, Konrad. *A Força Normativa da Constituição*. Porto Alegre: Sergio Antonio Fabris, 1991, p. 9. Esta ideia de vinculação à Constituição é o maior legado do *judicial review*, quando a Suprema Corte norte-americana, por obra do Juiz John Marshall, em 1803, no célebre caso Marbury *versus* Madison, assentou a possibilidade da revisão judicial de atos do Poder Legislativo: em virtude da supremacia e do caráter vinculante da Constituição, toda lei que a ofende é nula de pleno direito.

[6] LASSALE, Ferdinand. *A Essência da Constituição*. 6ª ed. Rio de Janeiro: Lumen Juris, 2001.

[7] FERRAJOLI, Luigi. El papel de la función judicial en el Estado de Derecho. In: ATIENZA, Manuel e FERRAJOLI, Luigi. *Jurisdicción y argumentación en el estado constitucional de derecho*. México: Universidad Nacional Autónoma de México, 2005, p. 93.

introduzida no discurso jurídico pela compreensão deontológica de normas e princípios do direito".[8]

Nos tempos que correm, é esta a principal tarefa da dogmática jurídica: fornecer elementos para que as decisões judiciais sejam efetivamente produto de uma fundamentação racional de juízos práticos ou morais, indicando parâmetros para o controle da racionalidade da atuação jurisdicional, que deve conjugar justiça e segurança jurídica. A construção de uma prática jurídica comprometida com a concretização dos direitos fundamentais requer a elaboração de uma dogmática que supere a mera crítica externa ao legalismo cego ou a simples constatação do caráter argumentativo e principiológico do direito.[9] É necessário elaborar um saber jurídico que não só deixe de lado a postura meramente descritiva dos institutos jurídicos, mas que, reconhecendo o direito como fenômeno essencialmente argumentativo, leve o saber crítico à análise intradogmática do direito.

É esse caminho que Marcio Luiz Freitas trilha em seu "Proporcionalidade, bem jurídico e tutela penal do meio ambiente", obra de fôlego que trata primorosamente da busca por critérios para legitimar a utilização do direito penal, mais poderoso instrumento de controle social e de restrições a direitos fundamentais, como meio de controle dos crescentes riscos e perigos ambientais.

A leitura da publicação deixa antever que o autor não enxerga no direito penal apenas a faceta de meio de restrição aos direitos fundamentais, mas nele vê, principalmente, o instrumento de que se deve valer o Estado para se desincumbir da missão de proteger os direitos fundamentais contra agressões de terceiros, em especial quando os agressores ocupam posição de poder (político, econômico ou social), o que se torna ainda mais relevante quando se trata da proteção de direitos fundamentais coletivos ou difusos. E com razão, pois modernamente a proporcionalidade (central na teoria das restrições a direitos fundamentais e na aplicação dos princípios constitucionais do direito penal) possui dupla função: se, por um lado,

---

[8] HABERMAS, Jürgen. *Direito e Democracia: entre faticidade e validade*. Vol. I, p. 320/321. Para uma visão geral sobre a teoria principiológica dos direitos fundamentais, pode ser consultado ALEXY, Robert. *Teoria dos direitos fundamentais*. São Paulo: Malheiros, 2008; relativamente às modernas críticas elaboradas à concepção, veja-se especialmente Luigi Ferrajoli, o qual elabora uma contrariedade à excessiva ampliação do papel da ponderação na interpretação jurisdicional das normas constitucionais: FERRAJOLI, Luigi; STRECK, Lenio Luiz; TRINDADE, André Karam. *Garantismo, hermenêutica e (neo)constitucionalismo*. Um debate com Luigi Ferrajoli. Porto Alegre: Livraria do advogado, 2012, p. 47 e ss., e POSCHER, Ralf. *The Principle Theory*: How Many Theories and What is Their Merit? (trabalho disponível em: <http://papers.ssrn.com/sol3/papers.cfm?abstract_id=1411181>.

[9] Sobre a função do juiz na democracia, veja-se GARAPON, Antoine. *O juiz e a democracia: o guardião das promessas*. Rio de Janeiro: Revan, 1999.

traduz uma cláusula de controle da atuação excessiva do poder público (proibição de agir excessivo), de outro, igualmente proíbe o seu agir deficiente (proporcionalidade em sentido reverso), determinando a prática de medidas necessárias à proteção das posições constitucionalmente protegidas.

Essa perspectiva é evidenciada já nos capítulos iniciais, quando o autor deixa clara sua opção epistemológica, em que toma como marcos teóricos as teses de Robert Alexy acerca da distinção entre princípios e regras e do caráter pluridimensional da dogmática jurídica, voltada à busca de soluções racionalmente fundadas para problemas abertos na teoria do direito, e as teses de Claus Roxin, que conferem a seu método uma perspectiva teleológica, incorporando à dogmática as razões de política criminal, que passam a dar conteúdo aos diversos institutos jurídico-penais.

A partir disso, o autor empenha-se em estabelecer parâmetros mediante os quais entende ser possível harmonizar a necessidade de precaução ante os graves riscos ambientais e o princípio da intervenção mínima na tutela penal do meio ambiente. Para tanto, lança mão da técnica da proporcionalidade como modo de avaliar a legitimidade das restrições aos direitos fundamentais operadas pelo direito penal ambiental.

Vale notar, entretanto, que nessa obra o recurso à proporcionalidade não se resume à abstrata ponderação entre a necessidade de proteção ao meio ambiente e os direitos e liberdades individuais afetados pelo exercício do poder punitivo do Estado. Na verdade, o autor aprofunda a análise de alguns dos mais controversos temas da dogmática penal e ambiental, como os princípios da intervenção mínima e da precaução e a teoria do bem jurídico-penal, muitas vezes assumindo posições que não se limitam a repetir a doutrina dominante.

Ao tratar do princípio da intervenção mínima, por exemplo, o autor defende a ideia de que ele seria formado pelos subprincípios da fragmentariedade, da subsidiariedade e da lesividade, apartando-o da legalidade estrita, usualmente apontada como o mais importante princípio garantista, mas classificada como tendo a estrutura (e a forma de aplicação) de regra.

De igual maneira, a expansão do direito penal na sociedade do risco aqui aparece não só como fruto da manipulação do poder político e da mídia, mas também como expressão do princípio da precaução, que o autor aponta como resultado legítimo das expectativas da população num ambiente de sensação generalizada de insegurança ante os novos riscos.

No livro, examina-se a colisão entre o princípio da intervenção mínima e o movimento expansivo do direito penal moderno, do qual o direito penal do meio ambiente é exemplo marcante, sob uma perspectiva pouco usual na doutrina penal brasileira, que, no mais das vezes, assume uma postura de recusa generalizada à incursão do direito penal em outros campos que não aqueles característicos do direito penal nuclear, destinado à proteção de bens pessoais (vida, liberdade, integridade física e patrimônio). Para o autor, a adoção dessa postura "representa, antes de mais nada, uma porta aberta para que a irracionalidade reine no campo da tutela penal do meio ambiente", por isso ele busca levar a cabo uma análise dogmática voltada às finalidades político-criminais de precaução (no que deixa evidente a forte influência do normativismo funcionalista de Roxin), de modo a permitir a separação das expansões razoáveis do direito penal daquelas irrazoáveis. Por isso, para o autor, "no debate penal de nosso tempo, a pergunta não deve ser *se* o direito penal pode tutelar o meio ambiente, mas *como* o direito penal deve tutelar o meio ambiente".

Nesse aspecto, busca Marcio Freitas – inteligentemente, frise-se! – harmonizar os limites do direito penal clássico com as necessidades de precaução impostas pelos novos riscos ambientais, estabelecendo um espaço de legitimidade da intervenção penal, delimitado a partir da aplicação da proporcionalidade, com os elementos que a compõem, quais sejam, adequação, necessidade e proporcionalidade em sentido estrito.

Essa delimitação tem como pressuposto uma correta compreensão do bem jurídico-penal tutelado pelo direito penal do ambiente, já que é esse conceito que permite a operação de ponderação, traçando limites materiais à atuação do legislador e do aplicador do direito. Para tanto, o autor lança mão de um conceito de bem jurídico-penal crítico da legislação, que não se limita a descrever o objeto da tutela penal, mas fundamenta a própria legitimidade da incriminação, conferindo um referente material para a intervenção penal. Após enfrentar algumas das posições defendidas na doutrina nessa que é uma das mais acaloradas discussões na dogmática penal, o autor opta por adotar um conceito de bem jurídico como algo com existência real (embora não necessariamente material) que, no caso do meio ambiente, seria a biodiversidade.

Para Marcio Luiz Freitas, a adoção da biodiversidade (conceito também bastante detalhado no curso da obra) permite conferir conteúdo concreto às operações de ponderação necessárias à verificação da legitimidade da intervenção penal na tutela do meio ambiente, na forma propugnada por Alexy, de modo a possibilitar uma atuação que evite não só o excesso, mas também a proteção deficiente e forneça subsídios para a superação de alguns dos principais problemas do direito penal ambiental, como sua compatibilização com o princípio da lesividade, apontando os limites à antecipação da intervenção penal a um momento anterior ao da produção do dano, e a exclusão da tipicidade pela insignificância.

Enfim, tenho enorme satisfação em prefaciar este substancioso escrito que inegavelmente serve de estímulo a discussões sobre diversos fatores que tangenciam a interface do direito penal com a questão ambiental. É obra própria de um culto e dedicado profissional, desenvolvida de modo profundo, mas com linguagem acessível, com encadeamento lógico dos temas, cuja sequência permite ao leitor seguir o pensamento do autor até a construção da tese final, tudo em um texto claro e preciso, como sói ocorrer em trabalho de grandes juristas!

Boa leitura a todos!

Felix Fischer
Ministro do Superior Tribunal de Justiça

Sumário

Listas de siglas...17

Apresentação – *Humberto Martins*...19

1. Introdução..21
    1.1. Sobre o método..29

2. Ponto de partida: racionalidade, argumentação e dogmática penal.................33
    2.1. Teoria do direito, argumentação e racionalidade.................34
    2.2. Dogmática jurídico-penal e política criminal......................40

3. Princípios, regras e proporcionalidade.....................................43
    3.1. De princípios e regras..43
    3.2. Conflitos normativos...49
        3.2.1. Conflitos entre regras..52
        3.2.2. Colisão entre princípios..53
    3.3. A proporcionalidade..61
        3.3.1. Proporcionalidade: máxima, princípio ou regra. razoabilidade.........64
    3.4. A estrutura da proporcionalidade.......................................67
    3.5. Adequação..69
    3.6. Necessidade..71
    3.7. Proporcionalidade em sentido estrito..................................77

4. Limites ao direito penal...83
    4.1. Características do direito penal clássico................................85
    4.2. A legalidade estrita e a formalização do direito penal – taxatividade, irretroatividade e anterioridade.................................91
    4.3. A intervenção mínima (direito penal mínimo).....................96
    4.4. Conteúdo jurídico da intervenção mínima: subsidiariedade, fragmentariedade e lesividade.................................102
        4.4.1. Subsidiariedade...102
        4.4.2. Fragmentariedade...104
        4.4.3. Lesividade...105

5. O bem jurídico-penal..109
    5.1. Intervenção mínima e exclusiva proteção aos bens jurídicos....................109
    5.2. Conceito de bem jurídico-penal..111

5.3. Fundamentação constitucional do bem jurídico-penal................................116
5.4. Alcance da teoria do bem jurídico-penal................................119

6. Sociedade do risco e a expansão do direito penal................................127

6.1. Realidades sociais motivadoras da expansão penal................................128
6.2. A sociedade do risco................................131
6.3. Política criminal e direito penal na sociedade do risco................................132
6.4. Direito penal e precaução................................137
6.5. A precaução no direito ambiental................................139

7. O bem jurídico tutelado no direito penal ambiental................................145

7.1. Conceito jurídico-penal de meio ambiente................................146
7.2. A biodiversidade................................151
      7.2.1. Diversidade de genética................................152
      7.2.2. Diversidade de espécies................................154
      7.2.3. Diversidade de ecossistemas................................156
7.3. Os riscos à biodiversidade................................158
7.4. Fundamentos da proteção à biodiversidade................................162
7.5. Consequências dogmáticas................................170

8. Conclusão................................175

Referências................................179

Listas de siglas

Ac. – Acórdão
ADPF – Arguição de descumprimento de preceito fundamental
ADC – Ação declaratória de constitucionalidade
ADI – Ação direta de inconstitucionalidade
CF – Constituição Federal
CONAMA – Conselho Nacional do Meio Ambiente
CP – Código Penal
GBO3 – Relatório Panorama Global da Biodiversidade 3
HC – *Habeas corpus*
MS – Mandado de segurança
REsp – Recurso especial
STJ – Superior Tribunal de Justiça
STF – Supremo Tribunal Federal
TRF – Tribunal Regional Federal

Apresentação

Em boa hora, recebo a obra "Proporcionalidade, bem jurídico e tutela penal do meio ambiente", produzida por Marcio Luiz Coelho de Freitas, fruto de sua dissertação de mestrado, defendida no programa de pós-graduação em Direito Ambiental da Universidade do Estado do Amazonas (UEA). O autor da pesquisa já publicou vários artigos acadêmicos, além de capítulos em obras coletivas. Todavia, é com a presente obra que faz a sua entrada na produção acadêmica nacional com um trabalho autoral de grande fôlego. O livro demonstra o caráter meticuloso, típico de pesquisadores vocacionados, que esgrima argumentos em temas complexos – como é a proposta da obra – em prol de conclusões inovadoras. O trabalho – sem dúvida – suscitará excelentes debates acerca das fronteiras do direito ambiental e inspirará não somente outras pesquisas, mas, também, servirá de apoio para teses inovadoras no Poder Judiciário em prol da defesa do meio ambiente.

O mundo contemporâneo passa por graves mudanças. Para além da modernidade, atualmente vivemos um período de interconexão social que, por um lado, maravilha as pessoas, por outro, também é motivo para reflexões e debates.

Agregar numa mesma pesquisa a análise da aplicabilidade do direito penal clássico à tutela judicial em defesa do meio ambiente é uma tese bastante inovadora e relevante. Ainda mais, fazer essa avaliação a partir do acervo da teoria contemporânea do direito constitucional demonstra o amadurecimento acadêmico do pesquisador e sua atualidade em mobilizar teorias complexas com rara maestria. A grave preocupação com a defesa do meio ambiente é recente no Brasil. Sua efetivação está limitada à atuação administrativa do Estado, por meio da ação das entidades específicas e, no máximo, ao desempenho do Ministério Público, por meio de ações civis públicas. A expansão do debate para a tutela penal é uma possibilidade real e, assim, deve ser debatida.

Para contrapor o direito penal clássico aos novos imperativos de tutela, como a defesa do meio ambiente, faz-se necessário utilizar dois conjuntos teóricos que o autor conseguiu equilibrar. O primeiro foi a teoria de Robert Alexy sobre ponderação e direitos fundamentais. Ela permitiu que o pesquisador pudesse concluir que a defesa do meio ambiente é um imperativo que se imporá – na via penal – nos tempos futuros:

> O meio ambiente é um exemplo perfeito das novas funções assumidas pelo Estado na tutela dos direitos fundamentais, posto que não basta que o Estado se abstenha de, por seus agentes, causar danos ambientais. Ele também deve se estruturar para garantir que o meio ambiente não seja atacado pelos poderosos de plantão. Para isso, deve o Estado lançar mão de todo o seu arsenal de instrumentos destinados a moldar comportamentos, dentre os quais o direito penal ocupa lugar privilegiado, em razão da severidade de suas sanções e, principalmente, em razão de seu caráter extremamente formalizado, que lhe garante uma força (real e simbólica) que nenhum outro instrumento de controle social detém.

Para chegar a tal conclusão, o autor fez rigorosa leitura do direito penal clássico e de seus autores, à luz de um acervo analítico que estava explicitamente baseado no trabalho de Ulrich Beck acerca da sociedade de risco (*La sociedade de riesgo global*. Madrid: Siglo Veintiuno, 2002). O brilhante autor alemão, falecido em 1º de janeiro de 2015, tornou-se célebre por construir uma teoria do mundo contemporâneo no qual se destacava o conceito de risco, em detrimento de outros conceitos que eram centrais para explicar a modernidade. Para Ulrich Beck, a categoria do trabalho não mais seria elucidativa da organização da vida social e dos sistemas de relações humanas. Estas haviam sido transformadas pelo conceito de risco global que permearia todas as interações sociais. Seria o grande problema social do nosso tempo. Assim, se em algum momento passado o grande problema social seria a luta de classes, para Beck, o grande problema do mundo atual seria o colapso eminente da vida social em face dos riscos globais. Seria o aniquilamento pela autodestruição generalizada, que é tão representada pelos danos nucleares, pois estes atingem todas as pessoas que estão no seu entorno, além de repercutir nas gerações futuras.

Para debater um tema tão relevante – e em homenagem a Ulrich Beck –, louvo a dissertação – agora livro – produzida por um jovem, brilhante e promissor pesquisador. Que os leitores tenham tanta alegria em ler estas inspiradas páginas, como eu tive.

Humberto Martins
Ministro do Superior Tribunal de Justiça

1. Introdução

O direito penal atual teve, em grande medida, seus fundamentos construídos pelo pensamento jurídico iluminista a partir de uma perspectiva liberal e individualista segundo a qual sua função seria proteger bens essencialmente personalistas e o patrimônio cabendo à jurisdição criminal conter o arbítrio do poder punitivo estatal, protegendo os direitos fundamentais dos cidadãos.

A maior parte do desenvolvimento da dogmática penal se deu tendo como parâmetro crimes que envolviam a ação de um indivíduo para lesar bens ou direitos de outro indivíduo, ambos perfeitamente individualizados e identificados. Nesse esquema teórico, o tipo penal por excelência é o homicídio doloso. Sob essa ótica é que foram cunhadas as bases epistemológicas sobre as quais se funda o modelo garantista clássico – a legalidade estrita, a materialidade e lesividade dos delitos, a responsabilidade pessoal, o contraditório, a ampla defesa e a presunção de inocência,[1] por exemplo. O Direito Penal, sendo a mais grave intervenção do Estado na liberdade dos indivíduos, era tido como *ultima ratio*, com caráter subsidiário e acessório.

Nos últimos anos, entretanto, tem sido cada vez mais frequente a introdução de novos tipos penais e o agravamento dos já existentes, bem como a ampliação dos espaços de risco penalmente relevantes, com a flexibilização de regras de imputação e a relativização dos princípios político-criminais de garantia, num movimento de expansão do Direito Penal que põe em xeque os institutos consolidados pela dogmática jurídico-penal. Além do aumento extensivo (quantidade de crimes) e intensivo (quantidade de pena), verifica-se uma crescente antecipação do momento de intervenção do Direito Penal (o modelo de tipificação dos crimes de dano é gradativamente substituído pelo modelo de crimes de perigo, especialmente pelo de perigo abstrato)

---

[1] Cf. FERRAJOLI, Luigi. El papel de la función judicial en el Estado de Derecho. In: ATIENZA, Manuel; FERRAJOLI, Luigi. *Jurisdicción y argumentación en el estado constitucional de derecho*. México: Universidad Nacional Autónoma de México, 2005, p. 85 e ss.

e o recurso cada vez maior a normas penais em branco e a elementos normativos nos tipos penais (o que leva a uma maior indefinição quanto aos limites entre as sanções penais e as administrativas). Nesse contexto, o Direito Penal deixa de ser considerado o estatuto das liberdades do cidadão e o instrumento de reação contra lesões graves e passa a ser visto como a ferramenta por excelência de controle social e meio de gestão de riscos.

É inegável que um dos principais fatores para essa expansão do Direito Penal é o papel da mídia e das grandes corporações na criação, junto ao ideário popular, de uma sensação generalizada de insegurança decorrente da massificação da informação e da espetacularização dos dramas e da violência, que passam a ser onipresentes, ocupando espaço privilegiado não só nos noticiários, mas em todos os meios de comunicação. Aliado a isso, verifica-se uma tendência de as instituições públicas tentarem utilizar a legislação penal como resposta fácil, rápida e barata aos graves problemas sociais do país, especialmente no campo da segurança pública, em que não raro a legislação penal é apresentada como uma reação do poder público destinada a tranquilizar a população, como se o tão só fato de exasperar uma pena ou criar um novo crime fosse o bastante para, por si, efetivamente representar um aumento na segurança e na proteção aos bens jurídicos tutelados. Os políticos acabam utilizando o crime e as reações que ele desperta na sociedade para marcar pontos com a população e, assim, aumentar a sua popularidade, ganhando as eleições.[2] Esse fenômeno tornou-se comum em praticamente todas as democracias modernas, sendo corretamente descrito pelo slogan *"Governing through crime* (governando por meio do crime)"*.

Entretanto, por mais que seja inegável a forte influência de tais fatores, seria no mínimo ingênuo creditar a expansão do Direito Penal e o clamor por mais segurança unicamente a essas razões. De fato, outros fatores, como o aparecimento de novos riscos (que levam à criação de novos bens jurídico-penais), o aumento do valor conferido a velhos interesses juridicamente tutelados (muitas vezes decorrente de uma inédita situação de escassez de bens anteriormente abundantes), o descrédito das outras instâncias de proteção (o direito administrativo e civil) e uma excessiva judicialização da vida social

---

[2] Cf. HEFENDEHL, Roland. *Uma teoria social do bem jurídico*, em que o autor faz referência à obra de Jonathan Simon. (*Governing Through Crime. How the War on Crime Transformed American Democracy and Created a Culture of Fear*). No mesmo sentido, com amplas referências a estudos empíricos na Europa e nos Estados Unidos, BLASCO, Bernardo del Rosal. ¿Hacia el derecho penal de la postmodernidad?. *Revista Electrónica de Ciencia Penal y Criminología*. Nº 11-08 (2009) – <http://criminet.ugr.es/recpc>, p. 04.

(com o Direito passando a ocupar o lugar que outrora cabia à moral ou à religião) têm também um lugar de destaque nessa "fuga" para o Direito Penal, que tem atingido uma dimensão tamanha que, segundo afirma Silva Sanchez, "aqueles que outrora repudiavam o Direito Penal como o braço armado das classes poderosas contra as 'subalternas' agora clamam precisamente por mais Direito Penal contra as classes poderosas".[3]

O desenvolvimento da doutrina dos Direitos Humanos, com a percepção de que sua defesa impõe ao Poder Público não só o dever de respeito, mas também os deveres de proteção contra agressões de terceiros e de promoção material, tem também contribuído para a ruptura de algumas das garantias clássicas do Direito Penal. Como afirma Silva Sánchez,[4]

> (...) o Direito Penal dos direitos humanos está contribuindo lamentavelmente à ruptura das garantias clássicas do Direito Penal: se se eliminam as garantias de lei escrita e taxatividade, de coisa julgada e de irretroatividade, se está construindo um Direito Penal distinto, ou melhor, algo distinto do Direito Penal, sob cuja virtualidade contaminante do conjunto do ordenamento não cabe dúvida alguma.
>
> Se completa assim o panorama descrito por Kauß: "a criminalidade de empresa, a destruição do meio ambiente, a guerra contra a droga e o genocídio levaram o Direito Penal até o limite, o transformaram, rasgado, dissolvido em partes".

A proteção ao meio ambiente mediante o Direito Penal vem inserida exatamente nessa ordem de ideias, na medida em que o direito fundamental a um ambiente ecologicamente equilibrado seja talvez o melhor exemplo de bem jurídico cuja revalorização e necessidade de proteção têm fundamentado a expansão do Direito Penal. A cada dia, fica mais perceptível que as atividades humanas geram riscos de danos graves e amplamente distribuídos, como a degradação de ecossistemas e a perda da biodiversidade, o que torna premente a configuração de um sistema legal de proteção de tais interesses que efetivamente reflita não só a importância atualmente conferida ao meio ambiente, mas também a percepção de que este é um bem limitado que deve ser protegido contra danos que, no limite, coloquem em risco a própria subsistência da vida humana.

A sociedade moderna atingiu uma fase em que, cada vez mais, as instâncias sociais de órgãos de controle e proteção se mostram ineficientes e insuficientes para conter a produção de riscos. A irreversibilidade dos danos ambientais, aliada às drásticas consequências à vida humana advindas de sua consumação, faz com que, na seara am-

---

[3] SILVA SANCHEZ, Jesus-Maria. *A expansão do Direito Penal*. 2ª ed. São Paulo: Revista dos Tribunais, 2011, p. 83.

[4] Idem, p. 219.

biental, na qual há muitas incertezas científicas e um amplo campo de riscos ainda desconhecidos, todo o sistema jurídico de proteção ao meio ambiente seja estruturado não só para a prevenção contra os danos conhecidos, mas também (e principalmente) com vistas a se precaver ante os riscos de danos ainda desconhecidos, de tal forma que, "quando houver ameaça de danos sérios ou irreversíveis, a ausência de absoluta certeza científica não deve ser utilizada como razão para postergar medidas eficazes e economicamente viáveis para prevenir a degradação ambiental".[5]

A tutela jurídica do ambiente, na forma prevista pela Constituição Federal de 1988, prevê um sistema de tríplice responsabilidade (administrativa, civil e ambiental), de modo que, em nosso regime jurídico-positivo, não há espaço para dúvidas quanto ao *status* conferido ao meio ambiente de bem jurídico a ser penalmente protegido, dado que o legislador constituinte estatuiu um expresso mandado de criminalização para as condutas lesivas a ele (art. 225, § 3º, da CF/88).[6]

Ocorre, entretanto, que a utilização do Direito Penal como mecanismo de gestão de riscos ambientais não se dá sem muitos sobressaltos e inquietações na doutrina e na jurisprudência.[7] É que há uma clara antinomia entre os princípios clássicos do Direito Penal, em especial o da intervenção mínima (e seus corolários da legalidade estrita, fragmentariedade, subsidiariedade e lesividade), e as necessidades de tutela dirigidas à neutralização de riscos, próprias da tutela do ambiente. Por isso é que, ao buscar a prevenção de danos e a redução de riscos ambientais por meio da criminalização de condutas *potencialmente* lesivas, já tuteladas pelos Direitos civil e administrativo, o Direito Penal deixa de ser a *ultima ratio* e assume um evidente caráter de *prima* ou *sola ratio*, em que a solução penal é buscada justamente em razão da força estigmatizante que tem uma medida criminal, a

---

[5] Princípio 15 da declaração do Rio de Janeiro.

[6] Vale notar que a caracterização do meio ambiente como bem jurídico apto a ser tutelado pelo Direito Penal é objeto de intensos debates na doutrina, especialmente aquela que adota a tese minimalista da escola de Frankfurt, que defende uma teoria pessoal do bem jurídico, segundo a qual somente são bens jurídico-penais aqueles que sejam referidos exclusivamente aos indivíduos, excluindo-se dessa condição os bens jurídicos coletivos como o meio ambiente. De tal controvérsia nos ocuparemos mais tarde, no cap. 5.4, quando da discussão acerca do alcance da teoria do bem jurídico-penal.

[7] É que se vê, por exemplo, na controvérsia em relação à aplicabilidade do princípio da insignificância a crimes ambientais, em que, apesar da existência de precedentes do STJ e o STF admitindo a aplicação, a maior parte dos Regionais Federais entende que "não se aplica o princípio da insignificância em relação aos crimes ambientais, em razão da indisponibilidade do bem jurídico protegido e da necessidade de dissuasão da prática dos delitos atentatórios ao meio ambiente." (TRF/1, RSE 200734000427155)

tal ponto de Buzaglo e Dantas[8] afirmarem ser, em matéria de crimes ambientais, "o desestímulo ocasionado pela sanção penal até mesmo superior à própria condenação criminal em si".

Assim, a tutela do meio ambiente, voltada à gestão de riscos e tendo na precaução sua pedra angular, quando buscada através do direito penal, conduz a uma evidente colisão entre os chamados princípios liberais clássicos do Direito Penal e o princípio da precaução, dado que nessa seara a pena se transforma em instrumento de gestão de riscos sociais, de modo que os espaços de risco penalmente permitidos são diminuídos a fim de otimizar a tutela de bens jurídicos. De outro lado, tendo em vista a enorme dificuldade de estabelecer critérios de imputação dos danos, cada vez mais o princípio da lesividade é posto em xeque pela crescente tipificação de crimes de perigo abstrato e de mera conduta, com a relativização das regras de imputação.

O Direito Penal do meio ambiente, nessas condições, acaba por representar uma possibilidade concreta de exercício do poder punitivo do Estado fora dos limites traçados pelos princípios limitadores do direito penal desenvolvidos desde a época do Iluminismo. Por isso, praticamente todos os autores que tratam do Direito Penal moderno e do futuro do Direito Penal não hesitam em apontar a tutela penal do meio ambiente como o exemplo por excelência dessa crise por que passa o Direito Penal.

Nesse sentido, verifica-se que as discussões acerca da garantia fundamental da legalidade estrita fornecem aquele que é talvez o melhor exemplo da colisão entre os princípios do direito penal clássico[9] e o princípio da precaução, traço essencial da proteção do meio ambiente, dado que os crimes ambientais, via de regra, são constituídos por tipos abertos, repletos de elementos normativos e, no mais das vezes, configuram normas penais em branco, que dependem de conceitos e atos administrativos para terem sua tipicidade completada, o que diminui muito a função de garantia e segurança que deve ser proporcionada pelo tipo penal.

---

[8] BUZAGLO, Samuel Auday; DANTAS, Marcelo Buzaglo. *Transação penal e suspensão do processo-crime e o dano ambiental. Apud* FREITAS, Vladimir; FREITAS, Gilberto. *Crimes contra o meio ambiente*, 8ª. ed. São Paulo: RT, p. 33.

[9] Adotamos aqui a terminologia utilizada por Hassemer, que chama de "clássico" o direito penal da ilustração, em oposição ao direito penal atual, por ele denominado "moderno". Não se desconhece a ambiguidade de tais termos e os potenciais problemas decorrentes de sua utilização. Entretanto, optamos por manter a terminologia em razão de ela ser amplamente difundida nos estudos acerca da expansão do direito penal. De qualquer forma, voltaremos ao tema, com maior profundidade, por ocasião do estudo das características do direito penal clássico, no capítulo 4.1 .

Outro aspecto marcante dessa tensão entre princípios se expressa no fato de que "a doutrina majoritária tem consagrado, sobretudo para os tipos penais básicos – em matéria ambiental –, a forma de delito de perigo, especialmente o perigo abstrato, em detrimento do delito de lesão ou resultado (material)",[10] o que demonstra que, na ponderação, a intervenção mínima (e a lesividade, um de seus corolários) tem cedido espaço à precaução.

Diante desse quadro, não surpreende a reação de parcela da doutrina, especialmente dos penalistas, rejeitando a forma com que tem sido levada a efeito a tutela penal do meio ambiente. Por todos, vale transcrever a manifestação do penalista e ex-ministro da Justiça Miguel Reale Júnior:[11]

> A lei n. 9.605 é uma das mais desastradas, dentre muitas editadas na desvairada e irresponsável criminalização ocorrida no Brasil, nestes últimos anos. E violenta os princípios básicos do direito penal de um Estado democrático, como o da legalidade e o da intervenção mínima. Acrescenta à nossa já "opulenta" tipologia penal numerosos delitos de bagatela. Consagra a responsabilidade penal da pessoa jurídica de forma totalmente anárquica. A rigor, um autêntico festival de heresias jurídicas.

Em contraponto, forte no objetivo de promover a defesa do direito fundamental ao meio ambiente, há aqueles que defendem vigorosamente a utilização do direito penal como meio necessário e útil para evitar não só os danos, mas também (e principalmente) os riscos. Neste aspecto é que Eládio Lecey[12] afirma:

> [...] mais importante do que punir é prevenir danos ao meio ambiente. Pela expressividade do dano coletivo em matéria ambiental, impõe-se reprimir para que não ocorra o dano. Por isso, a tipificação de muitas condutas, até de perigo abstrato que, não-recomendável em matéria criminal, mostra-se necessária na proteção do meio ambiente.

Assim, faz-se necessário buscar elementos que permitam encontrar o equilíbrio entre precaução e intervenção mínima de tal forma que seja possível, a partir de uma leitura orientada pela tutela dos direitos fundamentais, fazer a "ortopedia" dos institutos da dogmática penal-ambiental. Com efeito, a expansão do Direito Penal é um fenômeno que parece irreversível, produto que é da configuração atual da sociedade, conjugada a fatores político-ideológicos cuja modificação, pelo menos em médio prazo, não aparece no horizonte. Daí que, se, no campo da legislação, há poucas alternativas, ganha maior relevância o papel a ser desempenhado pela doutrina no campo científico e pelo Judiciário no campo da *práxis* como meio de garantir que os caminhos

---

[10] PRADO, Luiz Régis. *Direito Penal do Ambiente*. São Paulo: RT, 2005, p. 135.

[11] *Apud* LUISI, Luiz. *Os princípios constitucionais penais*. 2ª ed. Porto Alegre: SAFE, 2003, p. 96.

[12] *Apud* FREITAS, Vladimir; FREITAS, Gilberto. *Crimes contra o meio ambiente*, p. 39.

da expansão do direito penal na seara ambiental sejam dotados de racionalidade, buscando elementos que permitam superar a falsa dicotomia entre os direitos do acusado e os da coletividade.

Para tanto, não pode a doutrina limitar-se a combater, de modo genérico, essa expansão, rotulando-a de irracional ou taxando-a de inconstitucional. Na verdade, a adoção dessa postura minimalista é, antes de tudo, uma porta aberta para que a irracionalidade reine no campo da tutela penal do ambiente. Daí por que assiste razão a Feijoo Sanchez quando afirma ser "preciso abandonar a crítica global e retornar a uma análise dogmática e uma crítica político-criminal com maior detalhe e concretude, que permita ir delimitando as expansões razoáveis do direito penal das irrazoáveis".[13]

Tentar traçar essa linha demarcatória da legitimidade da intervenção penal na tutela ambiental através da análise dogmática dos crimes ambientais é o objetivo principal deste trabalho.

Assim, o problema central a ser tratado é de que forma, no âmbito da tutela penal do meio ambiente, pode ser resolvida a colisão entre a necessidade político-criminal de proteção do ambiente, expressa pelo princípio da precaução, e a necessidade de controlar e até reduzir as hipóteses de atuação do poder punitivo estatal, expresso pelo princípio da intervenção mínima. Partiremos da hipótese de que a legitimidade da intervenção penal na tutela do meio deve ser aferida a partir da correta identificação do bem jurídico tutelado pelo direito penal ambiental, o que possibilitará a ponderação entre os valores que fundamentam a precaução e a intervenção mínima, sendo certo que esse juízo de ponderação deve ser feito por intermédio da aplicação da regra da proporcionalidade, na forma propugnada por Alexy (com as sub-regras da adequação, necessidade e proporcionalidade em sentido estrito), de modo a possibilitar uma atuação que atenda tanto à proibição do excesso quanto à proibição de proteção deficiente.

O trabalho está dividido em seis capítulos. No primeiro, serão estabelecidas as premissas teóricas sobre as quais se assenta este trabalho, de modo a deixar claro qual a postura adotada quanto às relações entre o Direito e a lei, a argumentação e a lógica jurídica.

No segundo capítulo, será abordada a questão relativa aos princípios, enquadrando-os na categoria das normas e buscando distingui-los das regras, de maneira a possibilitar a construção de um modelo

---

[13] Cf. FEIJOO SANCHEZ, Bernardo. Sobre a "administrativização" do Direito Penal na "sociedade do risco". Notas sobre a política criminal no início do século XXI. *Revista Liberdades*. n° 7, maio-agosto 2011. Disponível em <http://www.ibccrim.org.br/site/revistaLiberdades/revistaLiberdades.php> p. 39.

de resolução de conflitos normativos, seja em relação ao conflito de regras seja em relação à colisão de princípios. Também neste capítulo tratar-se-á da técnica da proporcionalidade como solução para a colisão de princípios, estabelecendo-se a regra para avaliação da legitimidade das restrições a direitos fundamentais.

O terceiro capítulo tratará das limitações ao direito penal, caracterizando o modelo garantista conhecido como direito penal clássico (direito penal do Estado liberal) e analisando os dois grupos de limitações ao direito penal: as ligadas ao aspecto formal da legalidade estrita (com a consequente proibição do uso da analogia e do costume como fontes do direito penal, bem como com a proibição de leis retroativas e indeterminadas) e as ligadas ao conceito material de crime, através do princípio da intervenção mínima e seu conteúdo jurídico, expresso nos subprincípios da subsidiariedade, da fragmentariedade e da lesividade, além de fazer a ligação de tais princípios com a exclusiva proteção de bens jurídicos.

No quarto capítulo, será analisada a teoria do bem jurídico-penal, apresentada como eixo central das limitações materiais do poder punitivo estatal, enfocando as controvérsias que envolvem esse instituto jurídico e buscando emprestar uma fundamentação constitucional que lhe confira capacidade de rendimento suficiente para ele ser utilizado de forma crítica à legislação.

O quinto capítulo tratará das novas realidades sociais que ensejaram a construção de uma sociedade do risco, bem como das consequências que tal configuração gera sobre a política criminal e sobre o direito penal, tratando das modificações recentes do Direito Penal, que vêm gerando um forte movimento no sentido de sua expansão quantitativa e qualitativa, situando a tutela penal do meio ambiente nesse contexto, caracterizando-a como expressão de um direito penal fundado no princípio da precaução.

Finalmente, o sexto capítulo será dedicado à problematização do bem jurídico-penal tutelado pelo direito penal ambiental, a biodiversidade, conceito que será detalhado de modo a tornar possível estabelecer o conceito da biodiversidade como conteúdo do bem jurídico-penal tutelado pelo direito penal ambiental, indicando os elementos que devem ser levados em conta na valoração da tutela da biodiversidade. Após a apresentação da biodiversidade, será discutida a tensão existente entre o princípio da precaução e o da intervenção mínima no Direito Penal ambiental, analisando problemas concretos da dogmática do Direito Penal ambiental que podem ser superados pela utilização da biodiversidade como conteúdo do conceito material de crime ambiental.

1.1. Sobre o método

A referência ao fato de vivermos em uma sociedade do risco tornou-se quase lugar comum nas análises do atual modelo de direito penal, em especial no campo da tutela penal do meio ambiente. Há inúmeros estudos acerca das modificações das bases estruturantes do Direito Penal (o que aqui chamamos de expansão), ora buscando identificar as suas causas, ora procurando criticá-las, ou mesmo tentando antever seus caminhos. Apesar de reconhecer a importância de tais estudos, esta pesquisa enfocará uma perspectiva diferente, na medida em que o objeto de análise não é propriamente a expansão ou suas causas, tampouco a valoração da expansão em si, mas os efeitos desta na dogmática da tutela penal do meio ambiente, em especial na teoria do bem jurídico ambiental, noção que entendemos fundamental na demarcação dos limites da legitimidade da tutela penal do meio ambiente. Trata-se, pois, de uma pesquisa de cunho eminentemente dogmático.

Neste ponto, visando afastar algumas dúvidas que a expressão possa suscitar, cabe esclarecer que por dogmática jurídica não se faz aqui qualquer alusão a uma visão positivista radical que vê na lei todo o direito e que tem as normas como verdades absolutas com as quais deve trabalhar o jurista. Na verdade, o caráter dogmático do Direito não tem relação com o conteúdo ou com a exaustividade das normas, mas com a inevitabilidade dos pontos de partida (isto é, com a constatação da existência de normas que vinculam o operador do Direito). Como afirma João Maurício Adeodato,[14] a inquestionabilidade dos pontos de partida

> [...] não significa que os dogmas jurídicos sejam interpretações estáticas da conduta social, uma vez que eles precisam ser constantemente revistos a fim de acompanhar a mutabilidade inerente àquela conduta. A dogmática jurídica consiste justamente na sistematização e no manejo das regras que garantem que esses processos de revisão e atualização permanecerão dentro dos limites fixados pelas próprias normas jurídicas, estabelecendo modos interpretativos e integradores para a adaptação da norma ao fato.

---

[14] ADEODATO, João Maurício. *Ética e retórica: para uma teoria da dogmática jurídica*. 4. ed. São Paulo: Saraiva, 2009, p. 151.

Por outro lado, cabe esclarecer que a dogmática é aqui entendida segundo a concepção de Alexy,[15] para quem a dogmática jurídica (isto é, a "Ciência do Direito" ou a "Ciência jurídica") em grande medida é uma tentativa de dar uma resposta racionalmente fundamentada a questões axiológicas deixadas em aberto pelas normas existentes.

Alexy entende que a dogmática jurídica é uma disciplina pluridimensional, de modo que a Ciência do Direito, em seu sentido próprio e restrito, teria três dimensões:[16] a dimensão *lógico-analítica*, em que são analisadas as estruturas lógicas do Direito desde a análise dos conceitos elementares, passando por construções jurídicas até o exame das estruturas do sistema jurídico; a dimensão *descritivo-empírica*, que diz respeito ao conhecimento do direito positivo válido, bem como à descrição e ao prognóstico da práxis dos tribunais e, finalmente, a dimensão *normativo-prática*, em que se busca elaborar propostas para a solução dos casos jurídicos problemáticos, a fim de determinar, a partir do direito válido, qual a decisão correta a ser tomada em um caso concreto.[17]

Vale ressaltar que, para Alexy, as três dimensões da dogmática devem ser combinadas se o Direito quiser cumprir sua função prática, qual seja, a de responder, em face de um caso real ou hipotético, àquilo que *deve ser*, visto que "combinar as três dimensões é uma condição necessária de racionalidade da ciência jurídica como disciplina prática".[18]

Não obstante, neste trabalho, em razão dos objetivos propostos, o enfoque central será na dimensão lógico-analítica, já que a clareza analítico-conceitual é uma pré-condição para a racionalidade de qualquer ciência, o que é especialmente verdadeiro nas ciências humanas normativas, como o Direito. Tal orientação ficará evidente no curso da pesquisa, na qual ocuparão lugar central a definição, o desenvolvimento e a sistematização de conceitos-chave, como os de princípio, bem jurídico-penal, precaução, biodiversidade, intervenção mínima e legalidade estrita.

Não se desconhecem as críticas que o método analítico sofreu, especialmente no campo da teoria do crime, em que já se acusou a

---

[15] Cf. ALEXY, Robert. *Teoria dos Direitos Fundamentais*, p. 33 e ss. Ver também do mesmo autor *Teoria da argumentação jurídica*, p. 240.

[16] De notar que a tese de Alexy diferencia-se da tese da tridimensionalidade de Miguel Reale porque, enquanto, para Reale, a tridimensionalidade é ontológica (o Direito *é* tridimensional), para Alexy a tridimensionalidade é epistemológica, ou seja, o direito é um fenômeno uno que deve ser estudado a partir dessas três dimensões (Cf. GUERRA FILHO, 1995, p. 152).

[17] ALEXY, Robert, *Teoria da Argumentação Jurídica*, São Paulo: Landy, 2001, p. 240.

[18] ALEXY, Robert. *Teoria dos Direitos Fundamentais*. São Paulo: Malheiros, 2008, p. 37.

dogmática jurídico-penal de dificultar a resolução dos problemas reais e concretos, privilegiando um exagerado academicismo. Nesse sentido, segundo afirma Richard Schmidt, "o excessivo perfil acadêmico da dogmática jurídico-penal afasta-a do cotidiano, da práxis diuturna, para ser cultivada como *l'art,* num mundo intocado pelos fatos da vida".[19]

Ocorre, entretanto, que, a despeito das limitações inerentes ao método analítico, sua observância parece fundamental na construção de uma teoria jurídica que pretenda contribuir para afastar decisionismos e irracionalidades. Com efeito, como afirma Alexy,[20]

Sem uma compreensão sistemático-conceitual, a Ciência do Direito não é viável como disciplina racional. A medida de racionalidade do Direito depende em grande parte do nível alcançado pela dimensão analítica. Sem clareza analítica, nem mesmo seriam possíveis enunciados precisos e fundamentados sobre a interação das três dimensões. Seria impossível falar de um controle racional das valorações indispensáveis à Ciência do Direito e de uma aplicação metodologicamente controlada do saber empírico. Se há algo que pode livrar ao menos um pouco a ciência dos direitos fundamentais da retórica política e das idas e vindas das lutas ideológicas é o trabalho na dimensão analítica. Se acrescentarmos que na dimensão analítica da Ciência do Direito são possíveis conhecimentos que, em primeiro lugar, não podem ser substituídos por conhecimentos de nenhuma outra ciência e que, em segundo lugar, estão entre os conhecimentos mais seguros da Ciência do Direito, há, então, motivos suficientes para se designar e praticar a análise sistemático-conceitual do direito como *opus proprium* da Ciência do Direito.

Referindo-se especificamente ao campo do direito penal, Gimbernat Ordeig[21] ressalta a importância da dogmática como meio de afastar o risco de as decisões judiciais se transformarem em uma loteria, afirmando:

La dogmática jurídicopenal, al señalar límites y definir conceptos, hace posible una aplicación segura y calculable del Derecho penal, y lo sustrae a la irracionalidad, a la arbitrariedad y a la improvisación. Cuanto más pobre sea el desarrollo de una dogmática, tanto más imprevisibles serán las decisiones de los tribunales [...]

Y cuanto menor sea el desarrollo dogmático, tanto más crece esa lotería, hasta llegar a una situación de aplicación caótica y sin rumbo de un Derecho pena [...] Donde están en juego pasiones humanas –y en qué proceso penal no ocurre así–, la fuente más turbia del conocimiento es un sentimiento jurídico no articulable conceptualmente.[22]

---

[19] *Apud* GUARAGNI, Fábio André. *As Teorias da Conduta em Direito Penal.* 2ª ed. São Paulo: RT, p. 35.

[20] ALEXY, Robert. *Teoria dos Direitos Fundamentais*, p. 49.

[21] *Apud* ROXIN, Claus. *Derecho Penal. Parte general.* Fundamentos. La estructura de la teoría del delito. Madrid: Civitas, 1997, p. 207.

[22] "A dogmática jurídico-penal, ao assinalar limites e definir conceitos, torna possível uma aplicação segura e calculável do Direito penal, e o afasta da irracionalidade, da arbitrariedade e da

O lugar de destaque conferido à dimensão analítica no curso deste trabalho, todavia, não quer significar que se pretenda unicamente fazer um exercício de abstração analítica. Com efeito, até em razão da multidimensionalidade da dogmática, nenhuma análise pode ser correta se não enfocar também as dimensões empírica e normativa. Daí por que, visando a afastar a possibilidade de incorrer em um formalismo exacerbado, fruto de uma análise conceitual que acabasse por gerar um distanciamento da realidade, a pesquisa ainda se deterá na dimensão empírica da dogmática, através da busca da forma como a jurisprudência vem tratando alguns dos temas analisados.

Por fim, até em razão de o objetivo geral deste trabalho estar relacionado à identificação de elementos que permitam superar um problema ainda aberto na doutrina e na jurisprudência, também será tratada nesta pesquisa a dimensão normativa, em que se faz uma análise valorativa das possibilidades abertas para defender aquela que se afigura como correta.

---

improvisação. Quanto mais pobre seja o desenvolvimento de uma dogmática, tanto mais imprevisíveis serão as decisões dos tribunais [...]. E quanto menor seja o desenvolvimento dogmático, tanto mais cresce essa loteria, até chegar a uma situação de aplicação caótica e sem rumo de um Direito penal [...] Onde estão em jogo paixões humanas – e em que processo penal no ocorre assim –, a fonte mais turva do conhecimento é um sentimento jurídico no articulável conceitualmente". (tradução nossa)

2. Ponto de partida: racionalidade, argumentação e dogmática penal

Este trabalho tratará da colisão entre os princípios da precaução e da intervenção mínima na tutela penal do meio ambiente, enfocando os efeitos que a expansão do Direito Penal sobre a seara ambiental exerce nos institutos jurídico-penais. O enfoque a ser adotado é eminentemente dogmático, não só por abranger as três dimensões apontadas por Alexy (lógico-analítica, descritivo-empírica e normativo-prática), mas também porque o que se busca é, a partir do tratamento analítico dos institutos jurídico-penais, possibilitar uma decisão e orientar a ação,[23] estabelecendo, no campo dos crimes ambientais, as fronteiras entre a proibição de excesso (utilização excessiva e irracional do direito penal) e a proibição de insuficiência em matéria ambiental (ausência de tutela penal adequada do bem jurídico).

Colocado nesses termos, tal objetivo pressupõe a assunção de algumas premissas que configuram verdadeiros pressupostos teóricos sobre os quais se erige a pesquisa, visto que, como afirma Dworkin, "o direito não pode florescer como empreendimento interpretativo em qualquer comunidade, a menos que haja suficiente consenso inicial sobre quais práticas são práticas jurídicas, de tal modo que os advogados

---

[23] Utilizando a classificação de Tércio Sampaio Ferraz Júnior, é possível afirmar que o estudo terá um enfoque dogmático e não zetético, na medida em que a investigação acentuará o aspecto da *resposta* às questões postas, e não o aspecto *pergunta*. Segundo Tércio Sampaio, "*zetética* vem de *zetein*, que significa perquirir, *dogmática* vem de *dokein*, ensinar, doutrinar. Embora entre ambas não haja uma linha divisória radical (toda investigação *acentua* mais um enfoque do que outro, mas sempre tem os dois), sua diferença é importante. O enfoque dogmático releva o ato de opinar e ressalva algumas das opiniões. O zetético, ao contrário, desintegra, dissolve as opiniões, pondo-as em dúvida. Questões zetéticas têm uma função especulativa explícita e são infinitas. Questões dogmáticas têm uma função diretiva explícita e são finitas. Nas primeiras, o problema tematizado é configurado como um *ser* (o que é algo?). Nas segundas, a situação nelas captada configura-se como um *dever-ser* (como deve ser algo?). Por isso, o enfoque zetético visa a saber o que é uma coisa. Já o enfoque dogmático preocupa-se em possibilitar uma decisão e orientar a ação. (CF. FERRAZ JÚNIOR, Tércio Sampaio. *Introdução ao Estudo do Direito*, 4ª ed., p. 41)

discutam sobre a melhor interpretação a ser aplicada, *grosso modo*, aos mesmos dados".[24]

Assim, para a correta compreensão de alguns posicionamentos assumidos ao longo do trabalho, antes de adentrar a análise da dogmática dos crimes ambientais, é importante que algumas noções acerca do fenômeno jurídico aqui adotadas, em especial aquelas ligadas às relações entre o Direito e a lei, à argumentação e à lógica jurídica, sejam devidamente explicitadas, uma vez que, como afirma Zaffaroni, "cualquier desarrollo teórico del derecho penal debe mostrar de dónde viene y adónde va o, al menos, pretender hacerlo con seriedad. Renunciar a ello implica inevitablemente ignorar u ocultar su designio, lo que trunca todo desarrollo constructivo".[25]

2.1. Teoria do direito, argumentação e racionalidade

O primeiro desses pressupostos teóricos liga-se à noção de teoria jurídica. Partimos da ideia de que a dogmática jurídica (isto é, a "Ciência do Direito" ou a "Ciência jurídica") em grande medida é uma tentativa de dar uma resposta racionalmente fundamentada a questões axiológicas deixadas em aberto pelas normas existentes,[26] de forma que, na atual quadra da História, não mais se pode aceitar a tradicional visão que resume o direito às normas positivadas e a dogmática jurídica a um conjunto de operações lógico-dedutivas.

Com efeito, a maioria dos leigos e grande parte dos operadores do direito (ainda que não admitam) veem o Direito como um fenômeno estritamente lógico no qual deve o juiz, ao aplicar a lei a um caso concreto, deduzir logicamente a sentença a partir do silogismo entre as leis gerais e os fatos. Nesse sentido, afirma Lee Lowwvinger que a "lógica, ou razão tem sido reivindicada por filósofos igualmente como propriedade especial e como fundamento principal do Direito, desde pelo menos o tempo de Aristóteles".[27] Daí ter W. F. Maitland, histo-

---

[24] DWORKIN, Ronald. *O império do direito*. São Paulo: Martins Fontes, p. 113.

[25] ZAFFARONI, Eugenio Raúl. *Tratado de Derecho Penal. Parte general*. Tomo II. Buenos Aires: Ediar, 1987, p. 11. "Qualquer desenvolvimento teórico do direito penal deve mostrar de onde vem e aonde vai ou, ao menos, pretender fazê-lo com seriedade. Renunciar a isso implica inevitavelmente ignorar ou ocultar seu desígnio, o que trunca todo desenvolvimento construtivo". (tradução nossa)

[26] Cf. ALEXY, Robert. *Teoria dos Direitos Fundamentais*, p. 33 e ss. Ver também do mesmo autor *Teoria da argumentação jurídica*, p. 240.

[27] *Apud* KELSEN, Hans. *Teoria Geral das Normas*. Porto Alegre: Sergio Fabris, 1986, p. 434.

riador do Direito inglês, afirmado que os juristas "são os mediadores entre a vida e a lógica".[28]

De acordo com esse modelo lógico-formal, o Direito ou, mais especificamente, o raciocínio jurídico seria construído a partir de normas que se vinculam por inferência lógica, de sorte que seria possível fazer um encadeamento racional das normas, desde uma norma geral e abstrata, de hierarquia superior e na qual se fundam as demais, até a mais concreta e específica, diretamente aplicável ao caso concreto, formando-se assim uma pirâmide normativa cujo ápice seria ocupado pela Constituição.[29] Além desssa relação entre normas, haveria também uma relação lógica de inferência entre as normas e o fato posto em julgamento, de tal modo que a conclusão, isto é, a sentença, seria o produto de um ato racional de aplicação lógica.

Nesse modelo, cujas bases foram estruturadas a partir do liberalismo do século XVIII, a atividade judicial é tida como meramente declaratória da norma legal aplicável ao caso concreto, cabendo ao juiz unicamente fazer um silogismo lógico-dedutivo em que a premissa maior seria a norma e a premissa menor seria o fato, decorrendo daí uma única solução possível, que deveria ser adotada. O papel do juiz, assim, seria o de mero aplicador da lei, cabendo-lhe tão somente "dizer a lei do caso concreto", extraída da lei genérica e abstrata. Por isso é que Montesquieu[30] afirmava que os juízes "(...) não são mais do que a boca que pronuncia as palavras da lei; seres inanimados que não podem moderar-lhe nem a força nem o rigor". Em virtude dessa visão, como afirma Kantorowicz,[31]

> Imaginava-se o jurista ideal como um funcionário de certa categoria, sentado diante de sua escrivaninha, armado de um código e de uma máquina de pensar da mais fina espécie. Diante de um caso qualquer, podia esse funcionário, com o auxílio da lei e da máquina, chegar à solução pretendida pelo legislador no código, com uma exatidão absoluta.

---

[28] *Apud* KELSEN, Hans. *Derecho y Logica*. 1965, Disponível em <http://www.juridicas.unam.mx/publica/librev/rev/boletin/cont/21/pr/pr18.pdf>. Acesso em 27.05.2011, p. 275.

[29] Vale ressaltar que a questão relativa ao sentido em que a pirâmide é construída, se de baixo para cima ou de cima para baixo (isto é, do geral para o especial ou vice-versa), é objeto de muita controvérsia, mas a análise dessa complexa questão iria nos afastar demasiadamente dos limites do trabalho. Para maior aprofundamento, consultar WEINREB, Loyd. *A razão jurídica*. São Paulo: Martins Fontes, 2008.

[30] MONTESQUIEU, Barão de La Bréde e de. *Do Espírito das Leis*. Vol. 1, coleção Os Pensadores, São Paulo: Nova Cultural, 1997, p. 203.

[31] *Apud* PRADO, Lídia Reis de Almeida. Alguns aspectos sobre a lógica do razoável na interpretação do direito (segundo a visão de Luis Recaséns Siches). In: DI GIORGI, Beatriz; CAMPILONGO, Celso Fernandes; PIOVESAN, Flávia. *Direito, Cidadania e Justiça. Ensaios sobre lógica, interpretação, teoria, sociologia e filosofia jurídicas*. São Paulo: RT, 1995, p. 62.

No campo do direito penal, essa visão limitadora do campo de atuação dos juristas, particularmente dos juízes, foi bem expressa por Beccaria:[32]

> O juiz deve fazer um silogismo perfeito. A maior deve ser a lei geral; a menor, a ação conforme ou não à lei; a conseqüência, a liberdade ou a pena. Se o juiz for constrangido a fazer um raciocínio a mais, ou se o fizer por conta própria, tudo se torna incerto e obscuro.

Ocorre, entretanto, que vários fatores, entre os quais a crescente positivação de direitos fundamentais, não só relacionados aos direitos civis e políticos, mas também aos chamados direitos econômicos, sociais e culturais, além do reconhecimento da Constituição como verdadeira norma impositiva e cogente, e não mais a mera "folha de papel" de Lassalle,[33] geraram um crescimento do grau de jurisdicionalização da vida social e política que redundou numa profunda alteração do papel desempenhado pelo Poder Judiciário nas democracias modernas, em que não mais é possível validamente sustentar a correção da concepção liberal-legal clássica.

Tais fatores, aliados ao reconhecimento da existência de lacunas e antinomias no ordenamento, bem como do caráter vago e impreciso das normas, tornaram evidente que, em muitos casos, as decisões judiciais não são meros produtos do raciocínio lógico-dedutivo de aplicação de normas válidas e enunciados empíricos comprovados. Como afirma Alexy, a constatação feita por Larenz de que atualmente ninguém pode afirmar seriamente que a aplicação das normas jurídicas nada mais é do que uma subsunção lógica sob premissas maiores formuladas abstratamente "é um dos poucos pontos em que há unanimidade dos juristas na discussão da metodologia contemporânea".[34]

Com efeito, pretender reduzir o Direito a seu aspecto formal, e a atividade do intérprete, a uma operação silogística a ser realizada com os métodos da lógica tradicional é um equívoco metodológico, dado que o raciocínio dos operadores do Direito, sejam legisladores, juízes, advogados ou filósofos do direito, não constitui um pensamento sistemático, mas um pensamento construído sobre problemas. Por isso, afirma Ricaséns Siches:

> Hay que explorar [...] la razón jurídica de los contenidos de las normas de Derecho, la cual nos permitirá superar el azoramiento y la confusión que sintieron muchos juristas al percatarse de que la lógica tradicional quiebra en el mundo de la interpretación y del desarrollo del Derecho. Ahora bien, esa razón jurídica material habrá de ser, al fin y al

---

[32] BECCARIA, Cesare Bonesana. *Dos delitos e das penas*. 11ª ed. São Paulo: Hemus, 1995, p. 17.

[33] Cf. HESSE, Konrad. *A forma normativa da Constituição*. Porto Alegre: SAFE, 1995.

[34] ALEXY, Robert. *Teoria da argumentação*, p. 17.

cabo, una especie de la razón vital e histórica, o mejor dicho una lógica de la acción, la cual es razón, *ratio*, logos, riguroso concepto.[35]

A lógica do direito, portanto, é uma lógica material, ligada não somente ao estudo das conexões ideais entre as proposições e das correções formais das inferências, mas, sobretudo, é voltada ao tratamento dos assuntos humanos, como a economia, a política e o direito. Os métodos de interpretação tradicionalmente defendidos pela doutrina (gramatical, histórico, analógico, teleológico, sistemático etc.) são meros recursos técnicos utilizados quando o jurista sente a necessidade de justificar uma dada interpretação que lhe parece justa. Por isso, assiste razão a Siches quando afirma: "a única regra que se deve formular, com validade universal, é a seguinte: o juiz deve interpretar, sempre, a lei de modo que leve à solução mais justa dentre todas as possíveis [...]".[36] A rigor, mesmo a despeito das diferenças metodológicas e conceituais, essa a ideia está na raiz da pretensão de correção de Alexy e da resposta correta de Dworkin. Nesse sentido, Alexy, ao se contrapor à visão que resume a dogmática jurídica a um conjunto de operações lógico-dedutivas, assevera:

> A análise lógica demonstra exatamente que, nos casos minimamente problemáticos, a decisão não tem como ser tomada com base nos meios da Lógica, a partir de normas e conceitos jurídicos pressupostos. Para tanto, são necessários valores adicionais e, como fundamento desses valores, conhecimentos empíricos. Um tratamento lógico que, prescindindo dessas premissas adicionais, alcance resultados e, nesse sentido, pretenda ser produtivo só pode ser um método pseudológico, que encobre as premissas normativas necessárias para uma fundamentação lógica realmente concludente.[37]

Vale notar, ainda, que tampouco pode ser admitida a ideia da função judicial como atividade meramente declaratória, estando corretas as constatações de Siches e de Kelsen de ser a atividade do juiz criadora de normas. Com efeito, ao sentenciar, o juiz reconstrói o fato, pondera as circunstâncias às quais atribui relevo, escolhe a norma aplicável e só então lhe confere o sentido e o alcance.[38] Esse processo,

---

[35] *Apud* MANSON, Manuel. Recasens Siches y la lógica jurídica formal. *Revista chilena de derecho*, v. 4, n. 1-6, 1977, p. 196-212. disponível em <http://dialnet.unirioja.es/servlet/articulo?codigo=2649263>. Acesso em 17.05.2011. "Há que se explorar a razão jurídica dos conteúdos das normas de Direito, o que permite superar o abalo e a confusão que sentem muitos juristas ao perceberem que a lógica tradicional quebra no mundo da interpretação e do desenvolvimento do Direito. Sem embargo, essa razão jurídica material deverá ser, ao fim e ao cabo, uma espécie da razão vital e história, melhor dizendo, uma lógica da ação, a qual é razão, *ratio*, logos, conceito rigoroso" (tradução nossa).

[36] *Apud* PRADO, Lídia Reis de Almeida. *Alguns aspectos sobre a lógica do razoável na interpretação do direito (segundo a visão de Luis Recaséns Siches)*, p. 66.

[37] Idem, p. 48.

[38] Cf. AGUIAR JÚNIOR, Ruy Rosado de. Interpretação. *Revista AJURIS*, v. 16, n. 45, 1989, disponível em <www.stj.jus.br/internet_docs/ministros/.../INTERPRETAÇÃO.doc>. Acesso em 20.05.2011, p. 11.

ao contrário do que ocorre na aplicação da lógica tradicional, que se pretende neutra e meramente explicativa, é profudamente marcado por seu caráter axiológico ou valorativo, já que o que se busca é entender os sentidos e nexos entre as significações dos problemas humanos. Como afirma Prado:

> Ao juiz e mesmo ao legislador não interessa a realidade pura, mas sim decidir sobre o que fazer de certos aspectos de determinadas realidades. E, precisamente, os aspectos que dessas realidades interessam acham-se interligados com critérios estimativos. O que ao juiz cabe averiguar é se a valoração, que serviu ao legislador como determinante do preceito inserto na norma, seria aplicável ao novo caso colocado.[39]

Daí que o cerne da criação legislativa não é o texto da lei, mas os juízos de valor que foram acolhidos pelo legislador na elaboração da norma. O juiz, ao decidir um caso concreto, frente a situações particulares, deve atentar para os valores que guiaram o legislador. Assim, ele, ao decidir um caso concreto, criando a norma jurídica individualizada, deve valorar a prova colhida e qualificar juridicamente os fatos para alcançar a solução mais justa para o caso, o que condiciona, inclusive, a escolha da norma aplicável, uma vez que, na função judicial, a escolha das premissas é muito mais importante do que a operação lógico-dedutiva. Como afirma Prado, "uma vez eleitas as premissas, a mecânica silogística funcionará com toda facilidade, mas funcionará com idêntica correção, quaisquer que sejam as premissas que o juiz tenha escolhido".[40]

A lógica do direito, portanto, para utilizar a expressão consagrada por Ricaséns Siches, deve ser a lógica do razoável, pautada fundamentalmente por critérios estimativos ou axiológicos e condicionada à realidade concreta do mundo, à situação concreta sobre a qual devem incidir as normas. É uma lógica que procura entender o sentido e os nexos entre as significações dos problemas humanos – portanto dos políticos e jurídicos –, assim como estabelece operações de valoração e estabelece finalidades ou propósitos. Por isso, segundo Siches,[41] em todos os casos em que os métodos de lógica tradicional se revelam incapazes de oferecer a solução correta para um problema jurídico, ou conduzem a um resultado inadmissível, a tais métodos não se deve opor um ato de arbitrariedade, mas uma razão de tipo diferente, fundada na lógica do razoável. Com razão, portanto, Karl Engish,[42] quando declara:

---

[39] PRADO, Lídia Reis de Almeida. Op. cit., p. 66.

[40] Idem, p. 67.

[41] *Apud* idem, p. 70.

[42] ENGISH, Karl. *Introdução ao pensamento jurídico*. 6ª ed. Lisboa: Fundação Calouste Gulbenkian, p. 7-8.

A lógica do jurista é uma lógica material que, com fundamento na lógica formal e dentro dos quadros desta, por um lado, e em combinação com a metodologia jurídica especial, por outro lado, deve mostrar como é que nos assuntos jurídicos se alcançam juízos "verdadeiros", ou "justos" (correctos), ou pelo menos "defensáveis". Uma lógica e metódica do jurista assim entendida não é uma "técnica" que ensine artifícios conceituais com cujo auxílio se possam dominar do modo mais expedito possível as tarefas de pensamento que se deparam ao estudioso do direito. Ela também não é psicologia ou sociologia da heurística jurídica, a qual indaga como se conduzem de facto as pessoas na prática quotidiana ao adquirirem pontos de vista jurídicos. Constitui antes reflexão sobre o processo de conhecimento jurídico especificamente correcto, o que não é coisa de fácil penetração. Ela esforça-se por alcançar (nos limites do que ao conhecimento humano é possível) a meta de descobrir a "verdade" e emitir juízos conclusivamente fundados.

Essa visão acentua a íntima relação entre a lógica jurídica, a teoria da argumentação e a metodologia do Direito, na medida em que a possibilidade de existência de justificações racionais para as decisões jurídicas é um dos mais basilares pressupostos para a qualificação do direito como ciência.

Neste aspecto, com Alexy, pode-se afirmar que as condições para a racionalidade da dogmática jurídica, portanto das decisões judiciais, seriam dadas pela teoria do discurso, uma teoria procedimental segundo a qual "uma decisão é correta quando o resultado do processo pode ser definido pelas regras do discurso".[43]

A tese da teoria do discurso racional como justificação racional das decisões, portanto, tem íntima ligação com a pretensão de correção das normas (gerais ou individuais), valendo notar que, na teoria alexyana, uma decisão somente pode ser tida como correta se ela for resultado de um procedimento próprio de um discurso racional. Por essa razão, para a adequada compreensão da natureza da teoria do discurso como uma teoria de justiça, é necessário que o procedimento do discurso seja um procedimento de argumentação, e não um procedimento de decisão.[44]

Para Alexy, portanto, o conceito de argumentação racional está ligado a certas regras a serem seguidas e formas a serem assumidas pela argumentação como condição para que ela satisfaça a pretensão de correção, de modo que, "quando uma discussão está de acordo com estas regras e formas, então o resultado oferecido por ela pode ser chamado de 'correto'. As regras e formas do discurso jurídico assim constituem um critério para a correção das decisões jurídicas".[45]

---

[43] ALEXY, Robert. *Teoria da argumentação jurídica*, p. 301.

[44] Idem, p. 12.

[45] Idem, p. 273.

É principalmente a partir das teses de Alexy que o tema da aplicação da técnica da ponderação como meio de aplicação da regra da proporcionalidade será tratado neste trabalho, de sorte que esses conceitos serão fundamentais na investigação ora proposta.

2.2. Dogmática jurídico-penal e política criminal

Outro pressuposto teórico fundamental neste trabalho é o relativo à posição assumida quanto à dogmática penal, isto é, quanto ao sistema de direito penal que será adotado no curso desta pesquisa. Na doutrina penal brasileira, durante muitos anos, o problema dos diferentes sistemas jurídico-penais foi tratado como mera questão de interesse histórico, apontando-se como o sistema naturalista e o neokantiano (ambos caracterizados como "causalismo") foram sucedidos pelo sistema finalista do delito.

Em praticamente todos os cursos de direito penal, as primeiras aulas são dedicadas à discussão do sistema causal e do sistema final de Welzel, demonstrando-se a superioridade do último, mas sempre com viés meramente descritivo. As intensas modificações no sistema dogmático ocorridas na doutrina estrangeira, especialmente na alemã, só recentemente começaram a ter reflexos na literatura jurídica brasileira, que, nos últimos anos, foi tomada por várias discussões de conceitos ligados a um dos diversos sistemas funcionalistas, como a imputação objetiva, a teoria do domínio do fato, a tipicidade conglobante etc. Evidentemente, não cabe, nos limites desta pesquisa aprofundar essa discussão,[46] mas a tomada de posição é imprescindível, não só como medida de transparência intelectual, mas também para garantir que o leitor possa compreender o pano de fundo de algumas afirmações e conclusões, visto que, como afirma Roxin,

> [...] a capacidade de rendimento de um sistema de Direito Penal depende de sobre quais fundamentos ele é edificado. É verdade que qualquer sistema leva alguma ordem ao mundo conceitual do Direito Penal. No entanto, se os elementos sistemáticos do Direito Penal forem construídos ou ordenados de forma incorreta, isso pode conduzir a resultados equivocados. Em razão disso é que a discussão em torno da estrutura sistemática correta no Direito Penal não é, como por vezes é mencionado, um estéril jogo conceitual, mas sim um trabalho sobre os fundamentos do Direito Penal.[47]

---

[46] Para um maior aprofundamento, conferir GRECO, Luis. Introdução à dogmática funcionalista do delito. *Revista Brasileira de Ciências Criminais*, n. 32, São Paulo: Revista dos Tribunais.

[47] ROXIN, Claus. Reflexões sobre a construção sistemática do direito penal. *Revista brasileira de ciências criminais* nº 82. São Paulo: RT, 2010, p. 26.

Nesse sentido, no curso do estudo, parte-se da perspectiva funcionalista dogmática de Claus Roxin, que, desde a década de 1970, com a edição de seu "Política criminal e sistema jurídico-penal", ocupa lugar de destaque entre os mais importantes penalistas da atualidade, tendo sua obra contribuído decisivamente para a mudança das bases da dogmática jurídico-penal, levando à superação da teoria finalista e à inauguração de uma nova fase da doutrina penal: o funcionalismo teleológico.[48]

A teoria desenvolvida por Roxin buscou superar o causalismo e o finalismo por intermédio da construção de uma dogmática jurídico--penal (especialmente da teoria do crime) a partir de uma perspectiva teleológica, incorporando à dogmática as razões de política criminal, que passarão a dar conteúdo aos diversos institutos. Os conceitos penais, longe de representar unicamente uma formulação sistemática lógica, são construídos a partir de sua função dentro da perspectiva da política criminal. Para Roxin:[49]

> Se deve partir da tese de que um sistema moderno do Direito penal deve estar estruturado teleologicamente, ou seja, constituído atendendo a finalidades valorativas. Pois se a solução sistemática correta aparece como resultado de uma valoração prévia, estará garantida de antemão a concordância entre a conseqüência (congruência) sistemática e a correção material pretendida, cuja falta tem dado lugar a tantas dificuldades.[50]

Trata-se, pois, de uma racionalidade instrumental que busca integrar a dogmática jurídico-penal às razões de política criminal, sendo o Direito Penal "a forma através da qual as finalidades político-criminais podem ser transferidas para o modo da vigência jurídica".[51]

O funcionalismo de Roxin orienta o trabalho da dogmática penal às finalidades da política criminal de tal forma que os institutos penais devem ser construídos a partir das finalidades preventivo-repressivas do próprio sistema penal. Por isso é que, como afirma Luis Greco, para Roxin:[52]

---

[48] Apesar dos sistemas funcionalistas atualmente serem predominantes, não há um funcionalismo, mas vários. Além da versão teleológica de Roxin, são dignos de nota o funcionalismo formalizador da escola de Frankfurt, que tem em Hassemer seu maior expoente, e o funcionalismo normativista (que alguns denominam funcionalismo radical) de Jakobs.

[49] ROXIN, Claus. *Derecho Penal. Parte general*. Fundamentos. La estructura de la teoría del delito. Madrid: Civitas, 1997, p. 217.

[50] "Se debe partir de la tesis de que un moderno sistema del Derecho penal ha de estar estructurado teleológicamente, o sea construido atendiendo a finalidades valorativas. Pues si la solución sistemáticamente correcta aparece como resultado de una valoración previa, estará garantizada de antemano la concordancia entre la consecuencia (congruencia) sistemática y la corrección material pretendida, cuya falta ha dado lugar a tantas dificultades". (trad. nossa)

[51] ROXIN, Claus. *Política criminal e sistema jurídico-penal*. Rio de Janeiro: Renovar, 2000, p. 82.

[52] GRECO, Luis. Introdução à dogmática funcionalista do delito. *Revista Brasileira de Ciências Criminais*, n. 32, São Paulo: RT.

[...] o trabalho do dogmático é identificar que valoração político-criminal subjaz a cada conceito da teoria do delito, e funcionalizá-lo, isto é, construi-lo e desenvolvê-lo de modo a que atenda essa função da melhor maneira possível. No esboço de 1970, cabia ao tipo desempenhar a função de realizar o princípio *nullum crimen sine lege*; à antijuridicidade, resolver conflitos sociais; e à culpabilidade, (que ele chama de responsabilidade), dizer quando um comportamento ilícito merece ou não ser apenado, por razões de prevenção geral ou especial.

Vale notar que o modelo de Roxin não pode ser definido em termos consequencialistas ou puramente pragmáticos, tendo unicamente como norte a prevenção eficaz do delito (critérios de uma política criminal *empírica*), mas, em seu conceito, encontramo-nos ante uma política criminal *valorativa*, que integra as garantias formais e materiais do Direito Penal, de forma que, para Roxin,[53] as razões de política criminal se integram à dogmática jurídica como forma de limitar o *ius puniendi* estatal, aumentando as esferas de proteção do cidadão, ao mesmo tempo em que garantem as bases para uma proteção mais eficaz dos bens jurídicos tutelados. Por isso, para Roxin, na construção de um modelo de Direito Penal num estado que se pretenda constitucional e democrático,

o caminho correto só pode ser deixar as decisões valorativas político-criminais introduzirem-se no sistema do direito penal, de tal forma que a fundamentação legal, a clareza e previsibilidade, as interações harmônicas e as conseqüências detalhadas deste sistema não fiquem a dever nada à versão formal-positivista de proveniência lisztiana. Submissão ao direito e adequação a fins político-criminais (*kriminalpolitische ZweckmaBigkeit*) não podem contradizer-se, mas devem ser unidas numa síntese, da mesma forma que Estado de Direito e Estado Social não são opostos inconciliáveis, mas compõem uma unidade dialética: uma ordem jurídica sem justiça social não é um Estado de Direito material, e tampouco pode utilizar-se da denominação Estado Social um Estado planejador e providencialista que não acolha as garantias de liberdade do Estado de Direito.[54]

Assim, a teoria de Roxin representa um esforço para superar as tensões entre as necessidades de tutela criminal e a liberdade dos cidadãos, buscando construir um sistema comprometido com uma proteção eficaz e legítima dos bens jurídicos e, por essa razão, entendemos que ela representa um aporte fundamental para o objetivo a que nos propomos nesta pesquisa, qual seja, analisar a dogmática penal-ambiental de tal forma que seja possível buscar elementos que permitam superar a antinomia existente entre a intervenção mínima e a precaução.

---

[53] SILVA SANCHEZ, Jesus-Maria. Política criminal en la dogmática: algunas cuestiones sobre su Contenido y límites. In: SÁNCHEZ, Jesus-Maria Silva. (org.). *Política criminal y nuevo sistema penal. Libro homenage a Claus Roxin*. Barcelona: José Maria Boschi, 1997, p. 22-23.

[54] ROXIN, Claus. Política. *Política criminal e sistema jurídico-penal*. Rio de Janeiro: Renovar, 2000, p. 20.

3. Princípios, regras e proporcionalidade

3.1. De princípios e regras

Um dos pontos centrais da teoria do direito sustentada por Robert Alexy é a análise das normas e de suas estruturas, com a consequente identificação de duas espécies distintas de normas: as regras e os princípios. Essa distinção é fundamental para a solução de alguns importantes problemas na dogmática dos direitos fundamentais, já que, graças a ela, é possível estabelecer uma teoria adequada acerca das colisões e conflitos normativos. Tal distinção, ainda, possibilita a compreensão e a fixação de limites e restrições aos direitos fundamentais (categoria nas quais se enquadram os princípios da precaução e da intervenção mínima). Com efeito, afirma Alexy:

> Essa distinção constitui um elemento fundamental não somente da dogmática dos direitos de liberdade e igualdade, mas também dos direitos a proteção, a organização e procedimentos e a prestações em sentido estrito [...]. A distinção entre regras e princípios constitui, além disso, a estrutura de uma teoria normativo-material dos direitos fundamentais e, com isso, um ponto de partida para a resposta à pergunta acerca da possibilidade e dos limites da racionalidade dos direitos fundamentais.[55]

Entretanto, a importância da teoria dos princípios para a dogmática jurídica é diretamente proporcional à falta de clareza e de precisão conceitual relacionadas a seu uso, visto que sequer há concordância quanto à sua natureza dentro da teoria das normas, havendo mesmo quem defenda a de que princípios não seriam realmente normas, como Luiz Diez Picaz,[56] Josef Esser e Joseph Raz.[57] Entretanto, ainda que sejam de espécies diferentes, tanto as regras quanto os princípios enunciam juízos de dever-ser, determinando o sentido de uma con-

---

[55] ALEXY, Robert. *Teoria dos direitos fundamentais*, p. 85.

[56] Cf. DANTAS, David Diniz. *Interpretação constitucional no pós-positivismo*. São Paulo: Madras, 2004, p. 34.

[57] Cf. ALEXY, Robert. *Teoria dos direitos fundamentais*, p. 87.

duta devida, razão pela qual devem ser tidos como normas. Nesse sentido é a lição de Norberto Bobbio,[58] para quem:

> Os princípios gerais são apenas, a meu ver, normas fundamentais ou generalíssimas do sistema, as normas mais gerais. A palavra princípios leva a engano, tanto que é velha a questão entre os juristas se os princípios gerais são normas. Para mim não há dúvida: os princípios gerais são normas como todas as outras. E esta é também a tese sustentada por Crisafulli. Para sustentar que os princípios gerais são normas, os argumentos são dois, e ambos válidos: antes de mais nada, se são normas aquelas das quais os argumentos são extraídos, através de um procedimento de generalização sucessiva, não se vê por que não devam ser normas também eles: se abstraio da espécie animal obtenho sempre animais, e não flores ou estrelas. Em segundo lugar, a função para a qual são extraídos e empregados é a mesma cumprida por todas as normas, isto é, a função de regular um caso. E com que finalidade são extraídos em caso de lacuna? Para regular um comportamento não regulado: mas então servem ao mesmo escopo a que servem as normas expressas. E por que não deveriam ser normas?

Uma vez fixado que princípios são normas, torna-se necessário esclarecer qual sua relação com as regras, indicando (se houver) as diferenças entre essas espécies normativas. Alexy[59] aponta uma série de critérios tradicionalmente utilizados pela doutrina para diferenciar princípios e regras, como a generalidade (Joseph Raz), a aptidão como razão fundamentadora e importância para a ordem jurídica (Karl Larenz), a determinabilidade dos casos de aplicação (Joseph Esser), o caráter explícito de seu conteúdo axiológico (Canaris) e a referência a uma lei jurídica suprema (Wolff). Com base em tais critérios, verifica-se a existência de três possíveis teses quanto à separação entre regra e princípio.

A primeira tese sustenta que, dada a multiplicidade de critérios utilizados para traçar a diferenciação entre regras e princípios, qualquer tentativa de diferenciar as duas categorias normativas estaria fadada ao fracasso, sendo perceptíveis tantas convergências e diferenças, semelhanças e dessemelhanças entre as duas categorias que seria muito mais correto falar em *semelhança de família*.

A segunda tese admite a possibilidade da diferenciação das normas entre regras e princípios, mas sustenta que a diferença é apenas de grau, razão pela qual essa tese é chamada de tese da *separação fraca*. Na doutrina nacional, é a tese mais comumente adotada, seja tendo em conta o grau de importância, seja considerando o grau de abstração da norma como característica fundamental para diferenciar princípios de regras. Bem ilustrativo da visão que coloca o grau de importância

---

[58] BOBBIO, Norberto. *Teoria do ordenamento jurídico*, 10ª ed. Brasília: Unb. 1999, p. 158-159.

[59] ALEXY, Robert. *Teoria dos direitos fundamentais*, p. 89.

como fundamento da distinção é a posição de Celso Antonio Bandeira de Mello,[60] para quem princípio é o "mandamento nuclear de um sistema, verdadeiro alicerce dele, disposição fundamental que se irradia sobre diferentes normas compondo-lhes o espírito e servindo de critério para sua exata compreensão e inteligência exatamente por definir a lógica e a racionalidade do sistema normativo, no que lhe confere a tônica e lhe dá sentido harmônico".

De outro lado, igualmente comuns na doutrina brasileira são as concepções que fundamentam a distinção no grau de abstração das normas. Nesse sentido, afirma Luis Roberto Barroso:[61]

> Princípios têm, normalmente, maior teor de abstração e uma finalidade mais destacada dentro do sistema [...] A atividade de interpretação da constituição deve começar pela identificação do princípio maior que rege o tema a ser apreciado, descendo do mais genérico ao mais específico, até chegar à formulação da regra concreta que vai reger a espécie [...] Em toda ordem jurídica existem valores superiores e diretrizes fundamentais que 'costuram' suas diferentes partes. Os princípios constitucionais consubstanciam as premissas básicas de uma dada ordem jurídica, irradiando-se por todo o sistema. Eles indicam o ponto de partida e os caminhos a serem percorridos.

Também utilizando o grau de abstração como critério distintivo de regras e princípios, assevera Humberto Ávila:[62]

> [...] a característica específica das regras (implementação de conseqüência pré-determinada) só pode surgir *após a sua interpretação*. [...] Vale dizer: a distinção entre princípios e regras não pode ser baseada no suposto método "tudo ou nada" de aplicação das regras, pois também elas precisam, para que sejam implementadas as suas conseqüências, de um processo prévio – e por vezes longo e complexo como o dos princípios – de interpretação que demonstre quais as conseqüências que serão implementadas. E, ainda assim, só a aplicação diante do caso concreto é que irá corroborar as hipóteses anteriormente havidas como automáticas. Nesse sentido, após a interpretação diante de circunstâncias específicas (ato de aplicação), tanto as regras quanto os princípios, em vez de se extremarem, se aproximam. A única diferença constatável continua sendo o *grau de abstração anterior à interpretação*.

Por fim, a terceira tese acerca da distinção entre princípios e regras é aquela defendida por Alexy e Dworkin, para quem a distinção não é apenas de grau, mas também qualitativa, já que as regras e princípios diferenciar-se-iam por apresentarem *estrutura* e *lógica de aplicação* diferentes. É a chamada tese da *separação forte*.

---

[60] BANDEIRA DE MELLO, Celso Antônio. *Curso de direito administrativo*. 14ª ed. São Paulo: Malheiros, 2002, p. 408.

[61] BARROSO, Luís Roberto, *Interpretação e aplicação da constituição*, São Paulo: Saraiva, p. 147.

[62] ÁVILA, Humberto Bergmann, *A distinção entre princípios e regras*, Revista Diálogo jurídico, vol. I, nº 4. Disponível em <http://www.direitopublico.com.br/pdf_4/DIALOGO-JURIDICO-04-JULHO-2001-HUMBERTO-AVILA.pdf> acesso em 10.06.2012 p. 14.

Segundo essa tese, as regras seriam aplicadas por subsunção, isto é, silogisticamente (uma vez configurado o pressuposto fático de aplicação da norma, ela deve ser aplicada), ao passo que os princípios seriam aplicados por ponderação, já que seriam mandados de otimização, determinando que os valores por eles veiculados sejam garantidos na maior medida possível, de acordo com as condições de fato e de direito.[63]

Os princípios, assim, são normas que possuem uma dimensão de peso e precedência e ordenam que algo se realize na maior medida possível, em relação às possibilidades jurídicas e fáticas. São, portanto, *mandamentos de otimização*, caracterizados por poderem ser satisfeitos em graus variados, dependendo o seu cumprimento não só das possibilidades fáticas, mas também das possibilidades jurídicas. As possibilidades jurídicas de cumprimento de uma norma que estatui um princípio são determinadas mediante regras, principalmente mediante outros princípios em sentido contrário.[64] Daí por que os princípios se caracterizam por serem normas *prima facie*, cujo conteúdo definitivo somente pode ser definido após a ponderação com os princípios colidentes. Como afirma Virgílio Afonso da Silva:[65]

> [...] ao contrário do que ocorre com as regras jurídicas, os princípios podem ser realizados em diversos graus. A ideia regulativa é a realização máxima, mas esse grau de realização somente pode ocorrer se as condições fáticas e jurídicas forem ideais, o que dificilmente ocorre nos casos difíceis. Isso porque, ainda que nos limitemos apenas às condições jurídicas, dificilmente a realização total de um princípio não encontrará barreiras na proteção de outro princípio ou de outros princípios.

Por outro lado, as regras são normas que são sempre satisfeitas ou não satisfeitas integralmente. Diferentemente dos princípios, aplicam-se na maneira do "tudo ou nada", de modo que, se uma regra é válida, deve ser aplicada da maneira como preceitua, nem mais nem menos, conforme um procedimento de subsunção silogístico. As regras, portanto, são normas que ordenam algo de forma definitiva, são mandamentos definitivos, devendo a consequência nelas prevista ser aplicada sempre que seus pressupostos fáticos estiverem presentes.

---

[63] Vale notar que para Alexy as noções de princípio e de valores são equivalentes, diferenciando-se apenas pelo fato de que os valores referem-se ao plano axiológico (âmbito do bom) e os princípios referem-se ao plano deontológico (âmbito do dever-ser).

[64] ALEXY, Robert. La formula del peso. In: CARBONELL, Miguel (ed.). *El principio de proporcionalidade y la interpretación constitucional*. Serie justicia e derechos humanos – Neoconstitucionalismo y sociedad. Quito: Ministerio de Justicia e Derechos Humanos de Ecuador, 2008, p. 14.

[65] SILVA, Virgílio Afonso. *Direitos fundamentais*. Conteúdo essencial, restrições e eficácia. 2ª ed. São Paulo: Malheiros, 2010, p. 46.

Nesse sentido, declara Alexy[66] que as regras são normas condicionadas, de modo que:

> Se uma regra vale, então deve se fazer exatamente aquilo que ela exige; nem mais, nem menos. Regras contêm, portanto, *determinações* no âmbito daquilo que é fática e juridicamente possível. Isso significa que a distinção entre regras e princípios é uma distinção qualitativa, e não uma distinção de grau.

Vale ressaltar que, de acordo com essa tese, a distinção entre regras e princípios é axiologicamente neutra, visto que o conceito de *princípio*, na teoria de Alexy, é um conceito que *nada* diz sobre a fundamentalidade, importância ou generalidade da norma. Esta concepção, portanto, não pode ser confundida com aquela tradicionalmente adotada na doutrina nacional, que diferencia os princípios das regras pelo grau de importância ou de abstração. De fato, na concepção alexyana, o princípio tanto pode ser uma norma fundamental, como pode não o ser, já que uma norma é classificada como princípio *apenas em razão de sua estrutura normativa,* e não por sua fundamentalidade. Nesse sentido é a lição de Virgílio Afonso da Silva,[67] que, ao tratar das diferenças entre a teoria de Alexy acerca da distinção entre princípios e regras e as teorias recorrentes na doutrina brasileira, alerta:

> Essa diferença entre os conceitos de princípio tem conseqüências importantes na relação entre ambas as concepções. Essas conseqüências, no entanto, passam muitas vezes despercebidas, visto que é comum, em trabalhos sobre o tema, que se proceda, preliminarmente, à distinção entre princípios e regras com base nas teorias de Dworkin ou Alexy, ou em ambas, para que seja feita, logo em seguida, uma tipologia dos princípios constitucionais, nos moldes das concepções que acima chamei de mais tradicionais. Há, contudo, uma contradição nesse proceder. Muito do que as classificações tradicionais chamam de princípio, deveria ser, se seguirmos a forma de distinção proposta por Alexy, chamado de regra. Assim, falar em princípio do *nulla poena sine lege*, em princípio da legalidade, em princípio da anterioridade, entre outros, só faz sentido para as teorias tradicionais. Se se adotam os critérios propostos por Alexy, *essas normas são regras, não princípios.* Todavia, mesmo quando se diz adotar a concepção de Alexy, ninguém ousa deixar esses "mandamentos fundamentais" de fora das classificações dos princípios para incluí-los na categoria das regras.

Assim, desde logo se deve deixar assentado que, segundo a tese da separação forte, não há qualquer razão para supor que um princípio é mais importante que uma regra: para quem defende essa tese, não faz sentido a afirmação corrente de que violar um princípio é mais grave do que violar uma regra. Isso porque, na tese da separação forte, a distinção não é feita em função de uma diferença de grau, ou seja,

---

[66] ALEXY, Robert. *Teoria dos direitos fundamentais*, p. 91.

[67] SILVA, Virgílio Afonso. *Princípios e regras:* mitos e equívocos acerca de uma distinção. Revista Latino-Americana de Estudos Constitucionais. Vol. I. Belo Horizonte: Del Rey, 2003, p. 613.

não se diferencia uma regra de um princípio em função do "grau de importância" ou do "grau de abstração" das normas, mas em razão de uma qualidade da norma e do modo de sua aplicação.

No curso do trabalho, adotamos a tese da separação forte nos termos da teoria de Robert Alexy, razão pela qual, quando nos referirmos a "princípios", estaremos falando não de normas mais importantes, fundamentais ou estruturantes do sistema jurídico, mas de normas que consistem num mandamento de otimização de um determinado valor que devem ser aplicadas por ponderação e balanceamento. Daí por que normas que tradicionalmente são classificadas como princípios, como a legalidade, a anterioridade e a irretroatividade das leis penais, por exemplo, que são aplicadas sempre segundo a regra do tudo ou nada, aqui *não* serão chamadas de "princípio", nada obstante seja essa a terminologia consagrada na literatura jurídica nacional.

A compreensão dessa noção se torna mais clara se tomarmos como exemplo concreto o que ocorre com a estrita legalidade em matéria penal. Apesar de ser consagrada a sua denominação como "*princípio* da legalidade", trata-se de uma norma cuja aplicação não admite qualquer ponderação. A dizer, em virtude de tal norma, somente quando presente seu pressuposto (isto é, somente havendo prévia e expressa definição legal da conduta tida como crime), é que se pode falar em persecução penal. Assim, ou a conduta está previamente descrita na lei penal, fazendo surgir para o Estado a pretensão condenatória, ou não há crime, e o direito penal não poderá exercer qualquer papel no controle e prevenção da conduta. Nessa seara, não há espaço para a relativização, ainda que existam sólidos argumentos relacionados às circunstâncias fáticas (v.g. a extrema gravidade da conduta) ou às circunstâncias jurídicas (por exemplo, a necessidade de proteção do meio ambiente ou a probidade administrativa). Assim, por exemplo, por mais grave que seja a biopirataria e mesmo a despeito de a Constituição expressamente determinar que o equilíbrio ecológico seja penalmente tutelado, a inexistência de tipificação dessa conduta como crime impede sua punição no Brasil.[68]

Com efeito, sejam quais forem as circunstâncias fáticas e jurídicas, isto é, por maior que seja a gravidade, lesividade ou necessidade

---

[68] No mais das vezes, a persecução penal a tais condutas se dá pela imputação de crimes subsidiários, de modo que os agentes são denunciados por condutas antecedentes que configuram meios para a execução da biopirataria, como a falsificação de documentos, ou, ainda, recorrendo-se ao tipo subsidiário do descaminho. As dificuldades para o tratamento dessa questão na esfera penal, entretanto, é evidente, inclusive ante a insuficiência de tais tipos para efetivamente tutelar o bem jurídico. Para maiores informações acerca dessa interessante questão, consultar a dissertação de mestrado de Alessandra Figueiredo dos Santos, *Biopirataria associada à biotecnologia e a tutela penal da biodiversidade amazônica*, UEA-PPGDA, 2010.

de punição de uma conduta, o fato é que, sem prévia definição legal, não há crime. Esta norma, portanto, é uma regra, não um princípio, nada obstante sua indiscutível posição de fundamento do sistema jurídico-penal.

Vale ressaltar, entretanto, que a adoção da tese da separação forte, com as consequentes definições terminológicas, não implica emitir um juízo depreciativo das demais classificações, muito menos afirmar que os demais critérios (e terminologias) são errados ou, pior ainda, ultrapassados. Na verdade, não há qualquer sentido em falar em classificações certas ou erradas, mas unicamente em úteis ou inúteis. Para a finalidade proposta neste trabalho, a classificação normativa de Alexy oferece mais instrumentos conceituais, de modo que é essa a razão pela qual ela é adotada aqui.

3.2. Conflitos normativos

A mais importante decorrência prática da diferenciação das normas em regras e princípios segundo a tese da separação forte é que ela permite dar tratamento adequado aos conflitos normativos, isto é, aqueles casos em que sobre um mesmo fato ou conjunto de fatos incide mais de uma norma determinando consequências diversas, pelo menos em parte.

Antes, porém, de tratar dos conflitos entre regras e das colisões entre princípios, é necessário um breve esclarecimento acerca do que é norma, visto que, apesar de ser fundamental para a teoria do direito (ou até justamente por isso), o conceito de norma jurídica é um dos mais controversos. Não sendo objeto deste estudo tal discussão, aqui nos limitamos a adotar o conceito de Hans Kelsen, provavelmente o mais influente dos teóricos do direito, a ponto de o espanhol Luis Legazy Lacambra ter afirmado que o pensamento jurídico do século XX teria de ser um permanente diálogo com Kelsen.[69]

Para Kelsen, as normas seriam os *atos de vont*ade emitidos pela autoridade competente, isto é, o legislador ou o administrador nos casos das leis e regulamentos gerais, ou o juiz no caso da sentença (valendo ressaltar que, na teoria kelseniana, a atividade judicial não é meramente declaratória, mas criadora de norma individual). Para Kelsen,[70]

com o termo [*norma*] se designa um mandamento, uma prescrição, uma ordem. Mandamento não é, todavia, a única função da norma. Também conferir poderes, permitir,

---

[69] *Apud* FERRAZ JÚNIOR, Tércio Sampaio. *Introdução ao ordenamento jurídico*, p. 14.

[70] KELSEN, Hans. *Teoria Geral das Normas*. 1986, p. 1/2.

derrogar são funções de normas. [...] "Norma" dá a entender a alguém que alguma coisa deve ser ou acontecer, desde que a palavra "norma" indique uma prescrição, um mandamento. Sua expressão lingüística é um imperativo ou uma proposição de dever-ser.

Em relação aos conflitos normativos, Kelsen contrapõe-se veementemente à possibilidade de aplicação do princípio lógico da não contradição às normas. Ele parte da ideia de que a análise lógica apenas diz respeito a asserções, enunciados que são verificáveis e podem ser classificados como verdadeiros ou falsos. As normas, por seu turno, não podem ser verdadeiras ou falsas, mas sim válidas ou inválidas. Essa distinção entre uma norma e uma asserção fica evidente quando se compara, por exemplo, a norma que dispõe que o homicídio deve ser punido com reclusão de seis a vinte anos, com a asserção de que "todo homem é mortal". A asserção tem a estrutura de um ato de conhecimento que, a depender da adequação de seu conteúdo à realidade, pode ser qualificado como verdadeiro ou falso, enquanto a norma constitui um ato de vontade editado pelo legislador e dirigido abstratamente à conformação da conduta de todos os cidadãos, que devem se abster de praticar o ato incriminado. A norma não pode ser qualificada como verdadeira ou falsa, mas sim como válida ou inválida. Nas palavras de Kelsen,[71]

> [...] verdad y falsedad son *cualidades* o *propiedades* de una aserción. La validez, sin embargo, no es la cualidad o propiedad de una norma, sino su *existencia*, su específica existencia, no una existencia material, sino ideal. Que una norma es valida significa que *existe*; que una norma es invalida significa que no existe, "existe" en el sentido ideal del término. Una norma inválida, esto es, una norma no existente, *no* es norma de modo alguno. Pero una aserción que es falsa, es todavía una aserción, tal como lo es una aserción verdadera; existe como una aserción, aun cuando ella sea falsa.[72]

A partir dessa constatação, Kelsen afirma não ser possível aplicar às normas o princípio lógico da não contradição, que somente teria sentido quando aplicado a asserções sobre fatos. Isso porque, quando se trabalha com asserções, a existência de duas afirmações contraditórias sobre um mesmo objeto implica que um deles seja falso (princípio da não contradição). Assim, se é afirmado que "todo homem é

---

[71] KELSEN, Hans. *Derecho y Logica*. p. 276/277.

[72] "Verdade e falsidade são *qualidades ou propriedades* de uma asserção. A validade, entretanto, não é qualidade ou propriedade de uma norma, mas sua *existência*, sua específica existência, não uma existência material, mas ideal. Que uma norma é válida, significa que *existe;* que uma norma é inválida significa que não existe, 'existe' no sentido ideal do termo. Uma norma inválida, isto é, uma norma não existente, *não é* norma de modo algum. Porém, uma asserção que falsa é, todavia, uma asserção, como o é uma asserção verdadeira; uma asserção existe ainda quando ela seja falsa". (tradução nossa)

mortal" e que "o homem José é imortal", uma das asserções necessariamente é falsa.

Quando se trata de normas, todavia, a existência de um conflito não pode ser resolvido por princípios lógicos, mas unicamente por uma terceira norma que discipline a forma de solução, no mais das vezes estabelecendo a derrogação de uma das normas conflitantes. Isso se dá porque a validade de uma não implica necessariamente que seja inválida outra que a ela seja contraditória. As fórmulas tradicionalmente utilizadas para a solução de conflitos normativos, tais como as proposições de que as normas hierarquicamente superiores derrogam as inferiores, de que a posterior derroga a anterior ou de que a norma especial derroga a geral, não configuram aplicação de princípios lógicos, mas aplicação de normas jurídicas existentes no direito positivo, ainda que não prevista expressamente na lei, sendo apenas pressuposta pelo legislador.[73]

Assim, tem-se que a solução de um conflito normativo implica a existência de uma terceira norma, à qual cabe a missão de superar o conflito, estabelecendo qual das regras é válida.

É de se notar, entretanto, que a instituição de uma regra de derrogação como forma de resolução de conflitos normativos nem sempre será a solução adequada para todos os conflitos normativos, já que, apesar de funcionar bem com normas que se aplicam por subsunção e obedecem às regras da lógica formal,[74] ou seja, as regras, a instituição de uma terceira norma com eficácia derrogatória não funciona para a colisão de princípios. De fato, quando se trata de colisão entre princípios, a situação requer uma solução diferente, dado que estes, tendo uma dimensão de peso e precedência, são aplicados por meio de ponderação ou balanceamento, não sendo possível solucionar-se a colisão pela instituição de uma terceira regra derrogatória.

---

[73] KELSEN, Hans. *Teoria geral das normas*. Porto Alegre: SAFE, 1986, p. 263 e ss.

[74] Vale notar que Kelsen também se contrapõe à possibilidade da aplicação da inferência silogística. Para ele, o silogismo normativo não pode ser admitido porque as premissas não têm o mesmo caráter lógico, já que a premissa maior é uma norma geral hipotética (ex. aquele que cometer homicídio deve ser punido com reclusão de seis a vinte anos) e a premissa menor (ex. João cometeu homicídio) é uma asserção, um enunciado sobre um fato, de modo que não há relação lógica possível entre ambas, portanto não é possível extrair a validade da norma individual (a conclusão do silogismo, a sentença) da norma geral à qual ela corresponde. Não é o caso, todavia, de desenvolver essa tese, que, além de nos desviar muito do tema aqui enfrentado, não é imprescindível para a ideia das normas como sentido de um ato de vontade, além de já haver sido superada no campo da filosofia da linguagem. Para um maior aprofundamento, consultar KELSEN, Hans. *Teoria Geral das Normas*, 1986, p. 265 e ALEXY, Robert. *Teoria da argumentação jurídica.*

3.2.1. Conflitos entre regras

Os conflitos entre regras são solucionados no campo da validade pela revogação ou pelo estabelecimento de uma cláusula de exceção a partir da norma que regulamenta a solução do conflito. É o que ocorre, por exemplo, quando norma posterior revoga as anteriores com ela incompatíveis. A solução do conflito entre as duas normas decorre da aplicação de norma inserta na lei de introdução às normas do direito brasileiro (antiga lei de introdução ao Código Civil), que, no § 1º do art. 2º, dispõe que "a lei posterior revoga a anterior quando expressamente o declare, quando seja com ela incompatível ou quando regule inteiramente a matéria de que tratava a lei anterior".

Igual procedimento deve ser adotado na solução de conflitos, quando as regras conflitantes pertençam a um mesmo dispositivo legal, de modo que não é possível estabelecer, com base na data de promulgação, qual é a norma aplicável. Exemplo disso ocorre com as causas de exclusão de ilicitude no Código Penal, que estabelecem cláusulas de exceção à incidência das normas primárias que tipificam crimes. Aqui também deverá o operador do direito buscar uma terceira norma (ainda que implícita) que, regulamentando o conflito, para ele estabeleça qual a solução a ser adotada.

De qualquer forma, seja qual for a norma utilizada para solucionar o conflito entre regras, o resultado é sempre a delimitação do âmbito de incidência da norma, seja em razão de sua revogação (total ou parcial), seja em razão do estabelecimento de uma cláusula de exceção, de tal sorte que, pelo menos em tese, seria possível considerar que, a partir da solução do conflito, tem-se uma visão completa da regra, como se as exceções fossem parte integrante da norma primária. Nas palavras de Dworkin:

> Sem dúvida, uma regra pode ter exceções [...]. Contudo, um enunciado correto da regra levaria em conta essa exceção; se não o fizesse, seria incompleto. Se a lista de exceções for muito longa, seria desajeitado demais repeti-la cada vez que a regra fosse citada; contudo, em teoria não há razão que nos proíba de incluí-las e quanto mais o forem, mais exato será o enunciado da regra.[75]

Utilizando o exemplo das excludentes de antijuridicidade, seria possível afirmar que, em nosso ordenamento, vige uma regra que proíbe o homicídio, exceto naqueles casos em que o agente atua em legítima defesa, no estrito cumprimento do dever legal ou em estado de necessidade. Vale ressaltar que quaisquer outras restrições decorrentes de regras conflitantes funcionariam da mesma forma, mesmo

---

[75] DWORKIN, Ronald. *Levando os direitos a sério*. São Paulo: Martins Fontes, p. 39/40.

quando a colisão fosse só parcial, como no caso da aplicação do princípio da especialidade no concurso aparente de normas. Para utilizar o mesmo exemplo do homicídio, seria possível dizer que também fica excepcionada a incidência do art. 121 do CP (homicídio) naqueles casos em que a conduta é praticada pela mãe contra o filho recém-nascido, sob a influência do estado puerperal, hipótese em que o crime seria o do art. 123 do CP (infanticídio).

Assim, fica evidenciado que, em se tratando de regras, a solução de um conflito somente sempre ocorrerá pela aplicação de uma terceira regra que declare a invalidade de uma daquelas conflitantes, no todo ou em parte. Como afirma Alexy,

> a constatação de que pelo menos uma das regras deve ser declarada inválida quando uma cláusula de exceção não é possível em um conflito entre regras nada diz sobre qual das regras deverá ser tratada dessa forma. Esse problema pode ser solucionado por meio de regras como *Lex posterior derogat priori* e *lex specialis derogat legi generali*, mas é também possível proceder de acordo com a importância de cada regra em conflito. O fundamental é: a decisão é uma decisão sobre validade.[76]

3.2.2. Colisão entre princípios

Diversamente do que ocorre no conflito entre regras, em se tratando de colisão entre princípios, a solução não passa pelo campo da validade, com a revogação ou mesmo com o estabelecimento de uma cláusula de exceção, mas antes deve ser buscada mediante a harmonização dos princípios colidentes, por meio do balanceamento e da ponderação. Com efeito, um princípio é um mandamento de otimização, isto é, trata-se de uma norma que determina que o valor que ele carrega seja aplicado na maior medida possível, de modo que sua aplicação concreta varia de acordo com as circunstâncias fáticas e com os princípios colidentes. Por isso, nos casos de colisão de princípios, a solução passa sempre pela verificação, no caso concreto, de qual é a norma resultante do balanceamento.

Não se trata, portanto, de buscar uma solução no campo da validade, como ocorre com no conflito de regras. Na colisão de princípios, ambos os princípios colidentes são e continuarão válidos após a resolução, apenas se buscará, por intermédio da técnica da ponderação, estabelecer qual será o princípio prevalente naquele caso concreto, o que requer o balanceamento dos valores colidentes, ponderando-se as circunstâncias de modo a possibilitar que, naquelas circunstâncias

---

[76] ALEXY, Robert. *Teoria dos direitos fundamentais*, p. 93.

concretas, seja estabelecido qual é a maior medida possível de aplicação de cada um dos princípios contrapostos, de maneira que, para aquele caso, possa ser estabelecido qual princípio deve ceder e em que medida. Atente-se, entretanto, que, como afirma Alexy:[77]

> Isso não significa, contudo nem que o princípio cedente deva ser declarado inválido, nem que nele deverá ser introduzida uma cláusula de exceção. Na verdade, o que ocorre é que um dos princípios tem precedência em face do outro sob determinadas condições. Sob outras condições a questão da precedência pode ser resolvida de forma oposta. Isso é o que se quer dizer quando se afirma que, nos casos concretos, os princípios têm pesos diferentes e que os princípios com maior peso têm precedência.

Isso ocorre, por exemplo, nas colisões entre o princípio da liberdade de expressão com o da proteção à intimidade. Ambos são normas que determinam que os operadores do direito garantam sua aplicação na maior medida possível. Porém, a definição de qual é exatamente esse grau ótimo, ou seja, qual a maior extensão possível de cada uma dessas normas, somente pode ser feita diante da verificação das circunstâncias específicas do caso em que deve ser resolvida a colisão. Não é possível estabelecer, de antemão e abstratamente, qual a norma prevalente, definindo aprioristicamente como deve ser resolvido o conflito, visto que a solução correta vai depender da análise das circunstâncias concretas de cada situação.

Imaginemos uma situação hipotética: uma revista pretende publicar informações sobre a vida privada de um administrador público. Se, por um lado, a publicação de tais informações certamente atinge a intimidade desse governante, por outro lado a liberdade de expressão garante a veiculação pública dessas informações. Num caso desses, há inegavelmente colisão entre dois princípios que não pode ser solucionada no campo da validade, pois não se pode afirmar que um deles deva sempre se sobrepor ao outro. Na verdade, tal colisão somente será solucionada mediante a verificação do peso de cada princípio, o qual, por sua vez, apenas pode ser estabelecido à vista dos elementos concretos apresentados. Assim, em nosso exemplo, se imaginarmos uma hipótese em que as informações a serem publicadas digam respeito a gastos familiares incompatíveis com a renda do agente público, numa denúncia de improbidade administrativa, poucos poderiam sustentar que a proteção à intimidade devesse prevalecer sobre a liberdade de expressão. Por outro lado, caso a publicação não tivesse nenhuma relação com o interesse público, por se tratar de fotos da família em momento de lazer dentro de casa, obtidas clandestinamente,

---

[77] ALEXY, Robert. *Teoria dos direitos fundamentais*, p. 93-94.

poucos poderiam sustentar que a liberdade de expressão deveria prevalecer ante a proteção à intimidade.

Assim, nos casos de colisão de princípios, nenhum perde a validade, apenas se busca estabelecer qual a maior medida possível de aplicação de cada um, estabelecendo-se uma relação de precedência condicionada (isto é, vinculada às condições fáticas e jurídicas). Esse mesmo tipo de raciocínio se aplica a todas as possíveis colisões de princípios, como aqueles estabelecidos entre o desenvolvimento econômico e a preservação do meio ambiente, ou entre a garantia dos direitos fundamentais do acusado e a efetividade da tutela penal, só para citar alguns dos mais recorrentes exemplos.

O emprego da técnica da ponderação para a resolução da colisão entre princípios tem-se tornado recorrente na jurisprudência brasileira, em especial na do Supremo Tribunal Federal (STF). Na decisão proferida na ADPF 130, por exemplo, em que se discutia a adequação da lei de imprensa ao regime constitucional da liberdade de imprensa, o relator, Ministro Ayres Britto, apontou a ponderação como o "mecanismo constitucional de calibração de princípios". Da mesma forma, tratando da colisão entre os princípios da saúde e do meio ambiente por um lado e da livre iniciativa e liberdade de comércio por outro, em tema relativo à proibição de importação de pneus usados, decidiu o STF na ADPF 101:

> [...] Princípios constitucionais (art. 225) a) do desenvolvimento sustentável e b) da equidade e responsabilidade intergeracional. Meio ambiente ecologicamente equilibrado: preservação para a geração atual e para as gerações futuras. Desenvolvimento sustentável: crescimento econômico com garantia paralela e superiormente respeitada da saúde da população, cujos direitos devem ser observados em face das necessidades atuais e daquelas previsíveis e a serem prevenidas para garantia e respeito às gerações futuras. Atendimento ao princípio da precaução, acolhido constitucionalmente, harmonizado com os demais princípios da ordem social e econômica. 5. Direito à saúde: o depósito de pneus ao ar livre, inexorável com a falta de utilização dos pneus inservíveis, fomentado pela importação é fator de disseminação de doenças tropicais. Legitimidade e razoabilidade da atuação estatal preventiva, prudente e precavida, na adoção de políticas públicas que evitem causas do aumento de doenças graves ou contagiosas. Direito à saúde: bem não patrimonial, cuja tutela se impõe de forma inibitória, preventiva, impedindo-se atos de importação de pneus usados, idêntico procedimento adotado pelos Estados desenvolvidos, que deles se livram. 6. Recurso Extraordinário n. 202.313, Relator o Ministro Carlos Velloso, Plenário, DJ 19.12.1996, e Recurso Extraordinário n. 203.954, Relator o Ministro Ilmar Galvão, Plenário, DJ 7.2.1997: Portarias emitidas pelo Departamento de Comércio Exterior do Ministério do Desenvolvimento, Indústria e Comércio Exterior – Decex harmonizadas com o princípio da legalidade; fundamento direto no art. 237 da Constituição da República. 7. Autorização para importação de remoldados provenientes de Estados integrantes do Mercosul limitados ao produto final, pneu, e não às carcaças: determinação do Tribu-

nal *ad hoc*, à qual teve de se submeter o Brasil em decorrência dos acordos firmados pelo bloco econômico: ausência de tratamento discriminatório nas relações comerciais firmadas pelo Brasil. 8. Demonstração de que: a) os elementos que compõem o pneus, dando-lhe durabilidade, é responsável pela demora na sua decomposição quando descartado em aterros; b) a dificuldade de seu armazenamento impele a sua queima, o que libera substâncias tóxicas e cancerígenas no ar; c) quando compactados inteiros, os pneus tendem a voltar à sua forma original e retornam à superfície, ocupando espaços que são escassos e de grande valia, em especial nas grandes cidades; d) pneus inservíveis e descartados a céu aberto são criadouros de insetos e outros transmissores de doenças; e) o alto índice calorífico dos pneus, interessante para as indústrias cimenteiras, quando queimados a céu aberto se tornam focos de incêndio difíceis de extinguir, podendo durar dias, meses e até anos; f) o Brasil produz pneus usados em quantitativo suficiente para abastecer as fábricas de remoldagem de pneus, do que decorre não faltar matéria-prima a impedir a atividade econômica. Ponderação dos princípios constitucionais: demonstração de que a importação de pneus usados ou remoldados afronta os preceitos constitucionais de saúde e do meio ambiente ecologicamente equilibrado (arts. 170, inc. I e VI e seu parágrafo único, 196 e 225 da Constituição do Brasil) 9. Decisões judiciais com trânsito em julgado, cujo conteúdo já tenha sido executado e exaurido o seu objeto não são desfeitas: efeitos acabados. Efeitos cessados de decisões judiciais pretéritas, com indeterminação temporal quanto à autorização concedida para importação de pneus: proibição a partir deste julgamento por submissão ao que decidido nesta arguição. (STF, ADPF 101, Rel. Min. CÁRMEN LÚCIA, 24.06.2009)

No STF, são inúmeros os exemplos de solução de colisão entre princípios por ponderação, especialmente com a composição mais recente. Podem-se citar como exemplos algumas decisões emblemáticas em que a Suprema Corte expressamente lançou mão da técnica da ponderação para solucionar as colisões entre normas constitucionais: a ADI 3112, sobre a proibição de liberdade provisória no estatuto do desarmamento, a ADI 3510, sobre a realização de pesquisas científicas com células-tronco embrionárias, as ADCs 29 e 30 e a ADI 4578, acerca da validade da chamada lei da ficha limpa, além do HC 82424, o chamado "caso Ellwanger", sobre caracterizar como racismo a publicação de livro que negava a existência do holocausto judeu. Neste caso, apontado por muitos ministros como um dos mais importantes julgados da história recente do STF, colhe-se do voto do Min. Celso de Mello:

> Entendo que a superação dos antagonismos existentes entre princípios constitucionais há de resultar da utilização, pelo STF, de critérios que lhe permitam ponderar e avaliar, *hic et nunc*, em função de determinado contexto e sob uma perspectiva axiológica concreta, qual deva ser o direito a preponderar no caso, considerada a situação de conflito ocorrente (...)

Nada obstante o sucesso que a ponderação alcançou na jurisprudência brasileira, sua utilização está longe de ser isenta de controvérsia, seja em relação à forma como concretamente a técnica é aplicada, seja em razão de seus pressupostos teóricos. Criticando a forma de aplicação da ponderação, ressaltando os riscos inerentes à abordagem principiológica, afirma Daniel Sarmento:

> [...] muitos juízes, deslumbrados diante dos princípios e da possibilidade de, através deles, buscarem a justiça – ou o que entendem por justiça –, passaram a negligenciar do seu dever de fundamentar racionalmente os seus julgamentos. Esta 'euforia' com os princípios abriu um espaço muito maior para o decisionismo judicial. Um decisionismo travestido sob as vestes do politicamente correto, orgulhoso com os seus jargões grandiloqüentes e com a sua retórica inflamada, mas sempre um decisionismo. Os princípios constitucionais, neste quadro, converteram-se em verdadeiras 'varinhas de condão': com eles, o julgador de plantão consegue fazer quase tudo o que quiser.[78]

Por outro lado, criticando não uma determinada forma de aplicação, mas os próprios fundamentos teóricos dessa abordagem principiológica, afirma Habermas que a teoria dos princípios, ao relativizar o caráter deontológico das normas, padeceria de dois graves problemas: o déficit de legitimidade democrática e a perda de força normativa dos princípios e valores. Quanto à primeira questão, afirma Habermas:

> Tal jurisprudência de valores levanta realmente o problema da legitimidade [...] pois ela implica um tipo de concretização de normas que coloca a jurisprudência constitucional no estado de uma legislação concorrente. Perry chega a essa conclusão, reinterpretando arrojadamente os direitos fundamentais, que deixam de ser princípios deontológicos do direito para se tornarem bens teleológicos do direito, formando uma ordem objetiva de valores, que liga a Justiça e o legislador à eticidade substancial de uma determinada forma de vida.[79]

De outro lado, quanto às possíveis consequências que a abordagem principiológica acarretaria à normatividade dos princípios, Habermas aponta o risco de que a ponderação de princípios acabe por levar à relativização das normas, que passarão a ser aplicadas de acordo com suas finalidades, de tal forma que seria possível sacrificar direitos individuais em nome de finalidades coletivas, perdendo sua solidez. Alexy resume as críticas feitas por Habermas quanto à insuficiência normativa da tese dos princípios afirmando, no posfácio de 2002 à sua Teoria dos Direitos Fundamentais, que, para Habermas:[80]

> O caráter principiológico derrubaria um "muro protetor": "se, nos casos de colisão, *todas* as razões puderem adotar caráter de argumentos definidores de finalidades,

---

[78] SARMENTO, Daniel. *Livres e Iguais: Estudos de Direito Constitucional*. São Paulo: Lumen Juris, 2006, p. 200.

[79] HABERMAS, Jürgen. *Direito e Democracia: entre faticidade e validade*. Vol. I, Rio de Janeiro: Tempo brasileiro, 2007, p. 320.

[80] ALEXY, Robert. *Teoria dos direitos fundamentais*, p. 576.

derruba-se então aquele muros protetor que uma compreensão deontológica das normas introduz no discurso jurídico."

E o sopesamento de direitos fundamentais não ameaçaria apenas sua força em geral. Ele implicaria também o risco de que os direitos fundamentais fossem vítimas de juízos irracionais, pois não haveria nenhum parâmetro racional para esse sopesamento.

Tais críticas, acaso se revelem corretas, terão um efeito demolidor sobre a teoria dos princípios aqui adotada, já que, se não houver uma forma racional de efetuar a ponderação, submetendo-a a um controle intersubjetivo, efetivamente estaremos diante de uma tentativa de dar um belo nome a algo que, em última análise, não passa de mais uma forma de decisionismo, o que historicamente sempre se revelou fonte de arbitrariedades e abusos de toda sorte.

Decorre daí que a aceitação da técnica da ponderação depende da possibilidade de ela ser aplicada de forma racional. É de se ver, entretanto, que não se pode confundir "racionalidade" do discurso jurídico com uma pretensa "objetividade", impossível de ser alcançada. De fato, é verdade que, por meio da ponderação, não se garante de modo algum que o resultado em todos os casos sob apreciação do Judiciário seja o mesmo. Assim, se a crítica é dirigida a esse aspecto, então não só ela é procedente, mas é também absolutamente inócua, já que essa indeterminação do resultado, apesar de ser consideravelmente maior na ponderação, também está presente na subsunção das regras. Na verdade, a indeterminação do resultado da aplicação das normas aos casos concretos é decorrente da própria natureza interpretativa do Direito, e ela estará presente independentemente do método de aplicação da norma. Com razão, assevera Alexy:

O simples argumento de que os valores desempenham um papel no sopesamento não constitui uma objeção à possibilidade de fundamentação racional de decisões ponderativas, a não ser que se diga que a argumentação jurídica se torna sempre não-racional ou irracional tão logo se adentre o âmbito das valorações não definidas de forma cogente.

Ocorre que, em toda atividade interpretativa, o campo para a subjetividade do intérprete é sempre muito grande. Aliás, não raro a interpretação da regra oferece uma abertura maior à subjetividade do que a ponderação de princípios, bastando que na regra existam conceitos valorativos, de conteúdo indeterminado. A norma que exige estudo prévio de impacto ambiental para empreendimentos *potencialmente* causadores de *significativa degradação* ao meio ambiente, por exemplo, apesar de ter estrutura de regra, comumente dá margem a enormes controvérsias devido à dificuldade de definição do que pode ser enquadrado como atividade potencialmente danosa ou do que pode ser caracterizado como significativa degradação ambiental, já que as resoluções do Conama que tratam do tema, obviamente, não podem esgotar todo o campo possível de atividades humanas, havendo um imenso espaço para a subjetividade do intérprete na verificação do pressuposto fático necessário para a aplicação de tais regras. Como afirma Hart:[81]

> Todo sistema jurídico deixa em aberto um campo vasto e de grande importância para que os tribunais e outras autoridades administrativas possam usar sua discricionariedade no sentido de tornar mais precisos os padrões inicialmente vagos, dirimir as incertezas contidas nas leis ou, ainda, ampliar ou restringir a aplicação de normas transmitidas de modo vago pelos precedentes autorizados.

Assim, fica evidente que o silogismo com o qual se aplicam as regras mediante a subsunção dos fatos à interpretação da norma é também uma atividade mental extremamente permeável às valorações subjetivas feitas pelo aplicador do direito. Nesse aspecto, Kelsen, ao tratar da interpretação das normas em sua *Teoria Pura do Direito*, afirma que o direito a ser aplicado ao caso concreto forma uma moldura dentro da qual existem várias possibilidades de interpretação, todas igualmente válidas. A escolha de qualquer dos sentidos seria um ato de vontade, e não de conhecimento, estando, portanto, fora dos limites da análise do Direito.[82] Segundo Kelsen, a tradicional ideia de que o juiz, em sua atuação, não teria poder discricionário, pois estaria vinculado ao "espírito da lei", nada mais é do que uma ficção com fins meramente ideológicos, visto que

> [...] na teoria jurídica, procura-se indicar esse arbítrio do juiz como limitado, quando se assevera que o juiz precisa preocupar-se com o espírito da lei, se ele aceita o fato *sub judice* como semelhante ou de acordo, no essencial, com o fato típico determinado na norma a ser aplicada.
> O que é o "espírito da lei", naturalmente só o juiz mesmo pode definir, e esta definição pode sair muito diferente em diversos litígios a serem definidos por diferentes juízes.
> O "espírito da lei" é – no fundo – uma ficção que serve para manter a aparência de que o juiz apenas aplica o direito válido também em casos de decisão analógica, enquanto ele, em verdade, cria Direito novo para o caso concreto. Para isto, porém ele precisa estar autorizado pelo ordenamento jurídico. [...]
> O que efetivamente existe quando a ciência do Direito tradicional (*jurisprudenz*) fala de uma decisão judicial *per analogiam*, de modo algum é uma conclusão, na qual na validade de uma norma geral positiva logicamente segue-se a validade de uma norma individual da decisão judicial, senão a estatuição de uma norma individual autorizada pelo ordenamento jurídico vigente, a qual não corresponde a nenhuma norma jurídica geral, conteudisticamente determinada. [...]

---

[81] HART, Hebert L. A. *O conceito de direito*. São Paulo: Martins Fontes, 2009, p. 176.

[82] Cf. KELSEN, Hans. *Teoria Pura do Direito*. São Paulo: Marins Fontes, p. 247 e ss.

O que se chama uma conclusão analógica geralmente não representa processo lógico, o que ainda mais procede para a chamada conclusão jurídico-analógica.[83]

É de ver que, seja na subsunção das regras, seja na ponderação de princípios, a pretensa objetividade, entendida como previsibilidade absoluta do resultado da interpretação e aplicação do direito, é algo que não existe. Por isso, desde logo, devem ser descartadas as críticas à ponderação relacionadas ao fato de essa técnica gerar resultados indeterminados previamente, como se de tal circunstância (verdadeira) pudesse concluir-se ser a ponderação um procedimento irracional. Na verdade, tal objetividade não só é impossível, como é de todo indesejável, pois significaria a instituição de um modelo constitucional em que todas as interpretações possíveis fossem previamente determinadas de modo cogente (única forma concebível de garantir a objetividade), o que implicaria uma sociedade na qual os cidadãos teriam uma margem muito pequena de liberdade, e o legislativo praticamente seria reduzido à condição de mero executor das decisões previamente adotadas (e esmiuçadas) pelo legislador constituinte, reduzindo a quase nada o espaço democrático de deliberação do parlamento, elemento essencial num estado que se pretenda democrático de direito.

Em todo caso, afastada a vertente que funda a crítica numa pretensa busca pela objetividade, resta ainda pendente a questão relativa à possibilidade do controle racional da ponderação, condição necessária à legitimidade dessa técnica. Por isso, torna-se necessário esclarecer qual a estrutura da ponderação.

Neste ponto, cumpre ressaltar que, para Alexy, a distinção das normas entre regras e princípios, apesar de ser peça fundamental na dogmática dos direitos fundamentais, é ainda insuficiente para garantir a racionalidade nas justificações das decisões jurídicas. Isso porque

> [...] el nivel de la regla y el de los principios, no proporciona un cuadro completo del sistema juridico. Ni los principios ni las reglas regulan por si mismos su aplicacion. Ellos representan solo el costado pasivo del sistema juridico. Si se quiere obtener un modelo completo, hay que agregar al costado pasivo uno activo, referido al procedimiento de la aplicacion de las reglas y principios. Por lo tanto, los niveles de las reglas y los principios tienen que ser completados con un tercer nivel. En un sistema orientado por el concepto de la razon practica, este tercer nivel puede ser solo el de un procedimiento que asegure la racionalidad. De esta manera, surge un modelo de sistema juridico de tres niveles que puede ser llamado *"modelo reglas/principios/procedimiento.*[84]

---

[83] KELSEN, Hans. *Teoria geral das normas*, p. 345/347.

[84] ALEXY, Robert. *El concepto y la validez del Derecho*. 2. ed. Barcelona: Gedisa, 1997, p. 173. "[...] o nível das regras e dos princípios não proporciona um quadro completo do sistema jurídico. Nem princípios nem regras regulam por si mesmos sua aplicação. Eles representam apenas os pilares

Por isso, a tese de que a ponderação e o balanceamento de princípios são parte de um procedimento racional sujeito a controle intersubjetivo, pressupõe que a estrutura da ponderação seja explicitada.

Neste ponto, desde logo cumpre deixar claro que, quando se fala em necessidade de garatir a racionalidade da ponderação entre princípios, está-se falando também da necessidade possibilitar uma forma de controle racional à restrição aos princípios. Essa ideia tem íntima relação com a noção de proporcionalidade, regra utilizada para controle da legitimidade das restrições aos direitos fundamentais.

3.3. A proporcionalidade

A adoção da tese de que os princípios são mandamentos de otimização que determinam sua realização na maior medida possível em face das circunstâncias fáticas e jurídicas traz consigo a ideia da inexistência de direitos absolutos. De fato, se os direitos fundamentais veiculados pelos princípios são sempre deveres *prima facie* cujo grau de concretização vai sempre depender não só das condições fáticas concretas, mas também de sua ponderação diante dos princípios contrapostos, tem-se que nenhum direito pode ser tido como absoluto, dado que sempre haverá algum grau de restrição a seu exercício. Essa noção é aceita de modo pacífico pela jurisprudência do STF, valendo aqui citar o MS 23.452, em que a Corte decidiu o seguinte:

[...]
Não há, no sistema constitucional brasileiro, direitos ou garantias que se revistam de *caráter absoluto*, mesmo porque razões de relevante interesse público *ou* exigências derivadas dos princípios de convivência das liberdades *legitimam*, ainda que *excepcionalmente*, a adoção, por parte dos órgãos estatais, de medidas restritivas das prerrogativas individuais ou coletivas, *desde que respeitados os termos estabelecidos pela própria Constituição*.
O *estatuto constitucional das liberdades públicas*, ao delinear o regime jurídico a que estão sujeitas – e considerado o *substrato ético* que as informa – *permite* que sobre elas *incidam* limitações de ordem jurídica, *destinadas*, de um lado, a *proteger* a integridade do interesse social e, de outro, a *assegurar* a coexistência harmoniosa das liberdades, pois *nenhum* direito ou garantia pode ser exercido *em detrimento* da ordem pública ou *com desrespeito* aos direitos e garantias de terceiros.
(STF, MS 23.452-1/RJ, Rel. Min. CELSO DE MELLO, Tribunal Pleno, j. em 16/09/1999)

---

passivos do sistema jurídico. Se se quer obter um modelo completo, deve-se agregar aos pilares passivos um ativo, referindo-se ao procedimento de aplicação das regras e princípios. Portanto, os níveis das regras e dos princípios têm de ser completados por um terceiro. Em um sistema orientado por um conceito de razão prática, esse terceiro nível pode ser apenas o de um procedimento que assegure a racionalidade. Dessa maneira, surge um modelo de sistema jurídico que pode ser chamado 'modelo de regras/princípios/procedimento'". (tradução nossa)

No mesmo sentido, quando do julgamento do HC 93250, o STF deixou claro:

> É importante regitrar que, na contemporaneidade, não se reconhece a presença de direitos absolutos, mesmo de estatuta de direitos fundamentais previstos no art. 5º, da Constituição Federal, e em Tratados e Convenções Internacionais em matéria de direitos humanos.
> A maior complexidade das relações sociais, bem como a verificação da crescente sofisticação das práticas delituosas mais graves e complexas, inclusive com o desenvolvimento de atividades por organizações criminosas, fazem com que seja fundamental reconhecer a indispensabilidade de sopesar os vários interesses, direitos e valores envolvidos no contexto fático e social subjacente.
> Os critérios e métodos da razoabilidade e da proporcionalidade se afiguram fundamentais nesse contexto, de modo a não permitir que haja a prevalência de determinado direito ou interesse sobre outro de igual ou maior estatura jurídico-valorativa.
> (HC 93250, Relatora Min. ELLEN GRACIE, Segunda Turma, j. em 10/6/2008)

Decorre daí que, ante a inexistência de direitos absolutos, torna-se necessário definir como podem ser restringidos os direitos fundamentais, o que é feito sob a luz da técnica da ponderação. Ressalte-se que a ponderação vai sempre estar relacionada à definição de qual é a medida correta das restrições aos princípios, porquanto somente esta espécie de normas tem a dimensão de peso. Por isso, se se pretende estabelecer critérios racionais para a ponderação, faz-se necessário estabelecer de que forma e em que medida as restrições aos princípios são aceitáveis. Essa medida é conferida pela proporcionalidade.

Em uma sociedade democrática, há que buscar o equilíbrio entre os princípios colidentes e a proporcionalidade nas suas restrições, não havendo falar em supremacia do interesse coletivo (liberdade de expressão) sobre o individual (direitos da personalidade), tampouco na precedência do individual sobre o coletivo. A dizer, nessa matéria, a solução da questão vai depender da análise do caso concreto, com todas as suas *nuances* e especificidades, sempre visando a harmonizar os princípios colidentes, impondo-se àquele que deve ceder o menor sacrifício possível. Nesse aspecto, com Virgílio Afonso da Silva, pode-se afirmar:

> A regra da proporcionalidade é uma regra de interpretação e aplicação do direito – no que diz respeito ao objeto do presente estudo, de interpretação e aplicação dos direitos fundamentais –, empregada especialmente nos casos em que um ato estatal, destinado a promover a realização de um direito fundamental ou de um interesse coletivo, implica a restrição de outro ou outros direitos fundamentais. O objetivo da aplicação da regra da proporcionalidade, como o próprio nome indica, é fazer com que nenhuma restrição a direitos fundamentais tome dimensões desproporcionais. É, para usar uma expressão consagrada, uma restrição às restrições.[85]

---

[85] SILVA, Virgílio Afonso da. O proporcional e o razoável. *Revista dos Tribunais*, n. 798, p. 23.

Assim, tem-se que a proporcionalidade é uma consequência lógica da teoria dos princípios, visto que a ideia de princípios como mandamentos de otimização traz consigo a noção de que os direitos sempre enfrentam a possibilidade de sofrer restrições. Trata-se, portanto, de uma técnica de interpretação que possibilita concretizar esse mandamento de otimização, tutelando cada princípio da melhor maneira possível, ampliando ao máximo suas possibilidades (ou seja, dando concreção ao mandamento de otimização que o princípio encerra) e, ao mesmo tempo, garantindo que os diversos princípios sejam compatíveis entre si. Por isso, com razão, afirma Miguel Carbonell[86] que a proporcionalidade "constituye hoy en día quizá el más conocido y el más recurrente 'límite de los límites' a los derechos fundamentales y en esa medida supone una barrera frente a intromisiones indebidas en el ámbito de los propios derechos".

Assim, a proporcionalidade liga-se à necessidade de controle da legitimidade das restrições aos princípios, em especial quando estes configuram normas de direitos fundamentais, de estatura constitucional. A compreensão dessa característica da proporcionalidade é de extrema importância, porquanto assim se evita pensar na proporcionalidade como se fosse uma espécie de critério autônomo para aferição da validade de outras normas.

Com efeito, a proporcionalidade não configura um critério mediante o qual se torna possível verificar a constitucionalidade, a legalidade ou mesmo a legitimidade (jurídica, social, política ou ideológica) de uma norma, mas é a técnica utilizada para aferir a legitimidade de uma dada restrição a um direito fundamental, quando este colide com outro princípio. Somente se pode falar em aplicação da proporcionalidade, portanto, naqueles casos em que se possa identificar, de modo claro, a prévia existência de princípios colidentes, visto que, como mencionado, nestes casos, a solução para a colisão vai se dar na dimensão do peso de cada um desses princípios. Não pode a proporcionalidade, portanto, ser contraposta autonomamente a um princípio ou a uma regra para afastar sua aplicação.

Essa noção permite evitar um dos maiores riscos em tema de princípios e proporcionalidade, qual seja, o de transformar a proporcionalidade numa "supra-norma", capaz de se sobrepor a qualquer outra existente no sistema jurídico, com o agravante de que, fora do contexto de limite às restrições, a proporcionalidade deixa de ter um

---

[86] CARBONELL, Miguel. El principio de proporcionalidad y los derechos fundamentales. In: CARBONELL, Miguel (org.). *El principio de proporcionalidad y la interpretación constitucional.* Quito: Ministerio de Justicia y Derechos Humanos, 2008, p. 10.

contorno específico e adquire uma enorme fluidez, o que permitiria que ela acabasse configurando unicamente um recurso de que lança mão o intérprete quando pretender afastar a incidência de uma norma (no mais das vezes uma regra) sem o ônus argumentativo de declarar sua invalidade.

Daí por que é preciso diferenciar claramente as situações em que ocorre verdadeiro conflito normativo (especialmente a colisão entre princípios), daqueles casos em que se pretende tão somente negar validade a uma regra. Com efeito, é comum falar em conflito entre uma regra e um princípio quando, em realidade, está-se defronte de uma restrição ao princípio feita por meio de uma regra. Ora, os direitos fundamentais podem ser restringidos por meio de normas constitucionais expressas ou implícitas, bem como por normas infraconstitucionais compatíveis com a constituição, valendo ressaltar que, no regime democrático, é papel a ser precipuamente desempenhado pelo legislador a restrição de direitos fundamentais mediante o estabelecimento de regras. Em tese, é até possível imaginar hipóteses de colisões entre regras e princípios (caso em que, segundo Alexy, a solução passa pela ponderação entre o princípio e o princípio que dá suporte à norma contraposta[87]). Entretanto, como bem afirma Virgílio Afonso da Silva,[88] nesses casos:

> Em geral não se pode falar em uma colisão propriamente dita. O que há geralmente é o produto de um sopesamento, *feito pelo legislador*, entre dois princípios que garantem direitos fundamentais, e cujo resultado é uma regra de direito ordinário. A relação entre a regra e um dos princípios não é, portanto, uma relação de colisão, mas uma relação de restrição. A regra é a expressão dessa restrição. Essa regra deve, portanto, ser simplesmente aplicada por *subsunção*.

Por isso é preciso ter claro que, nas hipóteses em que o legislador, no exercício de sua função própria de conformação dos princípios constitucionais, estabelece restrições a eles por meio de regras, fazendo de antemão um sopesamento entre os princípios colidentes e, a partir dessa valoração, estabelece uma restrição, esse primeiro juízo de ponderação feito pelo legislador não é uma aplicação da regra da proporcionalidade. Esta somente terá lugar num segundo momento, quando se for verificar concretamente se a restrição estabelecida é legítima.

3.3.1. Proporcionalidade: máxima, princípio ou regra. razoabilidade

A proporcionalidade é amplamente aceita no direito brasileiro, no qual é comumente tratada por *"princípio da proporcionalidade"*.

---

[87] Cf. ALEXY, Robert. *Teoria dos direitos fundamentais*, p. 90, nota 24.

[88] SILVA, Virgílio Afonso da. *Direitos fundamentais. Conteúdo essencial, restrições e eficácia*, p. 52.

Ocorre, entretanto, que sua caracterização como princípio decorre do seu caráter fundamental para o sistema jurídico como um todo, critério que, como já visto quando da análise da distinção entre regras e princípios de acordo com a tese da separação forte, não é o adotado neste estudo.[89]

Com efeito, a proporcionalidade, entendida como medida de restrição aceitável para os princípios, não é uma norma cujo grau de aplicação dependa das circunstâncias fáticas e jurídicas. Na verdade, sempre que for necessário verificar a legitimidade de uma restrição a um princípio, a proporcionalidade será aplicada, de modo que, na classificação de Alexy, ela não tem a estrutura de princípio. Nesse sentido, afirma Alexy:

> A máxima da proporcionalidade é com freqüência denominada "princípio da proporcionalidade". Nesse caso, no entanto, não se trata de um princípio no sentido aqui empregado. A adequação, a necessidade e a proporcionalidade em sentido estrito não são sopesadas contra algo. Não se pode dizer que elas às vezes tenham precedência, e às vezes não. O que se indaga é, na verdade, se as máximas parciais foram satisfeitas ou não, e sua não-satisfação tem como consequência uma ilegalidade. As três máximas parciais devem ser, portanto, consideradas como regras.

Assim, diante da natureza da distinção entre princípios e regras aqui assumida, que não leva em conta o grau de "fundamentalidade" ou de importância da norma, mas sua estrutura e forma de aplicação, a proporcionalidade, assim como a legalidade e a anterioridade, por exemplo, não pode ser denominada de princípio. Vale notar que, na tradução brasileira da Teoria dos direitos fundamentais, de Alexy, proporcionalidade é tratada como "máxima". Na nota do tradutor, Virgílio Afonso da Silva, tal escolha é explicada afirmando que os termos "Prinzip", "Grundsatz" poderiam ser traduzidos para o português como "princípios". Entretanto, especificamente no que toca à proporcionalidade:

> Alexy evita denominá-la de princípio ("Prinzip"), justamente para evitar confusões em relação a seu conceito de princípio como espécie de norma contraposta à regra. (...) Mas, para reproduzir a opção do autor – de intencionalmente usar dois termos distintos – escolhi traduzir "Grundsatz" por "máxima". Por isso, a proporcionalidade será aqui chamada de "máxima da proporcionalidade".[90]

O próprio Virgílio Afonso da Silva, entretanto, critica tal opção, afirmando que, a despeito de a expressão "máxima da proporcionalidade" corresponder à tradução direta do alemão, o termo "máxima" não é de uso corrente na linguagem jurídica brasileira, por isso seu

---

[89] Conferir cap. 2.1, p. 30.

[90] SILVA, Virgílio Afonso. Nota do tradutor. In: ALEXY, Robert. *Teoria dos Direitos Fundamentais*, p. 10.

emprego poderia "às vezes dar a impressão de se tratar não de um *dever*, como é o caso da aplicação da proporcionalidade, mas de mera *recomendação*".[91]

Assim, coerente com a adoção da tese da separação forte de Alexy, aqui trataremos da proporcionalidade como regra, não como princípio, tal como consagrado na literatura jurídica brasileira, nem como máxima, como constante da tradução brasileira da obra de Alexy.[92]

Por fim, cabe ressaltar que a proporcionalidade é frequentemente tratada pela doutrina e pela jurisprudência nacionais como um sinônimo de razoabilidade. Nesse sentido, quando do julgamento da ADI 1063 no STF, o Min. Celso de Mello expressamente afirmou em seu voto que o princípio da proporcionalidade "veda excessos normativos e as prescrições irrazoáveis do Poder Público. (...) A norma estatal que não veicula qualquer conteúdo de irrazoabilidade presta obséquio ao postulado da proporcionalidade".[93] Luís Roberto Barroso, por seu turno, defende que os conceitos de proporcionalidade e razoabilidade são intercambiáveis, afirmando que, nada obstante a ideia da razoabilidade ter se originado no direito constitucional anglo-saxão como desdobramento do devido processo legal substantivo, sendo desenvolvida casuisticamente, através de precedentes sucessivos, como critério de aferição da constitucionalidade de determinadas leis, ao passo que a proporcionalidade surgiu no direito administrativo alemão como forma de controle de atos do Executivo, tendo um desenvolvimento dogmático mais sistemático e analítico, o fato é que ambas as construções voltam-se à busca da racionalidade, justeza e adequação das medidas, rejeitando atos arbitrários ou caprichosos, de modo que "razoabilidade e proporcionalidade são conceitos próximos o suficiente para serem intercambiáveis".[94]

Entretanto, nada obstante a inegável proximidade dos dois institutos, entre eles há diferenças suficientemente marcantes para que não possam ser tratados como sinônimos. A principal diferença

---

[91] SILVA, Virgílio Afonso. *Direitos fundamentais. Conteúdo essencial, restrições e eficácia.* 2ª ed., p. 168.

[92] Merece registro, ainda, a posição de Humberto Ávila, que sugere ser a proporcionalidade um "postulado normativo aplicativo", dado que seria meta-norma, isto é, uma norma dirigida a regulamentar a aplicação de outras normas. Tal fato, entretanto, não altera seu caráter normativo, enquanto sentido de uma conduta devida, de modo que não se cuida aqui de uma outra categoria normativa, mas sim de uma determinada espécie de regra, que se aplica de acordo com a lógica do tudo ou nada.

[93] Citado por MARMELSTEIN. George. *Curso de direitos fundamentais,* p. 373.

[94] BARROSO, Luís Roberto. *Curso de direito constitucional contemporâneo.* Os conceitos fundamentais e a construção de um novo modelo. São Paulo: Saraiva, 2009, p. 258.

refere-se à estrutura e forma de aplicação. Como afirma Virgílio Afonso da Silva, a proporcionalidade

> não é uma simples pauta que, vagamente, sugere que os atos estatais devem ser razoáveis, nem uma simples análise da relação meio-fim. Na forma desenvolvida pela jurisprudência constitucional alemã, tem ela uma estrutura racionalmente definida, com sub-elementos independentes – a análise da adequação, da necessidade e da proporcionalidade em sentido estrito – que são aplicados em uma ordem pré-definida, e que conferem à regra da proporcionalidade a individualidade que a diferencia, claramente, da mera exigência de razoabilidade.[95]

A regra da proporcionalidade, portanto, pelo menos na forma como foi desenvolvida na doutrina e na jurisprudência alemãs, tem uma estrutura específica que a ela confere racionalidade, na medida em que possibilita o controle de sua aplicação. É essencial, portanto, que essa estrutura seja explicitada.

3.4. A estrutura da proporcionalidade

No modo como foi estruturada pela jurisprudência e pela doutrina alemã, em especial por Robert Alexy, a regra da proporcionalidade é composta de três sub-regras, que, quando da avaliação de uma restrição a um princípio, devem ser aplicadas sequencialmente, para aferir se a restrição é aceitável, isto é, se a restrição é *proporcional*.

Assim, a proporcionalidade, como técnica de controle da racionalidade da restrição aos princípios, deve ser aferida segundo um caminho próprio que compreende um procedimento sequencial de três etapas: na primeira, afere-se a *adequação* da restrição, isto é, se o sacrifício de um princípio é adequado para proteger o outro; em seguida, verifica-se a *necessidade* da restrição, ou seja, se inexiste outro meio menos gravoso e se a restrição é suficiente; por fim, afere-se a *proporcionalidade em sentido estrito*, quando se efetua a ponderação propriamente dita. As duas primeiras sub-regras (adequação e necessidade) referem-se à avaliação das condições fáticas da realização do princípio, ao passo que a última sub-regra (a proporcionalidade em sentido estrito) diz respeito à aferição das condições jurídicas, dado que somente nessa etapa é que se poderá falar em ponderação e balanceamento de princípios colidentes. Nesse sentido, segundo Alexy:[96]

---

[95] SILVA, Virgílio Afonso. *O proporcional e o razoável*. Revista dos Tribunais n. 798, p. 30.

[96] ALEXY, Robert. La formula del peso. In: CARBONELL, Miguel (org.). *El principio de proporcionalidad y la interpretación constitucional*. Quito: Ministerio de Justicia y Derechos Humanos, 2008, p. 15.

> Los subprincipios de idoneidad y de necesidad expresan el mandato de optimización relativo a las posibilidades fácticas. En ellos la ponderación no juega ningún papel. Se trata de impedir ciertas intervenciones en los derechos fundamentales, que sean evitables sin costo para otros principios, es decir, se trata del óptimo de Pareto. Ahora bien, el principio de proporcionalidad en sentido estricto se refiere a la optimización relativa a las posibilidades jurídicas. Este es el campo de la ponderación.[97]

Essas três sub-regras podem ser tidas como *etapas* necessárias à verificação da legitimidade da restrição ao princípio, visto que sua aplicação é escalonada e subsidiária, ou seja, a verificação da proporcionalidade se dá pela aferição da adequação, necessidade e proporcionalidade em sentido estrito nessa ordem, de maneira sucessiva e subsidiária, de modo que, somente quando satisfeita a primeira, passa-se à seguinte.

Assim, em primeiro lugar, cabe ao intérprete examinar se a restrição é adequada. Se a resposta for negativa (ou seja, caso a restrição não seja apta a realizar o princípio contraposto), desde logo é possível afirmar que a restrição não é proporcional, sem necessidade de verificar as outras sub-regras. Portanto, somente após certificar-se de que a restrição é adequada, o intérprete passa ao exame da necessidade da medida, oportunidade em que analisará se ela é suficiente e, ao mesmo tempo, não é excessiva. Novamente, somente caso seja superada essa etapa, é que passará o interprete à seguinte, referente à proporcionalidade em sentido estrito. Esse processo pode ser facilmente compreendido com a utilização de uma analogia entre a atividade do operador do direito e a de um médico, quando trata de um doente:[98]

Ao prescrever um tratamento, a primeira coisa em que o médico pensa é qual a conduta adequada para a doença apresentada pelo paciente. Não cogita a possibilidade de utilizar um remédio para dor de cabeça se o problema é no estômago ou nas costas, por exemplo. Assim, a verificação da *adequação* da medida a ser aplicada é a primeira etapa para a definição do tratamento.

Em seguida, após certificar-se de que o remédio adequado foi escolhido, cabe ao médico definir a medida correta, estabelecendo sua posologia. Nessa etapa, deve o médico estabelecer qual é a quantidade

---

[97] "Os subprincípios da adequação e da necessidade expressam o mandado de otimização relativo às possibilidades fáticas. Neles a ponderação não joga nenhum papel. Trata-se de impedir certas intervenções nos direitos fundamentais, que sejam evitáveis sem custo para outros princípios, ou seja, trata-se do ótimo de Pareto. Agora bem, o princípio da proporcionalidade em sentido estrito se refere à otimização relativa às possibilidades jurídicas. Este é o campo da ponderação". (tradução nossa)

[98] O exemplo foi criado com finalidades didáticas por Hugo de Brito Machado Segundo, em seu blog "direito e democracia" e é citado em MARMELSTEIN, George. *Curso de direitos fundamentais*, p. 375.

necessária, isto é, aquela que, ao mesmo tempo, seja suficiente para que o remédio surta efeito e não seja excessiva.

Finalmente, após estabelecer qual o tratamento adequado e qual a medida necessária, deverá o médico ponderar a eficácia do tratamento ante possíveis efeitos colaterais causados pelo medicamento. Aqui, caberá a ele julgar se o tratamento, mesmo sendo adequado e estando corretamente dosado para alcançar o fim desejado (a cura do paciente), não acabará impondo a ele um mal maior do que aquele causado pela própria doença.

Essa analogia, embora um tanto simplista e generalizante, fornece um bom quadro geral da estrutura de aplicação da regra da proporcionalidade. Vejamos agora, de forma mais detida, cada uma dessas sub-regras.

3.5. Adequação

A ideia da proporcionalidade como uma regra que deve ser cumprida pelas restrições impostas aos princípios pelas condições de fato e por outros princípios torna intuitiva a noção de que somente as restrições adequadas a tutelar o princípio contraposto é que podem ser validamente opostas.

Isso porque, a toda evidência, a restrição a um princípio somente pode ser aceita caso ela se preste a tutelar outro princípio. Restrições desprovidas dessa finalidade podem ser desde logo descartadas como arbitrárias, produto de abuso ou mero capricho. A aferição da adequação de uma restrição é feita por esta pergunta: "o meio escolhido é adequado e pertinente para atingir o resultado almejado?". Se a resposta for negativa, fica desde logo evidenciada a desproporcionalidade da restrição.

Com efeito, caso se verifique que a restrição imposta a um princípio não é adequada para a realização de outro princípio, então é indiferente, para o último, que se adote ou não a restrição. Nessas condições, tendo em vista que essa restrição nada acrescenta à proteção do princípio que a justifica e, ao mesmo tempo, restringe outro princípio, ela deve ser descartada por ser ilegítima, já que, como afirma Prieto Sanchis:[99] "si la intromisión en la esfera de un bien constitucional

---

[99] SANCHIS, Luis Prieto. El juicio de ponderación constitucional. In: CARBONELL, Miguel (org.). *El principio de proporcionalidad y la interpretación constitucional.* Quito: Ministerio de Justicia y Derechos Humanos, 2008, p. 110.

no persigue finalidad alguna o si se muestra del todo ineficaz para alcanzarla, ello es una razón para considerarla no justificada".[100]

Um exemplo pode melhor esclarecer de que forma opera a sub-regra da adequação. Imagine-se uma hipótese em que, supostamente visando aumentar a celeridade no trâmite dos processos judiciais, o legislador estabelecesse que todas as petições dos advogados teriam que ter, no máximo, duas páginas.[101] Nessa hipótese, evidentemente a medida seria inadequada para a garantia da celeridade do processo, já que o número de páginas das petições tem pouca ou nenhuma influência na celeridade da tramitação do processo. Na verdade, uma contestação de duas laudas apresentada no último dia do prazo causa uma demora substancialmente maior do que uma contestação de trinta laudas apresentada no segundo dia do prazo recursal. Uma tal restrição ao acesso à justiça, portanto, seria inadequada para tutelar a razoável duração do processo, por isso violaria a proporcionalidade.

Questão interessante relacionada à aferição da adequação das restrições aos princípios é a relativa a que tipo de considerações pode ser levado em conta para efeito de avaliar a pertinência da medida, ou seja, uma vez que a adequação se refere às circunstâncias fáticas que dão suporte à restrição, é de questionar se pode o Judiciário, ao aferir a adequação de uma restrição, valorar as consequências econômicas e sociais da medida ou deve se limitar a verificar se o juízo técnico realizado pelo legislador não é manifestamente absurdo ou infundado. A resposta a essa questão, pelo menos dentro de um regime constitucional que se pretenda democrático no qual o papel de definir as políticas públicas e conformar a constituição cabe precipuamente ao legislador, parece indicar a segunda opção como correta. Com razão, afirma Prieto Sanchis:[102]

> Dado el carácter fundamentalmente técnico y empírico del juicio de idoneidad, procede mantener también un criterio respetuoso con el legislador: no se trata de imponer en vía jurisdiccional las medidas más idóneas y eficaces para alcanzar el fin propuesto, sino tan sólo de excluir aquellas que puedan acreditarse como gratuitas o claramente ineficaces.[103]

---

[100] "Se a intromissão na esfera de um bem constitucional não persegue finalidade alguma ou se se mostra de todo ineficaz para alcançá-la, isto é uma razão para considerá-la não justificada." (tradução nossa)

[101] O exemplo é de George Marmelstein, no seu *Curso de direitos fundamentais*, p. 376.

[102] SANCHIS, Luis Prieto. El juicio de ponderación constitucional, p. 112.

[103] "Dado o caráter fundamentalmente técnico e empírico do juízo de adequação, deve-se manter também um critério respeitoso com o legislador: não se trata de impor pela via jurisdicional as medidas mais idôneas e eficazes para alcançar o fim proposto, mas unicamente de excluir aquelas que se podem ser tidas como gratuitas ou claramente ineficazes". (tradução nossa)

Ainda no que diz respeito à sub-regra da adequação, há outro aspecto a ser considerado: a verificação da adequação da medida de restrição a valores constitucionalmente adequados. A dizer, não basta aferir se a medida restritiva está direcionada à proteção de um princípio, mas também é necessário que o princípio que fundamenta a restrição seja adequado à ordem de valores constitucionais. Basta pensar, por exemplo, nas medidas segregacionistas adotadas nos Estados Unidos durante a vigência da doutrina do "separados mas iguais" e nas medidas discriminatórias adotadas pelo regime do *apartheid* da África do Sul ou na Alemanha nazista. Qualquer uma de tais medidas, caso adotada em nosso regime jurídico-constitucional, também se mostraria inadequada. É que, apesar de essas medidas segregacionistas serem pertinentes para sua finalidade (manter separados os indivíduos discriminados), essa discriminação não seria constitucionalmente adequada, o que tornaria desde logo ilegítima a medida restritiva.

Vale notar que, apesar de tais exemplos parecerem forçados e caricatos, infelizmente, não estão tão distantes assim da realidade. George Marmelstein[104] apresenta um caso real ocorrido no município de Bocaiúva do Sul, no Paraná, onde, em dezembro de 2003, o prefeito editou um decreto proibindo a concessão de moradia e a permanência fixa para homossexuais. Dispunha o decreto: "fica vedada a concessão de moradia e de permanência fixa de qualquer elemento ligado a esta classe (homossexuais), que não trará qualquer natureza de benefício a este município. Isto para a preservação do respeito a um ambiente familiar edificante".

Evidentemente, mesmo que fosse possível concordar que tal restrição seria adequada para preservar a (deturpada) noção de ambiente familiar "edificante", a busca pela construção de tal ambiente com exclusão de algumas pessoas em razão de sua orientação sexual seria manifestamente violadora da pauta de valores inscrita na Constituição, por isso a restrição não passaria no teste da adequação.

3.6. Necessidade

A sub-regra da necessidade é provavelmente a faceta mais conhecida da proporcionalidade, pelo menos em sua vertente ligada à proibição do excesso. Nesse aspecto, a necessidade está ligada à tentativa de impor ao princípio restringido o menor sacrifício possível, de

---

[104] MARMELSTEIN, George. *Curso de direitos fundamentais*, p. 377.

modo que, se há mais de uma opção disponível para a tutela de um princípio mediante a restrição de outro, a escolha deve recair sobre aquela restrição que, sendo suficiente para tutelar um dos princípios contrapostos, seja a menos onerosa para o outro.

A compreensão dessa ideia é facilitada quando se lança mão, mais uma vez, da colisão entre o acesso à justiça e a razoável duração do processo. Imagine-se que, no afã de combater a morosidade do Judiciário e tornar mais célere a prestação jurisdicional, o prazo para contestação fosse reduzido a quinze minutos. Certamente tal restrição ao acesso à justiça seria adequada para garantir maior celeridade no processo. Entretanto, o preço que a implementação dessa medida cobra do acesso à justiça é excessivamente caro, dado que, para garantir a celeridade, praticamente se aniquilou o contraditório e a ampla defesa. Ora, é perfeitamente possível que, mediante outros meios menos agressivos, seja possível aumentar a celeridade do processo, razão pela qual tal medida viola a sub-regra da regra da necessidade.

A necessidade tem uma forma de aplicação substancialmente diferente daquela relativa à sub-regra da adequação, porquanto a aferição da adequação se dá de modo absoluto, mediante a criação de uma espécie de moldura para definir os contornos possíveis de restrições a um princípio destinadas a tutelar outro. A adequação não determina tudo, mas exclui algumas coisas, isto é, aquilo que se mostrar inadequado.[105] Na verificação da necessidade, entretanto, não há uma mera exclusão de meios, já que aqui deve o intérprete obrigatoriamente fazer uma comparação entre o meio adotado e outros meios possíveis. Na necessidade, portanto, o exame é imprescindivelmente comparativo.

A tarefa a ser desempenhada pelos juízes na apreciação da sub-regra da necessidade, portanto, requer uma argumentação positiva ou prospectiva, pois aqui o juízo não se limita a excluir do campo de possibilidades algumas alternativas, mas antes requer que o intérprete compare o ato restritivo concretamente aplicado com outros modelos possíveis, de modo a fazer um prognóstico acerca da possibilidade de chegar ao mesmo resultado por outros meios menos onerosos.

Vale notar que também é necessário certo cuidado para que o operador do direito não invada a esfera de atuação do Legislativo, substituindo as valorações do legislador pelas do intérprete. Por isso, na verificação da necessidade da restrição, deve o operador do direito privilegiar as opções legislativas, que somente deverão ser tidas como desproporcionais quando claramente for possível chegar ao mesmo

---

[105] Cf. ALEXY, Robert. *Teoria dos direitos fundamentais*, p. 590.

grau de tutela do princípio através de outra restrição menos gravosa. Nesse aspecto, afirma Prieto Sanchis[106] que a aferição da necessidade

> Se ciñe a comprobar si se ha producido un sacrificio patentemente innecesario de los derechos (...), de modo que si sólo a la luz del razonamiento lógico, de datos empíricos no controvertidos y del conjunto de sanciones que el mismo legislador ha estimado necesarios para alcanzar los fines de protección análogos, resulta evidente la manifiesta suficiencia de un medio alternativo menos restrictivo de derechos para la consecución igualmente eficaz de las finalidades perseguidas por el legislador, podría procederse a la expulsión de la norma (...)[107]

Por outro lado, é importante ter claro que a necessidade não se resume à aferição de eventual excesso o uso dos meios restritivos. A proibição do excesso é apenas uma das facetas da necessidade, certamente a mais evidente, mas não esgota todo o campo das operações mentais necessárias à verificação da legitimidade da restrição no campo fático. Isso porque, além da necessária verificação do uso excessivo dos meios, nessa etapa da aplicação da proporcionalidade também deve ser examinada a eventual insuficiência dos meios restritivos.

Com efeito, vimos que as restrições constitucionalmente legítimas a princípios devem ser feitas com vistas à tutela de outros princípios contrapostos. Na aferição da proporcionalidade da restrição a um princípio, inicialmente deve o intérprete avaliar a adequação da restrição para a tutela de outro princípio constitucionalmente adequado. Trata-se de uma verificação no plano das circunstâncias fáticas. Superada essa fase, ainda mantendo-se o intérprete no campo da verificação das circunstâncias de fato que envolvem a colisão, deverá ele verificar se a restrição não é excessiva, isto é, se não seria possível obter o mesmo grau de tutela de um princípio impondo uma restrição menos gravosa ao outro. Entretanto, a aferição da necessidade não se esgota nessa operação mental.

De fato, se os princípios forem compreendidos como mandamentos de otimização, isto é, como normas a determinar que os valores que eles protegem sejam realizados na maior extensão possível, verifica-se que, na colisão de princípios, ambos os princípios colidentes devem ser otimizados, de modo que seria incompleta e parcial a verificação da necessidade que se limitasse a impedir fosse excessiva a restrição a um dos princípios. Na verdade, essa noção deve obrigatoriamente

---

[106] SANCHIS, Luis Prieto. El juicio de ponderación constitucional, p. 111.

[107] "se cinge a comprovar se se produziu um sacrifício patentemente desnecessário dos direitos [...], de modo que se só à luz da argumentação lógica, de dados empíricos não controversos e do conjunto de sanções que o mesmo legislador estimou necessários para alcançar os fins de proteção análogos, resulta evidente a manifesta suficiência de um meio alternativo menos restritivo de direitos para a consecução igualmente eficaz das finalidades perseguidas pelo legislador, é que poderia proceder-se à expulsão da norma [...]".

ser complementada por outra, ligada à suficiência da restrição para a tutela do princípio que ela resguarda.

Tome-se como exemplo uma colisão entre os princípios da livre iniciativa e do desenvolvimento econômico e o princípio da proteção ao meio ambiente a qual se instaura quando da tentativa de obter a autorização para a instalação de um empreendimento. Imagine-se que o empreendimento do exemplo tenha sido liberado, mas algumas medidas compensatórias tenham sido determinadas. A imposição de tais medidas certamente configura uma restrição ao princípio da livre iniciativa.

Na análise da legitimidade de tal restrição, após verificar a adequação das medidas compensatórias impostas, quando o intérprete for aferir a necessidade da restrição, ele terá de verificar se a medida concretamente imposta não configura uma restrição excessiva. Imagine-se, por exemplo, que, para a instalação de um empreendimento comercial de médio porte próximo a um rio (fora da área de preservação, obviamente), a autoridade administrativa exigisse que o interessado arcasse integralmente com os custos da despoluição do rio. Nesse caso, certamente a compensação dos danos causados pelo empreendimento poderia ser obtida por meio de uma restrição menos gravosa, como a obrigação de promover o reflorestamento de área equivalente à desmatada e o tratamento de todos os efluentes e, até mesmo, a contribuição para um programa de despoluição. Entretanto, ao exigir que o empreendimento promova sozinho a despoluição, estará a autoridade administrativa, na prática, proibindo o empreendimento, o que significaria impor à livre iniciativa uma restrição excessiva, por isso desproporcional.

É de se notar, porém, que essa aferição, centrada na tutela da livre iniciativa, não esgota o campo da sub-regra da necessidade. Com efeito, a fim de tutelar, de maneira efetiva, o mandamento de otimização do princípio da proteção ao meio ambiente, deverá o intérprete verificar também se as medidas impostas são suficientes para a tutela pretendida. Veja-se que aqui, diversamente do que ocorre em relação à verificação da proibição do excesso, a atenção se volta à tutela do meio ambiente, de modo que é necessário verificar se a imposição das medidas compensatórias é suficiente para garantir a tutela do meio ambiente. Voltando ao exemplo anterior, imagine-se que a compensação exigida se limitasse à plantação de algumas poucas árvores na frente do empreendimento ou à doação de material de expediente para um órgão ambiental. Em tal hipótese, decerto a restrição imposta não seria suficiente para garantir, na maior medida possível, a tutela do ambiente, de forma que também aqui estaria configurada a desproporcionalidade da medida. Por isso assiste inteira razão a Ingo Sarlet, quando afirma que a proporcionalidade não pode ser resumida à categoria da proibição de excesso, já que, além do dever de respeito aos direitos fundamentais (o que fundamentaria o limite imposto às restrições excessivas impostas pelo estado aos direitos fundamentais), assume o poder público o dever de proteção de tais direitos contra agressões de terceiros, o que impõe ao estado a obrigação de atuar proativamente na tutela desses direitos, inclusive no campo jurídico-penal. Nas palavras de Sarlet:[108]

> O princípio da proporcionalidade, para além da sua habitual compreensão como proibição de excesso, abrange outras possibilidades, cuja ponderada aplicação, inclusive na esfera jurídico-penal, revela um amplo leque de alternativas. Que tanto o princípio da proibição de excesso, quanto o da proibição de insuficiência (já por decorrência da vinculação dos órgãos estatais aos deveres de proteção) vinculam todos os órgãos estatais, de tal sorte que a problemática guarda conexão direta com a intensidade da vinculação dos órgãos estatais aos direitos fundamentais e com a liberdade de conformação do legislador penal (não é à toa que se fala que houve uma evolução – pelo menos no que diz com a proporcionalidade como proibição de excesso – da concepção de uma reserva legal para o de uma reserva da lei proporcional), e os limites impostos pelo sistema constitucional aos órgãos jurisdicionais também nesta seara resulta evidente, mas convém ser permanentemente lembrado.

Essa compreensão de ter a sub-regra da necessidade duas faces, uma a proibir o excesso e outra a proibir a proteção deficiente, é essencial para o correto entendimento e implementação da proporcionalidade, porquanto, na atualidade, ante as profundas modificações por que passou nossa organização social, não mais se pode validamente sustentar a tese de que os direitos fundamentais somente são exercidos contra o Estado, como direitos negativos.

Na verdade, tão importantes quanto os direitos individuais, complementando-lhes a essência e a normatividade, são os direitos prestacionais, os difusos e os coletivos, que no mais das vezes são exercidos não contra, mas *através* do estado, sendo de todo incorreta a visão que situa os direitos individuais em posição de proeminência na escala de valores constitucionalmente protegidos (visão que, em grande medida, é reforçada, ainda que involuntariamente, pela difundida noção de "gerações" de direitos humanos). A tarefa de otimização dos princípios, assim, deve ser exercida de modo integral, o que pressupõe que a aferição da proporcionalidade das medidas restritivas seja feita tendo em conta a obrigação de conferir a maior eficácia possível a todos os princípios fundamentais, e não só aos individuais

---

[108] CF. SARLET, Ingo Wolfgang. *Constituição e Proporcionalidade: o direito penal e os direitos fundamentais entre proibição de excesso e de insuficiência.* Disponível em <http://www.mundojuridico.adv.br/sis_artigos/artigos.asp?codigo=53>. Acesso em 8.6.2012, p. 3.

(ou aos coletivos, o que seria a outra face da mesma moeda). Por isso, a proporcionalidade, para ser completa, deve englobar, no aspecto da necessidade, não só a proibição do excesso como também a proibição da proteção deficiente (ou, no dizer de Canaris,[109] a proibição de insuficiência). Para Lenio Streck:

> A proibição de proteção deficiente pode ser definida como um critério estrutural para a determinação dos direitos fundamentais, com cuja aplicação pode-se determinar se um ato estatal – por antonomásia, uma omissão – viola um direito fundamental de proteção. Trata-se de entender, assim, que a proporcionalidade possui uma dupla face: de proteção positiva e de proteção de omissões estatais. Ou seja, a inconstitucionalidade pode ser decorrente de excesso do Estado, caso em que determinado ato é desarrazoado, resultando desproporcional o restado do seu sopesamento (*Abwägung*) entre fins e meios; de outro lado, a inconstitucionalidade pode advir de proteção insuficiente de um direito fundamental-social, como ocorre quando o Estado abre mão do uso de determinadas sanções penais ou administrativas para proteger determinados bens jurídicos. Este duplo viés do princípio da proporcionalidade decorre da necessária vinculação de todos os atos estatais à materialidade da constituição e tem como conseqüência a sensível diminuição da discricionariedade (liberdade de conformação) do legislador.[110]

Essa percepção da dupla face da proporcionalidade, expressa pela dupla dimensão da necessidade como proibição do excesso e proibição de proteção deficiente, é especialmente importante em matéria criminal, em que a tutela das liberdades individuais sempre teve maior visibilidade em grande parte devido ao fato de que muito comumente o estado, por seus agentes, desborda dos limites de seus poderes quando da persecução penal, fazendo com que os interesses do réu, parte mais fraca na relação processual, demandassem maior atenção do legislador e dos operadores do direito. Essa, entretanto, é uma visão apenas parcial da proporcionalidade, visto que, como bem afirmou Ingo Sarlet:[111]

> O que nos importa destacar é a existência de pelo menos um elo comum inquestionável entre as categorias da proibição de excesso e de insuficiência, que é o critério da necessidade (isto é, da exigibilidade) da restrição ou do imperativo de tutela que incumbe ao poder público. Em suma, haverá de se ter presente sempre a noção, entre nós enfaticamente advogada por Juarez Freitas, que "o princípio da proporcionalidade quer significar que o Estado não deve agir com demasia, tampouco de modo insufi-

---

[109] CANARIS, Claus-Wilhelm. *Direitos fundamentais e direitos privados.* Coimbra: Almedina, 2009, p. 67.

[110] STRECK, Lenio. *A dupla face do princípio da proporcionalidade.* Disponível em <http://www.leniostreck.com.br/site/wp-content/uploads/2011/10/17.pdf> acesso em 21.3.2012.

[111] SARLET, Ingo Wolfgang. *Constituição e Proporcionalidade: o direito penal e os direitos fundamentais entre proibição de excesso e de insuficiência.* Disponível em <http://www.mundojuridico.adv.br/sis_artigos/artigos.asp?codigo=53>. Acesso em 8.6.2012, p. 29.

ciente na consecução de seus objetivos. Exageros para mais ou para menos configuram irretorquíveis violações ao princípio".

De fato, o reconhecimento de que os direitos fundamentais não se esgotam nos direitos e garantias individuais negativos implica o reconhecimento de que não basta ao Estado respeitar os direitos fundamentais, abstendo-se de condutas que possam configurar violações deles. É necessário também que o Estado proteja esses direitos contra agressões de terceiros, especialmente daqueles que ocupam posição de poder (político, econômico ou social), e que implemente as condições necessárias para garantir a promoção dos direitos fundamentais. Essas dimensões de proteção e promoção dos direitos fundamentais, especialmente quando se trata de direitos prestacionais (saúde, educação etc.) ou difusos (meio ambiente, consumidor etc.), são veiculadas através da criminalização de condutas que configurem lesão ou ameaça de lesão a tais direitos, naquilo que a doutrina e a jurisprudência denominam mandatos de criminalização.

A vinculação entre esses mandatos de criminalização e a regra da proporcionalidade não poderia ser mais íntima, especialmente quando se levam em conta as implicações da dupla face da necessidade. Nesse sentido, já decidiu o STF:

> Os mandatos constitucionais de criminalização, portanto, impõem ao legislador, para o seu devido cumprimento, o dever de observância do princípio da proporcionalidade como proibição de excesso e como proibição de proteção insuficiente. 1.2. Modelo exigente de controle de constitucionalidade das leis em matéria penal, baseado em níveis de intensidade: Podem ser distinguidos 3 (três) níveis ou graus de intensidade do controle de constitucionalidade de leis penais, consoante as diretrizes elaboradas pela doutrina e jurisprudência constitucional alemã: a) controle de evidência (Evidenzkontrolle); b) controle de sustentabilidade ou justificabilidade (Vertretbarkeitskontrolle); c) controle material de intensidade (intensivierten inhaltlichen Kontrolle). O Tribunal deve sempre levar em conta que a Constituição confere ao legislador amplas margens de ação para eleger os bens jurídicos penais e avaliar as medidas adequadas e necessárias para a efetiva proteção desses bens. Porém, uma vez que se ateste que as medidas legislativas adotadas transbordam os limites impostos pela Constituição – o que poderá ser verificado com base no princípio da proporcionalidade como proibição de excesso (Übermassverbot) e como proibição de proteção deficiente (Untermassverbot) –, deverá o Tribunal exercer um rígido controle sobre a atividade legislativa, declarando a inconstitucionalidade de leis penais transgressoras de princípios constitucionais. (HC 104410, GILMAR MENDES, STF)

3.7. Proporcionalidade em sentido estrito

A última etapa na verificação da legitimidade das restrições aos princípios corresponde à proporcionalidade em sentido estrito, momento em que efetivamente é realizada a ponderação dos princípios contrapostos. Nessa fase não mais se trata de análise das condições de fato, que são dadas pelas sub-regras da adequação e da necessidade, mas verificam-se as condições jurídicas para a otimização dos princípios, estabelecendo concretamente uma relação de precedência entre os princípios contrapostos.

Diversamente do que ocorre nos passos anteriores de aplicação da técnica da proporcionalidade, quando se indaga se a restrição é adequada e pertinente, ou se não existe um meio menos sacrificante para restringir o princípio, na proporcionalidade em sentido estrito, busca-se analisar o grau de afetação do princípio restringido em comparação com a importância do princípio contraposto, avaliando se esta restrição (ou não satisfação) é justificada. Como afirma Prieto Sanchis,[112] nesta fase

> Se trata, en suma, de determinar el peso definitivo que en el caso concreto tienen ambos principios; un peso definitivo que no coincide necesariamente con su peso abstracto, aun cuando aceptásemos que éste es diferente en cada principio, sino que se obtiene de esa valoración conjunta y relativa entre satisfacción y sacrificio.

A proporcionalidade em sentido estrito, assim, está no núcleo da ponderação de princípios e consiste numa relação que pode ser traduzida pelo que Alexy denominou de lei da ponderação, a qual pode ser formulada da seguinte maneira: "quanto maior for o grau de não satisfação ou de afetação de um princípio, tanto maior terá que ser a importância da satisfação do outro".[113]

A lei da ponderação demonstra que tal operação é realizada em três etapas. Inicialmente, deve-se estabelecer o grau de não satisfação ou de afetação de um dos princípios. Em seguida, mede-se a importância da satisfação do princípio contrário e, finalmente, na terceira etapa, verifica-se se a importância da satisfação do princípio contrário justifica a restrição ou não satisfação do outro princípio.

Para ter um critério de comparação de princípios diversos, que por sua própria natureza se referem a coisas muito distintas (liberdade, saúde, honra etc.), Alexy criou um escala triádica de aferição dos graus de intervenção ou de não satisfação de um princípio que divide tais restrições em *leves*, *moderadas* e *graves*. Assim, não se comparam valores de natureza diversa, mas graus de restrição a tais valores, de tal forma que as interferências leves a um direito fundamental devem ceder ante a proteção moderada e grave de outro direito fundamental, e as intervenções médias devem ceder frente às graves. No caso de

---

[112] SANCHIS, Luis Prieto. El juicio de ponderación constitucional, p. 112.

[113] ALEXY, *Teoria dos direitos fundamentais*, p. 167.

empate, a lei da ponderação não apresenta nenhum resultado, e deve ser a restrição admitida como legítima, por ser expressão do espaço legítimo de conformação do legislador.[114] Essa avaliação, ressalte-se, leva em conta o contexto concreto em que se dá a colisão.

Vale notar, ainda, que a técnica da ponderação na resolução de uma colisão entre princípios implica que o intérprete deve tentar ao máximo harmonizar os princípios contrapostos (princípio da concordância prática). Ocorre, entretanto, que muitas vezes, com o fito de garantir a prevalência de um dos princípios, o outro estará completamente aniquilado. São casos em que, sendo impossível a harmonização entre os princípios, deve o intérprete aceitar a existência de hierarquia axiológica entre os valores constitucionais. Nesse sentido é a lição de Virgílio Afonso da Silva:

> É possível que, em casos concretos específicos, após a aplicação da proporcionalidade e sua terceira sub-regra, a proporcionalidade em sentido estrito (sopesamento/ponderação), nada reste de um determinado direito. Por mais que isso soe estranho e possa passar uma certa sensação de desproteção, isso apenas reflete o que ocorre em vários casos envolvendo direitos fundamentais. Quando alguém, por exemplo, tem seu sigilo telefônico devassado e suas conversas telefônicas interceptadas, nada sobra desse direito fundamental. Quando se proíbe a exibição de determinado programa de televisão ou a publicação de determinada matéria jornalística, também sobra pouco ou nada da liberdade de imprensa naquele caso concreto. Quando alguém é condenado a uma pena de reclusão; sua liberdade de ir e vir é aniquilada Ou, por fim – e talvez de forma ainda mais clara –, quando alguém tem um terreno que é desapropriado, o seu direito, nesse caso concreto, desaparece por completo. Em diversos casos semelhantes, por ser impossível graduar a realização de um determinado direito, qualquer restrição a ele é uma restrição total ou quase total.[115]

Alexy não ignora as dificuldades inerentes à implementação desse modelo, chegando mesmo a reconhecer que por vezes classificar uma interferência ou restrição como leve, moderada ou grave já apresenta problemas e, em algumas ocasiões, parece impossível. Nessas hipóteses, a ponderação baseada na diferença de intensidade de intervenção não seria possível. Essa dificuldade, entretanto, é decorrente da natureza do direito constitucional e dos princípios, que estabelece limites ao refinamento das escalas e exclui a possibilidade de utilização de uma escala mais completa, do tipo infinitesimal, variando entre 0 e 1, por exemplo. A escala triádica, entretanto, é uma escala mínima.

---

[114] ALEXY, Robert. *La formula del peso*, 2008, p. 29.

[115] SILVA, Virgílio Afonso. O conteúdo essencial dos direitos fundamentais e a eficácia das normas constitucionais. *Revista de Direito e Estado*, n. 4, Rio de Janeiro: Renovar, 2006, p. 44.

A estruturação da ponderação de acordo com esse modelo serve para garantir que sua aplicação se dê de forma racional e intersubjetivamente controlável, na medida em que, colocada a aferição da proporcionalidade em sentido estrito nesses termos, havendo necessidade de justificar a importância da prevalência de um princípio sobre outro a partir da fórmula do peso e das intensidades de intervenção, toda a argumentação desenvolvida para justificar a restrição (ou para afastá-la) passa a ser racionalmente controlável. Para Alexy:[116]

> Esta estructura elemental muestra que debe rebatirse a los escépticos radicales de la ponderación, como por ejemplo Habermas o Schlink, cuando afirman que la ponderación, "para la que hacen faltan criterios racionales", se lleva a cabo "de manera arbitraria o irreflexiva, según estándares y jerarquías a los que se está acostumbrado" o cuando dicen que "en el examen de proporcionalidad en sentido estricto en definitiva [...se hace valer] sólo la subjetividad del juez" y que "las operaciones de valoración y ponderación del examen de proporcionalidad en sentido estricto [...] en definitiva sólo pueden llevarse a cabo mediante el decisionismo".[117]

A aceitação da ideia da ponderação pressupõe que seja ela um procedimento racional e controlável, e não um mero decisionismo travestido. Alexy busca garantir essa racionalidade por meio da estruturação do procedimento que deve ser obedecido e da necessidade de superação das cargas argumentativas para justificar a restrição a um princípio, sustentando ser plenamente viável a realização de juízos racionais sobre a intensidade das restrições, portanto das comparações entre princípios. Para demonstrar essa tese, Alexy cita como exemplo um caso em que a Corte Constitucional alemã tratou da questão relativa aos danos morais por fato da imprensa, o chamado *caso Titanic*.[118]

Em resumo, a Corte discutiu a compatibilidade constitucional da condenação da revista *Titanic* ao pagamento de danos morais em razão de duas matérias por ela publicadas acerca de um oficial reformado das forças armadas que havia ficado paraplégico. Na primeira reportagem, a revista, que seguia uma linha de comédia satírica,

---

[116] ALEXY, Robert. La formula del peso. In: CARBONELL, Miguel (org.). *El principio de proporcionalidad y la interpretación constitucional.* Quito: Ministerio de Justicia y Derechos Humanos, 2008, p. 17.

[117] "Esta estrutura elemental mostra que se deve rebater aos céticos radicais da ponderação, como por exemplo Habermas ou Schlink, quando afirmam que a ponderação, "para a qual faltam critérios racionais", se leva a cabo "de maneira arbitrária ou irrefletida, segundo estándares e hierarquias a que se está acostumado" ou cuando dizem que "no exame de proporcionalidade em sentido estrito ao final [...] se faz valer" só a subjetividade do juiz" e que "as operações de valoração e ponderação do exame de proporcionalidade em sentido estrito [...] em última análise só podem ser levados a cabo mediante o decisionismo". (tradução nossa)

[118] Cf ALEXY, Robert. *Direitos fundamentais, balanceamento e racionalidade.* Ratio Juris. Vol. 16, n. 2, junho de 2003.

publicou um quadro com várias personalidades alemãs, qualificando-as como pessoas "nascidas" para algo. O autor da ação, militar que havia recentemente sido chamado a voltar à ativa, fora qualificado como "nascido para matar". Na segunda matéria submetida à apreciação da Corte, a mesma revista publicou uma matéria em que chamava o autor de "aleijado". Na decisão do caso, a Corte Constitucional Federal fez um "balanceamento-específico-para-o-caso" (*case especific balancing*) entre a liberdade de expressão dos editores e os direitos da personalidade do autor da ação, concluindo que a manutenção da condenação por danos morais representava uma restrição séria e duradoura à liberdade de imprensa, pois "(...) poderia afetar a disposição futura dos que produziam a revista de desenvolverem seu trabalho da forma como até então haviam feito".[119]

Daí haver a Corte concluído que a manutenção da condenação somente seria justificada em nome de uma necessidade ainda mais premente de tutela da intimidade, ou seja, de um dano à esfera da personalidade do autor que fosse pelo menos tão sério quanto a restrição à liberdade de expressão. Fazendo o balanceamento dos valores em colisão, para o caso da primeira matéria, em que se reconheceu a intenção satírica (foram publicados quadros com várias outras pessoas além do autor da ação, todas recebendo uma qualificação ligada às suas atividades), a Corte entendeu não estar justificada tal restrição à liberdade de imprensa, dado que, apesar de ter havido uma interferência antijurídica no direito de personalidade, essa interferência foi "moderada", não justificando a imposição de uma restrição séria e duradoura à liberdade de expressão. Por outro lado, no que toca à segunda matéria (em que o autor fora chamado de "aleijado"), entendeu-se que a violação da dignidade humana tinha sido de tal ordem gravosa que era justificável a manutenção da condenação, pois chamar de "aleijado" alguém que apresenta uma incapacidade motora é sem dúvida um tratamento humilhante e violador da dignidade humana.

Na análise da proporcionalidade das condenações, a Corte Constitucional, após identificar e expor claramente os mais importantes elementos fáticos e os princípios colidentes, pôde tomar uma decisão racionalmente justificada e passível de controle (jurídico e social). Pode-se até discordar dos critérios valorativos adotados pela Corte, mas sem dúvida a exposição clara daquilo que foi sopesado torna mais fácil discutir se estão corretos os fundamentos da decisão, o que,

---

[119] ALEXY, Robert. Op. cit.

em última análise, garante a racionalidade do procedimento de ponderação. Por isso, com razão afirma Prieto Sanchis:[120]

> La ponderación es una consecuencia de la vinculación directa y universal de los principios y derechos, y si bien no garantiza una y sólo una respuesta para todo problema práctico, sí nos indica qué hay que fundamentar para resolver un conflicto constitucional, es decir, hacia dónde ha de moverse la argumentación, a saber: la justificación de un enunciado de preferencia (en favor de un principio o de otro, de un derecho o de su limitación) en función del grado de sacrificio o de afectación de un bien y del grado de satisfacción del bien en pugna.[121]

A adoção da tese da separação forte entre regras e princípios, aliada à utilização da técnica da proporcionalidade como forma de aferição da legitimidade e da racionalidade das restrições a direitos fundamentais, fornece os subsídios necessários ao estabelecimento dos limites legítimos para a intervenção penal na tutela do meio ambiente.

Porém, fica evidente que à questão da proporcionalidade da utilização do direito penal como meio de tutela do meio ambiente prepõe-se a questão relativa à justificação do próprio direito penal, instrumento por excelência de restrição aos direitos fundamentais que, para ser tido como forma legítima de controle social, deve buscar legitimação em algo que esteja além da lei. Por essa razão, é imprescindível aproximar os princípios limitadores do direito penal, estabelecidos a partir do Iluminismo.

---

[120] SANCHIS, Luis Prieto. *El juicio de ponderación constitucional*, p. 112.

[121] "A ponderação é uma consequência da vinculação direta e universal dos princípios e direitos, e apesar de não garantir uma única resposta para todo problema prático, ela nos indica que é necessário fundamentar para resolver um conflito constitucional, ou seja, até onde tem que ir a argumentação, a saber: a justificação de um enunciado de preferência (em favor de um princípio ou de outro, de um direito ou de sua limitação) em função do grau de sacrifício ou de afetação de um bem e do grau de satisfação do bem em conflito". (tradução nossa)

4. Limites ao direito penal

Em praticamente todos os ordenamentos jurídicos atuais se adota um modelo de direito penal marcado pela limitação do poder punitivo estatal, em que é estatuída uma série de garantias dos cidadãos contra o Estado. Esse conjunto de direitos e garantias forma o chamado modelo de "direito penal clássico", cunhado a partir da tradição jurídica do iluminismo e do liberalismo.[122]

Neste ponto, cabe uma breve observação acerca da denominação aqui utilizada. É que, na doutrina penal tradicional, é usual que o modelo de direito penal centrado na limitação do *jus puniendi*, cunhado a partir do ideário iluminista, seja chamado de direito penal "moderno" em alusão à sua contemporaneidade ou em razão do fato de que ele representou a ruptura com o modelo do Antigo Regime. Entretanto, no debate penal atual, em que o modelo penal garantista se tornou o paradigma das civilizações ocidentais e no qual o debate penal está centrado exatamente na necessidade de superar ou pelo menos ajustar tal modelo, não mais parece adequado denominar o modelo iluminista de "moderno". Por isso Hassemer propôs a alteração dessa terminologia, de modo que esse modelo do Iluminismo passasse a receber a denominação de direito penal clássico, reservando-se o termo "moderno" para designar o direito penal direito da atualidade,[123] especialmente naquilo que diverge do paradigma cunhado pelo ideário iluminista. Fazendo uma crítica a essa terminologia preconizada por Hassemer, afirma Gracia Martin:[124]

> O novo Direito Penal enseja, certamente, uma ruptura com o da ilustração em determinados aspectos, e por isso não é desacertado atribuir-lhe o caráter de "moderno".

---

[122] Cf. FERRAJOLI, Luigi. *Direito e razão:* teoria do garantismo penal. 3ª ed. São Paulo: RT, 2010, p. 37 e ss.

[123] CF. MARTIN, Luis Gracia. A modernização do direito penal como realização do postulado do Estado de Direito (social e democrático). *Revista Brasileira de Ciências Criminais.* n. 88, São Paulo: Revista dos Tribunais, 2011.

[124] Op. cit., p. 98.

Mas isso não justifica a consagração do Direito Penal da Ilustração como "clássico". Por um lado, porque as profundas transformações da sociedade moderna fazem com que ao menos alguns objetos e enunciados político-criminais e policiais da Ilustração já não possam ser tidos, hoje, como modelo de referência nem como medida do passível à intervenção penal legítima. E por outro lado, porque exigências de caráter ético--político e de justiça apontam também para que alguns daqueles objetos e enunciados sejam tidos simplesmente como inadmissíveis. Por isso, e porque o Direito penal da Ilustração e o atual derivam de dois modelos diferenciados – mas não excludentes – de Estado de Direito, propus denominar o primeiro como "Direito Penal (do Estado) *liberal*" e o atual como "Direito Penal (do Estado) Social e Democrático".

É certo que a escolha dos termos que identificam o modelo penal de determinado momento histórico diz muito da postura ideológica do orador quanto àquele modelo e, por trás daquilo que por vezes aparenta ser uma mera discussão terminológica, há, no mais das vezes, a opção ideológica que busca se impor. No caso, é possível divisar claramente as posições antagônicas assumidas por Hassemer e Gracia Martin, não só quanto ao modelo do direito penal da ilustração, mas principalmente quanto aos caminhos que deve seguir o direito penal da atualidade.

Com efeito, ao denominar de "clássico" o modelo de direito penal voltado às garantias do acusado, formatado a partir do Iluminismo, Hassemer está na verdade buscando pôr em relevo aquilo que, para ele, é o modelo ideal, um paradigma ao qual o direito penal da atualidade, para ser legítimo, deveria buscar adequar-se, e essa busca tem muito mais um sentido político-ideológico do que rigor histórico. É que o modelo de Direito Penal "clássico" nunca existiu historicamente, já que nenhum ordenamento jurídico acolheu integralmente os ideais humanistas do Século das Luzes no Direito Penal. Como bem afirmou Silva Sanchez:[125]

Efetivamente, o Direito Penal liberal, que certos autores pretendem reconstruir agora, na realidade nunca existiu como tal. Por um lado, porque tal reconstrução ignora a presença naquele de uma rígida proteção do Estado, assim como de certos princípios de organização social. Por outro lado, porque a rigidez das garantias formais que nele era possível observar não representava senão o contrapeso do extraordinário rigor das sanções imponíveis. A verdadeira imagem do Direito Penal do século XIX não é, pois, aquela que alguns pretendem desenhar em nossos dias.

De fato, a visão do Direito Penal da Ilustração (o chamado direito penal "clássico") adotada por grande parte dos penalistas tem um caráter acentuadamente ucrônico, ou seja, baseia-se numa visão utópica da história. O direito penal real dos séculos XVII e XVIII, aquele vivido pela maior parte da população, era certamente muito diferente daquele defendido nos livros e nas lições de Direito.

---

[125] SILVA SANCHEZ, Jesus-Maria. *A expansão do Direito Penal*, p. 177.

Vale notar, ainda, que nem mesmo Hassemer pretende que a denominação direito penal clássico designe um direito histórico ideal (o "bom e velho direito penal") ao qual deveríamos retornar. Na verdade, a utilização dessa denominação por Hassemer tem o sentido deliberado de pôr em relevo o modelo que ele considera ideal. Por isso é que o próprio Hassemer, na obra "Responsabilidad por el produto en derecho penal", que escreveu em coautoria com Muñoz Conde, afirma:

> [...] embora usando o termo "clássico", se expressa que o objeto designado está na tradição da filosofia política do Iluminismo; nem no direito penal, nem em nenhum outro lugar se esgota o termo "clássico" em um determinado tempo ou em referência a um número limitado de objetos. O "clássico" é também um ideal, uma aspiração pela qual se mede para onde devemos ir, quais são os passos necessários para seguir o bom caminho e evitar o mau e quais são os que há que retroceder antes de chegar às proximidades da meta. Como qualquer outra realização de uma ideia, o clássico não é um tempo real ou um conjunto efetivo de objetos que possa delimitar-se historicamente.[126]

Apesar do acerto das observações de Gracia Martin e Silva Sanchez quanto à caracterização do direito penal da Ilustração como "clássico", no curso deste estudo tal nomenclatura será utilizada para designar esse modelo (ideal, e não histórico) plasmado pela Ilustração, apenas deixando desde logo ressaltado que, ao denominar o direito penal da ilustração de "clássico", não se pretende fazer qualquer juízo de valor quanto à superioridade deste modelo ao atual, como, de resto, o desenvolvimento do presente trabalho almeja deixar claro.

De qualquer forma, independente de quaisquer opções ideológicas acerca dos caminhos futuros do direito penal, o fato é que inegavelmente o pensamento iluminista firmou as bases ideológicas sobre as quais o sistema penal até hoje se encontra estruturado, de modo que a compreensão da transição do pensamento penal do *Ancien Regime* para o da Ilustração é de extrema importância para a compreensão dos fundamentos do sistema penal atual e das discussões acerca do atual movimento de expansão da intervenção penal, típico da sociedade de risco contemporânea.

4.1. Características do direito penal clássico

A correta compreensão da dogmática penal e a identificação dos fundamentos ou características do denominado direito penal clássico pressupõem uma breve incursão na transição do direito penal do

---

[126] *Apud* SANCHEZ, Bernardo Feijoo. Sobre a "administrativização" do direito penal na "sociedade do risco". Notas sobre a política criminal no início do século XXI. *Revista Liberdades*, nº 7, p. 30 nota 19.

Ancien Régime para o direito penal do iluminismo, período histórico em que a maior parte das bases humanistas do direito penal foram cunhados.

Desde seus primórdios, o Direito Penal se estruturou a partir de visões mágicas e religiosas o delinquente era tido como violador de uma ordem divina, sendo necessário castigá-lo para expiar o pecado e agradar à(s) divindade(s). A partir do século XV, a esse componente mítico somou-se um componente político, ligado à busca pela afirmação do poder por parte das monarquias absolutistas, que viam no Direito Penal um instrumento valiosíssimo de dominação e conformação das massas.

Ao tomarem para si o *ius puniendi* com exclusividade, com o poder de criar crimes e cominar penas, os monarcas conseguiram estabelecer as condições para o exercício do poder absoluto, passando a governar mediante a imposição do temor da aplicação de penas. As leis penais, assim, passaram a ser utilizadas como poderosas armas de criação do medo coletivo com o qual os monarcas conseguiam conter os insurgentes e manter a domesticação dos súditos. Naquela época, coerente com as finalidades a que era destinado o Direito Penal, inexistia propriamente uma ciência jurídica penal, sequer havendo um catálogo sistemático e suficientemente abstrato de crimes e penas, já que, como afirmam Juan Carlos Ferre Olivé *et alli:*

> As definições que davam as leis não eram suficientes para delimitar com precisão as condutas puníveis, pelo que a doutrina era que contribuía para delimitar essas condutas, em muitas ocasiões servindo-se da analogia.
> [...]
> Os monarcas absolutos frequentemente modificavam as penas segundo conviesse a seus interesses. Se necessitassem de remadores para seus barcos, comutavam outras penas para as galés. Se tivessem problemas nas finanças reais, incrementavam as penas pecuniárias. A arbitrariedade era evidente, fundamentalmente com respeito aos plebeus. Em geral, no antigo regime houve uma abundante aplicação da pena de morte.[127]

Somado a isso, aumentando ainda mais o grau de arbitrariedade e irracionalidade no exercício do poder punitivo estatal, havia o fato de que os juízes criminais atuavam como representantes do monarca, sequer tendo a obrigação de fundamentar suas decisões, assim, não estavam sujeitos a qualquer controle quanto à correção, justiça ou mesmo racionalidade.

Com a ascensão da burguesia, surgiram os movimentos contrários à manutenção dos privilégios de classe da nobreza e criou-se um

---

[127] OLIVÉ, Juan Carlos Ferre et ali. *Direito Penal Brasileiro. Parte Geral:* princípios fundamentais e sistema. São Paulo: RT, 2011, p. 125.

ambiente propício para o surgimento do movimento político e filosófico conhecido como Iluminismo, o qual teve suas bases políticas e filosóficas firmadas principalmente a partir das obras de Locke, Montesquieu, Voltaire e Rousseau. Naquelas condições, era natural que, com o alvorecer do pensamento iluminista, também o direito penal passasse por uma profunda alteração em suas bases, dado que a nova configuração social, com a ascensão econômica da burguesia, necessitava de uma configuração política que favorecesse a realização de negócios privados (donde a construção de um modelo liberal de Estado, privilegiando a liberdade dos indivíduos) e que, juridicamente, fosse estabelecida a partir da vontade geral, e não mais da exclusiva vontade dos nobres e reis (o que redundou no primado da legalidade). Como afirma Lenio Streck,[128]

> a perspectiva liberal-clássica, própria do Estado em formação no longínquo século XIX, fundava-se na contraposição Estado-Sociedade, sendo a função da lei meramente ordenadora (o que não é proibido é permitido), a partir da tarefa-função de defender o débil cidadão contra a "maldade" do Leviatã. Afinal, a revolução francesa – berço do Estado Liberal – representava o triunfo do privado. A burguesia destronara o velho regime exatamente para recuperar o poder político do qual abrira mão para o fortalecimento do seu poder econômico, no nascedouro do Estado Moderno-Absolutista.
> O novo perfil do Estado, nessa quadra, será absenteísta. Sua função será a de servir de guardião dos interesses da classe revolucionária, a burguesia. Em outras palavras: o público (Estado) era visto como algo "ruim".

O modelo de Estado construído a partir das ideias iluministas é o Estado de direito, com a submissão de todos (inclusive – e principalmente – do governante) às leis, tendo como tônica a afirmação dos direitos do homem e do cidadão e a limitação do poder estatal à garantia desses direitos, especialmente daqueles relacionados à liberdade individual e à propriedade. Trata-se, portanto, de um modelo de Estado vocacionado à limitação do poder punitivo e à proteção do indivíduo contra a arbitrariedade. O direito penal, que era uma das mais destacadas formas de manutenção do poder monárquico, foi profundamente atingido por essa mudança de pensamento, sendo certo que, como afirma Ferrajoli,

> Nos séculos XVII e XVIII o direito penal foi o terreno principal sobre o qual vem se delineando o modelo de Estado de direito. É com referência ao despotismo punitivo que o jusnaturalismo iluminista desenvolveu suas batalhas contra a intolerância política e religiosa e contra o arbítrio repressivo do *ancién regime*. E é sobretudo através da crítica dos sistemas penais e processuais que se vem definindo, como veremos, os valores da civilização jurídica moderna: o respeito da pessoa humana, os valores "fundamentais "da vida e da liberdade pessoal, o nexo entre legalidade e liberdade, a separação entre direito e moral, a tolerância, a liberdade de consciência e de expres-

---

[128] STRECK Lenio. *A dupla face do princípio da proporcionalidade.*

são, os limites da atividade do Estado e a função de tutela dos direitos dos cidadãos como sua fonte primária de legitimação.[129]

Nesse contexto, em 1764, o Marquês de Beccaria lançou sua célebre obra "Dos delitos e das penas", em que, partindo da ideia do contrato social, fez uma compilação do pensamento penal do Iluminismo[130] e caracterizou o crime como uma violação das regras estatuídas de acordo com o contrato social, consagrando a legalidade como um freio ao poder absoluto dos reis e nobres, buscando estabelecer limites ao arbítrio judicial e contrapondo-se ao uso da tortura como meio de investigação e da pena de morte como sanção.

Foi principalmente a partir desse movimento político e filosófico que o Direito Penal começou a ganhar contornos científicos, o delito perdeu suas bases religiosas e passou a ser analisado sob uma perspectiva racional, utilitarista, na qual a pena passa a ser vista não mais como um meio de expiação do pecado, mas como uma forma de prevenir a prática de crimes, configurando um mal menor. Por isso, como afirma Ferrajoli:[131]

> Desde Grozio, Hobbes, Locke, Puffendorf y Thomasius hasta Montesquieu, Beccaria, Voltaire, Filangieri, Bentham y Pagano, todo el pensamiento penal reformador está de acuerdo en considerar que las aflicciones penales son precios necesarios para impedir daños mayores a los ciudadanos, y no constituyen homenajes gratuitos a la ética o a la religión o al sentimiento de venganza.

Em linhas gerais, essas foram as principais ideias que moldaram o modelo garantista do direito penal, que se perpetuou até nossos dias. Pode-se afirmar, assim, que, desde a ilustração, vem sendo desenvolvida uma dogmática penal voltada à limitação do poder punitivo e ao afastamento da arbitrariedade na aplicação das penas. Por isso, Ferrajoli afirma que, no modelo garantista, as "regras do jogo fundamental do direito penal" são produto do pensamento iluminista,[132] no qual foram concebidas como princípios políticos, morais ou naturais de limitação do poder penal "absoluto", tendo sido, em maior ou menor grau, incorporados a todas as constituições e codificações dos ordenamentos desenvolvidos, convertendo-se em preceitos fundamentais do moderno Estado de direito.

O modelo garantista, assim, é o conteúdo típico do direito penal da Ilustração, que Hassemer chama de direito penal clássico e cuja

---

[129] FERRAJOLI, Luigi. *Direito e razão. Teoria do garantismo penal*, p. 17.

[130] Cf. OLIVÉ, Juan Carlos Ferre e outros. *Direito Penal brasileiro*, p. 127.

[131] FERRAJOLI, Luigi. El Derecho Penal Mínimo. In. RAMÍREZ, Juan Bustos (dir.) *Prevención y teoria de la pena*. Santiago de Chile: Editorial Jurídica Conosur, 1995, p. 33.

[132] FERRAJOLI, Luigi. *Direito e razão. Teoria do garantismo penal*, p. 92.

principal característica é o fato de se desenvolver a partir de uma estrutura de intervenção sujeita a limites estritos impostos pela lei, configurando o chamado "direito penal mínimo".

Vale ressaltar, ainda, que esse modelo de Direito Penal não tem a pretensão ou a finalidade de descrever um padrão existente na realidade fenomênica, mas configura um modelo ideal, uma meta, uma ideia guia que confere um horizonte de sentido para guiar a direção para a qual deve caminhar a evolução do Direito Penal. Por isso, como afirma Bobbio, "o garantismo é um modelo ideal ao qual a realidade pode mais ou menos se aproximar. Como modelo representa uma meta que permanece tal mesmo quando não é alcançada, e não pode ser nunca, de todo, alcançada".[133]

Trata-se, assim, de um modelo de Estado de direito que, para Ferrajoli, deve ser utilizado para aferir o grau de racionalidade e de certeza existente em um dado sistema penal, de modo que, a partir dele, é possível avaliar as instituições e o ordenamento de um sistema concreto a fim de aferir uma maior tendência ao direito penal mínimo (mais aproximado do modelo garantista) ou ao direito penal máximo (mais aproximado a um modelo autoritário).

A despeito de historicamente esse modelo teórico ter sido, clara e frontalmente, desrespeitado em vários momentos no correr do século XX (do que as experiências do nazismo, do fascismo, do comunismo e das diversas ditaduras na América Latina fornecem o exemplo mais eloquente) e mesmo no século XXI (vide a "guerra ao terror" em escala mundial instaurada após os eventos de 11 de setembro), o modelo garantista ainda é a base sobre a qual se estrutura a maior parte da produção teórica em direito penal, e mesmo aqueles que o criticam reconhecem não ser possível prescindir dos ganhos que ele trouxe para a contenção do arbítrio no exercício do *jus puniendi*.

A influência desses ideais sobre os sistemas penais configura uma conquista da humanidade e se expressa sob a forma dos mais importantes fundamentos do sistema jurídico-penal. Esses elementos tradicionalmente são denominados *princípios* do direito penal em atenção a seu grau de fundamentalidade. Entretanto, tendo em conta a noção de princípio aqui adotada,[134] evitamos chamar tais elementos de princípio, a fim de não incorrer numa indesejável confusão metodológica, já que, segundo a tese da separação forte entre princípios e regras defendida por Alexy, apesar de alguns desses elementos fundamentais do direito penal, segundo o modelo garantista, efeti-

---

[133] BOBBIO, Norberto. *Prefácio à 1a edição italiana de Direito e razão*, p. 9.

[134] Conferir capítulo 3.1, sobre a distinção entre princípios e regras.

vamente configurarem princípios (como a intervenção mínima, por exemplo), outros devem ser classificados como regras (como a legalidade estrita).

O rol dessas características fundamentais varia muito entre os autores, mas, de modo geral, é possível aglutinar essas características em torno de dois eixos centrais: a *intervenção legalizada* e a *intervenção mínima*.[135] Com efeito, mesmo características que à primeira vista parecem não ter relação direta com a legalidade e com a intervenção mínima, como a humanização das penas e a proporcionalidade das sanções à gravidade dos delitos, por exemplo, frequentemente elencadas como fundantes do sistema jurídico-penal, poderiam ser, em última análise, reconduzidas a uma das outras duas anteriores, em especial à intervenção mínima.

De qualquer forma, é de ver que uma classificação com pretensões científicas, desde que metodologicamente consistente, não pode ser tida como correta ou incorreta, mas sim útil ou inútil. Daí por que adotamos a classificação dos princípios (*rectius:* fundamentos) limitadores da persecução penal feita por Muñoz Conde, aquela mais adequada ao objeto deste estudo. Com efeito, a crítica frequentemente lançada a tal classificação,[136] referente à não indicação da culpabilidade como fundamento autônomo, ainda que pertinente, não gera nenhum efeito para este trabalho, no qual se busca identificar as características fundamentais do direito penal clássico que serão mais fortemente atingidas pela inclusão do meio ambiente no rol de bens a serem tutelados mediante o direito penal. Nessa seara, a culpabilidade teria enorme importância analítica na temática da criminalização das pessoas jurídicas. Essa temática, todavia, refoge aos objetivos a que nos propomos, razão pela qual se afigura desnecessário aqui enfrentar essa polêmica,[137] permitindo-nos, assim, adotar a tese de Muñoz Conde,[138] para quem os princípios limitadores do direito penal

> se basan, en última instancia, en la dignidad humana y en la idea de la justicia misma. A mi juicio, estos límites pueden reducirse a la vigencia, no sólo formal, sino material

---

[135] MUÑOZ CONDE, Francisco. *Introducción al derecho penal.* 2ª ed. Buenos Aires: B de F, 200, p. 107.

[136] Cf. FERNANDEZ, Gonzalo. La "Introducción ..." treinta anos después. In: MUÑOZ CONDE, Francisco. *Introducción al derecho penal*, p. 19-35.

[137] Para maior aprofundamento, ver SCHUNEMANN, Bernd. La culpabilidad: estado de la cuestión. In: ROXIN, Claus; JAKOBS, Gunther *et al. Sobre el estado de la teoría del delito.* Madrid: Cívitas, 2000, p. 93.

[138] MUÑOZ CONDE, Francisco. *Introducción al derecho penal.* 2ª ed., p. 107.

también, de dos principios fundamentales: el principio de intervención mínima y el principio de intervención legalizada del poder punitivo del Estado.[139]

4.2. A legalidade estrita e a formalização do direito penal – taxatividade, irretroatividade e anterioridade

A legalidade estrita e a formalização do Direito Penal emergem como as mais importantes características do modelo garantista, dado que é a partir da legalidade estrita que se estruturaram todos os demais fundamentos desse modelo.

A legalidade estrita ou intervenção legalizada decorre diretamente do primado da legalidade, estabelecido no processo de transição do absolutismo para o Estado de direito, e diz respeito à necessidade de que toda intervenção penal, seja criminalizando condutas, seja cominando penas, seja, por fim, aplicando concretamente as penas aos casos concretos, seja feita de acordo com a lei formal, entendida como expressão da vontade geral da população.

A intervenção legalizada constitui o mais importante freio à atuação do poder público em matéria penal, evitando que objetivos de política criminal possam ser utilizados como fundamento para a punição de condutas que não tenham sido previamente tipificadas, por mais danosas que sejam. Da mesma forma, também se evita a aplicação de penas não previstas legalmente (seja no que diz com a sua natureza, seja no que diz respeito à quantidade). Esta regra constitui uma barreira a um utilitarismo extremo que fatalmente descambaria para a arbitrariedade, sendo certo que, como bem afirma Muñoz Conde,[140] "una política penal mala, pero llevada a cabo con las garantías jurídicas mínimas, es preferible a una buena política penal realizada sin ningún tipo de control".[141]

A legalidade estrita tem duplo aspecto: técnico e político. Do ponto de vista político, é expressão da isonomia e do Estado de direito, na medida em que previne abusos e arbitrariedades decorrentes da criação de crimes ou de penas após a prática das condutas e garante que a definição das condutas proibidas decorrerá de um procedimento

---

[139] "se baseiam, em última instância, na dignidade humana e na própria ideia de justiça. A meu juízo, estes limites podem reduzir-se à vigência, não só formal, mas material também, de dois princípios fundamentais: o princípio da intervenção mínima e o princípio da intervenção legalizada do poder punitivo do Estado". (trad. livre)

[140] MUÑOZ CONDE. *Introducción ao derecho penal*, p. 136.

[141] "Uma má política penal, mas levada a cabo com garantias jurídicas mínimas, é preferível a uma boa política penal realizada sem nenhum tipo de controle" (tradução nossa).

em que é garantida, pelo menos em tese, a participação do povo através de seus representantes legitimamente eleitos, o que garantiria a legitimidade democrática das criminalizações primárias. Além disso, a legalidade estrita é também instrumento de concretização da divisão funcional de poderes, na medida em que caberia ao legislativo (que representa a vontade geral da população) definir os crimes e as penas, ao passo que ao Executivo caberia a investigação e a persecução penal, além da execução das penas, enquanto ao Judiciário caberia o julgamento da pretensão acusatória do Estado, resguardados os direitos fundamentais.

No aspecto técnico, a legalidade atua como fundamento da prevenção, na medida em que, somente se o indivíduo souber de antemão quais são as condutas proibidas, é que poderá guiar sua atuação de modo a evitar incorrer na prática de crimes. Como bem afirma Francisco Assis de Toledo:[142]

> [...] os tipos legais de crime constituem verdadeira autorização primária para que o Estado possa intervir em certas áreas reservadas, na esfera da liberdade individual. Assim, a atuação dos órgãos estatais, na prevenção e repressão do crime, encontra apoio primário na tipificação legal dos delitos, fora do que, no Estado de Direito, tal intromissão na esfera da liberdade e dos direitos individuais, encontraria muitas limitações. Essa constatação conduz a esta outra: a cominação legal de penas projeta-se e torna-se visível, no ambiente social, por intermédio de entidades, órgãos e pessoas, cuja presença, em cada ponto do território nacional, representa, aos olhos de todos e cada um, a real e palpável possibilidade de aplicação da pena criminal ao agente de um fato-crime.

A adoção da legalidade estrita traz quatro consequências no plano jurídico, todas plasmadas sob a forma de proibições, duas dirigidas ao juiz (proibição de analogia e proibição de costume para fundamentar ou agravar a pena) e duas dirigidas ao legislador (proibição de leis penais retroativas e proibição de leis penais indeterminadas ou imprecisas).[143]

As proibições do uso da analogia e do costume em matéria penal são as mais evidentes e intuitivas consequências da legalidade estrita. Trata-se de uma opção pela prevalência da segurança dos cidadãos contra eventuais objetivos de política criminal, de modo a evitar abusos e caprichos do aplicador do direito.

As fontes do direito penal, assim, pelo menos naquilo que diz respeito à criminalização ou ao agravamento da situação do réu, bem como quanto à delimitação das penas aplicáveis, são restringidas à

---

[142] TOLEDO, Francisco de Assis. *Princípios básicos do direito penal*, p. 4.

[143] CF. ROXIN, Claus. *Derecho Penal. Parte general*. 2ª ed., p. 140.

lei formal. Em resumo, trata-se de uma restrição ao poder do Estado--juiz, expressa pelo brocardo latino *nullum crime, nulla poena sine lege*. Por essa razão, em célebre passagem, Franz von Liszt afirmou que o Código Penal é a carta magna do delinquente, numa alusão ao fato de ter a Magna Charta inglesa protegido o indivíduo de intromissões arbitrárias do rei, assim como o Código Penal representaria o limite intransponível para o poder punitivo estatal.[144]

As proibições à retroatividade das leis penais e às leis indeterminadas, para além de seu conteúdo político evidente, constituem forte limitação à atividade legislativa. Em virtude de tais limitações, o legislador, quando da criação dos tipos penais que orientarão as condutas dos indivíduos, somente pode se ater a fatos praticados após a edição das leis incriminadoras (*nullum crimen, nulla poena sine lege praevia*). Além disso, as leis penais criadas devem ter um conteúdo de tal forma claro e delimitado que permita aos destinatários da norma identificar exatamente qual é a conduta por ela proibida.

A exigência de clareza do texto legal tem ligação direta com as finalidades políticas do princípio da legalidade. Imagine-se, por exemplo, uma norma que tipifique como crime a conduta de "praticar ato contrário à moral e aos bons costumes". Evidentemente, ela não se prestaria a guiar coerentemente as condutas dos indivíduos, pois eles não teriam como saber de antemão quais seriam concretamente as condutas proibidas e passíveis de punição. Tampouco serviria para proteger o cidadão contra possíveis arbitrariedades do poder público na repressão dos crimes e, ainda, representaria uma violação da repartição de poderes, na medida em que possibilitaria ao juiz preencher com qualquer conteúdo que desejasse a figura típica que levaria à punição.

A legalidade estrita guarda íntima vinculação com a formalização do direito, aqui entendida como a necessidade de respeito às formas legalmente prescritas para o exercício do *jus puniendi* (que, em momento algum, pode ser confundida como o mero formalismo, que cultua a forma por si).

No modelo penal garantista, a formalização para o exercício do poder punitivo é uma garantia essencial do indivíduo. De fato, talvez o mais característico traço do controle social através do Direito Penal seja exatamente seu alto grau de formalização. É certo que vários

---

[144] Vale notar que, segundo Roxin, em um informe apresentado em 1893 para a União Internacional de Direito Penal, Von Liszt teria afirmado que sua frase era não só paradoxal como também incorreta do ponto de vista lógico, visto que aquele que se comporta de modo impune não é um delinquente. (*Derecho Penal*, p. 138, nota 3)

outros sistemas de controle social também utilizam a punição como instrumento de atuação. É o caso da religião e da moral (em que a punição não é aplicada de modo estruturado e por um ente estatal especificamente voltado para essa finalidade). Mesmo no campo jurídico, outros ramos do direito também trabalham com a punição, como o Direito Administrativo sancionador e o próprio Direito Civil. Entretanto, em nenhum dessas formas de controle social, há um grau de formalização tão grande quanto no Direito Penal, no qual o exercício do *jus puniendi* está sujeito a vários limites estabelecidos pelas garantias conferidas ao indivíduo delinquente. No Direito Penal, afirma Hassemer:[145]

> A pena se torna diferenciada e se ameaça e se mede publicamente; deve se manter dentro dos limites do direito Penal de fato e da proporcionalidade; só pode ser imposta através de um procedimento com incontáveis garantias. Em resumo: mediante a pena estatal não somente se realiza a luta contra o delito, mas também a juridicidade, a formalização do modo de sancionar o delito. Não apenas faz parte do caráter de pena a função de resposta à desviação, (o Direito Penal não é apenas uma parte do controle social); a juridicidade dessa resposta (o Direito Penal se caracteriza por suas possibilidades de formalização) também pertence ao caráter da pena.

A diferença entre uma sanção de natureza criminal e uma de natureza administrativa reside, muito mais do que numa abstrata diferença de essência ou quantidade das sanções, no modo pelo qual se chega à definição das sanções, isto é, ao processo. Com efeito, no âmbito do Direito Penal, mais do que mero instrumento pelo qual se verifica a existência ou não dos pressupostos do exercício do poder punitivo do Estado, o processo é também, em si mesmo, uma garantia fundamental do indivíduo e um verdadeiro pressuposto de aplicação da pena.

A dizer, o poder punitivo estatal, como expressão da soberania, somente surge através do processo penal, e é exatamente essa a característica mais marcante a distinguir uma sanção de natureza criminal de uma sanção administrativa. Nesse aspecto, a melhor demonstração talvez seja a análise dos ilícitos no campo ambiental. É que a Lei n. 9.605/96 dispõe, em seu art. 70, que se considera "infração administrativa ambiental toda ação ou omissão que viole as regras jurídicas de uso, gozo, promoção, proteção e recuperação do meio ambiente", de modo que, a rigor, todas as condutas descritas nos diversos artigos do referido diploma legal não são "apenas" crimes, mas são também ilícitos administrativos, podendo ser sancionados autonomamente em cada uma dessas áreas. Assim, é possível imaginar que uma mesma

---

[145] *Apud* SILVA SÁNCHEZ, Jesús-Maria. *Aproximação ao Direito Penal contemporâneo*. São Paulo: Revista dos Tribunais, 2011, p. 384.

conduta, v.g, cortar árvores em floresta de preservação permanente sem autorização da autoridade competente (art. 39), possa ser punida pela imposição de duas multas, uma de natureza criminal, aplicada pela autoridade judiciária (pena pecuniária aplicada após o devido processo legal criminal) e outra de natureza administrativa, aplicada pelo órgão ambiental encarregado da fiscalização.

Nessa hipótese, as sanções penais e administrativas poderão ser rigorosamente as mesmas, tanto no aspecto qualitativo (natureza da sanção) quanto no aspecto quantitativo (valor da multa). Aliás, não raro a multa administrativa é fixada em valor até mais alto do que a criminal. Assim, a diferença principal entre as duas sanções não está na maior gravidade da pena criminal ou na natureza das sanções. Com efeito, a diferença neste caso residirá no *iter* procedimental a ser percorrido até a aplicação da sanção. De fato, apesar de a lei prever a necessidade da existência de um processo administrativo em que sejam garantidos o contraditório e a ampla defesa para a imposição de uma multa administrativa (Lei n. 9.605/96, art. 70, § 4º), o fato é que o contraditório e a ampla defesa em processos administrativos são substancialmente diferentes daqueles garantidos (ou melhor, *exigidos* como requisito de validade) no âmbito de um processo criminal. Basta lembrar que a defesa administrativa não necessita ser feita por advogado (nos termos da Súmula Vinculante n. 5/STF, a falta de defesa técnica por advogado no processo administrativo não ofende a Constituição Federal, desde que seja concedida a oportunidade de ser efetivado o contraditório e a ampla defesa), ao passo que, num processo criminal, a ausência de defesa técnica torna todo o processo irremediavelmente nulo.

As características fundamentais do modelo clássico de direito penal, portanto, são a completa vinculação do poder punitivo à lei, através da legalidade estrita, e a da formalização do exercício do poder punitivo. Esses elementos caracterizam um modelo voltado essencialmente à garantia dos cidadãos contra eventuais abusos e arbitrariedades por parte do poder público. O modelo de direito penal que emergiu da ilustração, portanto, tem como principais fundamentos a legalidade estrita e seu elevado grau de formalização, que redunda na estrita jurisdicionalidade, isto é, na necessidade de atendimento das formas procedimentais legalmente previstas. A relação entre essas duas garantias não poderia ser mais próxima, visto que, como afirma Ferrajoli:[146]

---

[146] FERRAJOLI, Luigi. *Direito e razão*, p. 95.

A legalidade estrita garante a verificabilidade e a falseabilidade dos tipos penais abstratos, assegurando, mediante as garantas penais, a denotação taxativa da ação, do dano e da culpabilidade, que foram seus elementos constitutivos. Enquanto isso, a estrita jurisdicionalidade garante a verificação e a falseabilidade dos tipos penais concretos, assegurando, mediante as garantias processuais os pressupostos empíricos do ônus da prova a cargo da acusação e do direito de contestação por parte da defesa. Legalidade estrita e estrita jurisdicionalidade resultam, assim, mediadas e conectadas, a primeira como pressuposto da segunda, pelo princípio cognitivo da significação normativa e da certeza probatória, no sentido declarado no capítulo precedente, de que o juiz comprova ou prova como verdadeiro (que se cometera um delito) apenas (se o fato comprovado ou provado corresponder a) o que estiver taxativamente denotado na lei como delito.

Trata-se de um modelo de estado que desconfia continuamente de que o imenso poder conferido pelo instrumento do direito penal representa uma tentação grande demais para ser deixado livre de amarras, razão pela qual se busca garantir os direitos dos indivíduos mediante a restrição e limitação dos poderes estatais em matéria penal. Daí tal modelo ser também conhecido como modelo garantista, valendo notar que, para Ferrajoli,

"Garantismo", designa um *modelo normativo de direito:* precisamente, no que diz respeito ao direito penal, o modelo de "estrita legalidade" SG, próprio do *Estado de direito,* que sob o plano epistemológico se caracteriza como um sistema cognitivo ou de poder mínimo, sob o plano político se caracteriza como uma técnica de tutela idônea a minimizar a violência e maximizar a liberdade e, sob o plano jurídico, como um sistema de vínculos impostos à função punitivista do Estado em garantia dos direitos dos cidadãos.[147]

Este é, por excelência, o modelo de intervenção penal que caracteriza do chamado direito penal clássico, fundado na tutela das liberdades individuais. Tratando-se de um modelo teórico, e não de uma descrição empírica de algo concretamente existente em um momento histórico, anterior ou atual, é mais apropriado falar em graus de garantismo dos diversos sistemas do que em sistemas garantistas ou não garantistas.

4.3. A intervenção mínima (direito penal mínimo)

Do que até agora foi exposto, ficou evidenciada a íntima ligação entre o modelo garantista e o direito penal mínimo. Não há consenso quanto ao que efetivamente caracteriza o direito penal mínimo, mas é certo que essa é uma ideia que perpassa toda a noção do modelo garantista e tem como pressuposto a busca pela limitação ao máximo da

---

[147] FERRAJOLI, Luigi. *Direito e razão,* p. 786.

intervenção penal do Estado, tendo em conta que toda pena configura uma lesão a um bem jurídico fundamental do acusado. O direito penal mínimo é, portanto, um modelo de direito penal próprio da visão liberal e individualista que foi construída a partir dos ideais libertários da Ilustração. A compreensão desse modelo e a identificação de suas características é tarefa que pode ser mais bem concretizada a partir da análise das ideias de seus dois mais destacados teóricos: Luigi Ferrajoli e Alessandro Baratta.

Ferrajoli caracteriza o direito penal mínimo como aquele em que o direito penal é condicionado e limitado ao máximo, correspondendo "não apenas ao grau máximo de tutela das liberdades dos cidadãos frente ao arbítrio punitivo, mas também a um ideal de *racionalidade e certeza*".[148]

Para Alessandro Baratta,[149] o direito penal mínimo configura uma estratégia voltada à máxima contenção da violência punitiva e se fundamenta nas seguintes proposições: 1) A pena criminal é tida como uma violência institucionalizada, por representar uma limitação a direitos e a necessidades fundamentais dos indivíduos; 2) os órgãos encarregados da persecução penal (legislador, Polícia, Ministério Público, juízes, órgãos de execução) não representam nem tutelam interesses de toda a sociedade, mas atuam principalmente na defesa de interesses dos grupos hegemônicos; 3) a justiça penal atua de forma altamente seletiva, seja no que diz respeito à eleição dos bens a serem tutelados, seja no que diz respeito ao processo de criminalização e ao recrutamento da clientela do sistema, destinado precipuamente às classes mais baixas da sociedade; 4) o sistema punitivo produz mais problemas do que pretende resolver, pois, ao invés de solucionar os conflitos, agrava-os pela imposição da pena, de modo que eles tornam-se piores do que eram originariamente; 5) o sistema punitivo é, por natureza, absolutamente inadequado para cumprir as funções que costumeiramente se assinala à pena (ressocialização, prevenção geral e específica)

A ideia do direito penal mínimo, assim, fundamenta-se numa visão essencialmente cética quanto aos efeitos positivos da atividade estatal ligada à persecução penal, que é, em si, tida como um mal não

---

[148] FERRAJOLI. Luigi. *Direito e razão*, p. 102.

[149] BARATTA, Alessandro. Princípios do direito penal mínimo. Para uma teoria dos direitos humanos como objeto e limite da lei penal. Texto publicado orginalmente na *Revista "Doutrina Penal"* n. 10-40, Buenos Aires, Argentina: Depalma, 1987. pp. 623-650, traduzido para fins acadêmicos por Francisco Bissoli Filho. Disponível em <http://danielafeli.dominiotemporario.com/doc/ALESSANDRO%20BARATTA%20Principios%20de%20direito%20penal%20minimo.pdf>. Acesso em 9.12.2012.

só no momento da criminalização primária das condutas, mas também na investigação dos crimes, no processo judicial e na execução das penas.

Daí por que, segundo essa visão, configurando o processo penal e a cominação das penas em si mesmos uma violência, é necessário reduzir ao máximo as hipóteses de sua utilização, que devem tanto quanto possível limitar-se ao mínimo necessário à manutenção da configuração social. Essa necessidade de redução da intervenção penal tem reflexos no campo da legislação, servindo de guia ao legislador, para que a criminalização de condutas tenha como pressuposto material mínimo uma lesão ou ameaça de lesão a um bem jurídico, mas também tem aplicação privilegiada durante a persecução penal, vinculando estritamente a atuação dos órgãos administrativos e judiciais ligados à persecução penal.

Do que foi exposto, evidencia-se que o modelo garantista parte de algumas premissas que o moldam. Díez Ripollés[150] aponta quatro premissas principais do "direito penal mínimo":

1. O reconhecimento de que os instrumentos específicos da intervenção penal (norma penal e pena) somente têm eficácia social limitada, sempre dependente do contexto mais amplo em que elas se inserem. O Direito Penal, assim, não pode ser tido como meio de promoção de mudanças dos valores sociais vigentes, dado que:

> Sólo en tanto en cuanto el subsistema de control penal coincidiera en sus objetivos con los pretendidos por el resto de los subsistemas de control social -familia, escuela, vinculaciones comunitarias, medio laboral, relaciones sociales, opinión pública...- y en la medida en que interaccionara recíprocamente con ellos, habría garantías de que la intervención penal pudiera condicionar los comportamientos sociales.[151]

2. Uma deliberada redução do âmbito de intervenção penal à tutela daqueles valores tidos como mais importantes e essenciais para a convivência social. A sanção penal, dada sua gravidade, não pode ser vulgarizada, devendo necessariamente ser reservada àqueles comportamentos que afetem os mais importantes bens jurídicos de uma comunidade, de modo que, somente naqueles casos em que as outras instâncias de controle social (moral, religião etc.) ou os outros ramos do direito (especialmente o Civil e o Administrativo sancionador) não

---

[150] RIPOLLÉS, José Luis Díez. El nuevo modelo penal de la seguridad ciudadana. *Revista Electrónica de Ciencia Penal y Criminología*. 2004, núm. 06-03.

[151] RIPOLLÉS, José Luis Diéz. Op. cit., p. 2. "Somente na medida em que o subsistema de controle penal coincidir em seus objetivos com os pretendidos pelo resto dos subsistemas de controle social -família, escola, vinculações comunitárias, meio laboral, relações sociais, opinião pública... – e na medida em que se inter-relaciona reciprocamente com eles, é que haveria garantias de que a intervenção penal poderá condicionar os comportamentos sociais". (tradução nossa)

puderem adequadamente oferecer proteção ao bem jurídico, é que será possível lançar mão da tutela penal. No modelo garantista, assim,

> Se convierte en lugar común que el derecho penal sólo debe actuar frente a las infracciones más graves a los bienes más importantes, y ello sólo cuando no existan otros medios sociales más eficaces. Ello conlleva el olvido de todo tipo de pretensiones encaminadas a salvaguardar a través del derecho penal determinadas opciones morales o ideológicas en detrimento de otras.[152]

3. O modelo garantista é cético quanto à possibilidade de o poder público exercer o *jus puniendi* de maneira equilibrada, o que faz com que o acusado seja cercado de uma série de garantias destinadas a protegê-lo contra eventuais abusos dos encarregados da persecução penal. Essa desconfiança quanto ao exercício do poder faz com que uma pena somente possa ser imposta após o cumprimento de uma série de requisitos rígidos, materializados em garantias materiais e processuais em favor dos cidadãos e limitadores da atividade persecutória do Estado. Nesse contexto, a proteção do cidadão – delinquente ou não – é alçada ao mesmo patamar de importância que a tutela dos bens jurídicos feita pelo Direito Penal.

> El temor a un uso indebido del poder punitivo conferido al estado, que pudiera terminar afectando al conjunto de los ciudadanos, permea todo el armazón conceptual del derecho penal garantista, desde los criterios con los que se identifican los contenidos a proteger a aquellos que seleccionan las sanciones a imponer, pasando por los que se ocupan de estructurar un sistema de exigencia de responsabilidad socialmente convincente.[153]

4. O reconhecimento de que as sanções penais devem estar submetidas a alguns limites transcendentes que se sobrepõem às necessidades preventivo-repressivas. Trata-se, aqui, de reconhecer que, por mais que seja necessário recorrer ao Direito Penal como forma de coibir certos comportamentos lesivos ou ameaçadores aos bens jurídicos fundamentais, essa necessidade não pode sobrepor-se à dignidade da pessoa do condenado, que não pode ser "coisificado", sendo tratado como mero instrumento de política criminal, exemplo para outros num exercício de busca por um efeito preventivo geral que acabe por solapar a humanidade das penas e a dignidade da pessoa humana. As penas, assim, além de respeitarem a dignidade do condenado, devem ser proporcionais à gravidade do crime, fomentando, tanto quanto possível, a ressocialização do criminoso.

---

[152] RIPOLLÉS, José Luis Diéz. Op. cit., p. 3.

[153] Idem, p. 5.

A ideia do direito penal mínimo está umbilicalmente ligada à necessidade de buscar a justificação e a legitimação do direito penal, visto que, se o que se pretende é reduzir a intervenção penal ao mínimo necessário, fica evidente que, antes de mais nada, é preciso definir qual a finalidade última que se pretende alcançar. A dizer, para pensar em um direito penal nuclear, reduzido ao "mínimo necessário", antes é preciso definir *para que será necessário o direito penal*.

A resposta a essa questão é uma das mais intensas fontes de controvérsias em direito penal, quer seja ela buscada na justificação da pena, quer seja buscada na justificação do próprio direito penal como meio de controle social. Em relação às justificações para a pena, as respostas variam desde as teorias retributivas (a pena é imposta como um mal infligido ao réu para compensar o mal que ele causou) até as teorias relativistas (a pena é um meio para prevenir a prática de outros crimes quer pelo condenado quer pelo restante da sociedade), passando ainda por inúmeras teorias ecléticas.

Sob a ótica da finalidade do direito penal, a amplitude da controvérsia é igualmente significativa, com teorias que vão desde a afirmação iluminista de que o fim do direito penal é a proteção de direitos subjetivos, passando pela proteção aos interesses do Estado na segunda metade do século XIX, até a afirmação funcionalista radical de que o direito penal serve para tutelar a vigência das normas (Jakobs). Por outro lado, já afirmamos que neste estudo adotamos a posição funcionalista teleológica defendida por Roxin, para quem a finalidade do direito penal é a proteção de bens jurídicos. Não cabe neste momento aprofundar essas questões, porquanto assim enveredaríamos por um caminho que nos distanciaria muito do cerne da discussão acerca do direito penal mínimo, de modo que, por ora, é suficiente fazer referência ao fato de que, para Ferrajoli,[154] num modelo garantista de direito penal, a justificação das penas deve superar o que ele denomina de "falácias naturalista e normativista", o que pressupõe sejam respeitados dois requisitos.

O primeiro se liga à valoração dos fins penais justificadores e dos meios a serem justificados. Para evitar uma manipulação discursiva e autoritária do discurso penal, deve o fim justificador ser buscado fora do direito (finalidade extrajurídica do direito penal), e os meios utilizados pelo direito penal para alcançar tal finalidade devem ser reconhecidos como um mal, ou seja, como uma prática que inexoravel-

---

[154] FERRAJOLI, Luigi. Derecho penal minimo. In: RAMÍREZ, Juan Bustos (dir.). *Prevención y teoria de la pena*. Santiago de Chile: Editorial Jurídica Conosur, 1995, p. 30 e ss.

mente acarreta um custo humano e social e, por isso, precisa de uma justificação para ser aceita. Por isso,

> [...] ni el delito ha de ser considerado como un mal en sí *(quia prohibitum)*, ni la pena lo será como un bien o un valor en sí *{quia peccatum)*. La justificación de las penas debe entonces suponer la de las prohibiciones penales, de forma que dicha justificación no puede ser ofrecida sin una preventiva fundación ético-política de los bienes materiales merecedores de protección penal.[155]

O outro requisito para a justificação das finalidades das penas num modelo garantista de direito penal diz respeito às relações entre os meios e os fins penais. Para evitar que o discurso de justificação se transforme num discurso vazio, apto a legitimar qualquer intervenção feita pelo poder, é necessário que os meios utilizados para a intervenção penal sejam congruentes com os fins propostos, isto é, os meios eleitos para a intervenção penal (v.g, a tipificação das condutas, a definição das penas mínima e máxima, o modelo procedimental etc.) devem ser adequados para atingir a finalidade eleita. Além disso, é preciso que os fins sejam proporcionais aos meios, de modo que "se pueda justificar no sólo la necesidad sino también la naturaleza y la medida como mal o costo menor en relación con la fallida satisfacción del fin".[156]

Um modelo justificador que atenda a esses dois requisitos terá condições de não somente fundamentar um modelo racional de intervenção penal, dirigido ao ideal do direito penal mínimo, mas também poderá cumprir uma função crítica, deslegitimando os modelos justificadores existentes que não atendam a tais requisitos.

O direito penal mínimo, assim, surge como um consectário do modelo de direito penal garantista, oriundo do pensamento iluminista, fundado numa noção liberal de proteção às esferas de liberdade do indivíduo.

Trata-se de um modelo nitidamente tributário do estado liberal, em que a tarefa de proteção dos direitos fundamentais é cumprida pela criação de barreiras à atuação do Estado, já que os direitos fundamentais são entendidos precipuamente pela sua perspectiva negativa – os direitos de proteção.

---

[155] FERRAJOLI, Luigi. Op. cit., p. 30. "[...] nem o delito deve ser considerado como um mal em si *(quia prohibitum)*, nem a pena o será como um bem ou um valor em si *(quia peccatum)*. A justificação das penas deve então pressupor a das proibições penais, de forma que dita justificação não possa ser oferecida sem uma prévia fundamentação ético-política dos bens materiais merecedores de proteção penal". (tradução nossa)

[156] Idem, p. 31. "se possa justificar não só a necessidade, mas também a natureza e a extensão como mal ou custo menor em comparação com a falha satisfação do fim". (tradução nossa)

4.4. Conteúdo jurídico da intervenção mínima: subsidiariedade, fragmentariedade e lesividade

A intervenção mínima é um comando dirigido ao legislador e aos operadores do direito, num programa de restrição do exercício do poder punitivo ao mínimo necessário. Nessas condições, trata-se de um conceito que tem um conteúdo político, ligado a um programa político-criminal de redução do campo de aplicação do direito penal, e um conteúdo jurídico, que consiste especificamente no sentido de um dever-ser. É do último sentido de que nos ocuparemos, buscando estabelecer o conteúdo normativo do princípio da intervenção mínima.

Desde logo, cumpre ressaltar que, do ponto de vista jurídico, a intervenção mínima é uma norma com natureza de princípio, segundo a concepção aqui adotada. É que, a rigor, a intervenção mínima configura um mandamento de otimização cuja aplicação depende das condições fáticas e jurídicas, com limites estabelecidos a partir da colisão com os princípios colidentes, tais como os relativos aos interesses político-criminais e à proteção dos bens jurídicos tutelados pelo direito penal.

O princípio da intervenção mínima, todavia, formulado nesses termos amplos, perde em grande medida seu caráter normativo, convertendo-se quase num mero programa abstrato de ação, uma espécie de carta de intenções. Por isso é necessário que a este conceito sejam agregados outros dele decorrentes, de modo a possibilitar a verificação de como concretamente a intervenção mínima opera no âmbito do direito penal. Nesse sentido é que, numa aproximação do conteúdo normativo do princípio da intervenção mínima, chega-se àquelas características do direito penal que são apontadas como decorrência da intervenção mínima: a subsidiariedade, a fragmentariedade, a lesividade e a exclusiva proteção de bens jurídicos.

4.4.1. Subsidiariedade

O caráter subsidiário do Direito Penal é a mais evidente consequência do princípio da intervenção mínima e está ligado à ideia de que o direito penal, em razão do caráter especialmente gravoso de seus meios de atuação, somente deve ser utilizado quando não houver outros meios menos danosos à disposição. Por isso, em virtude do caráter subsidiário do direito penal, afirma-se que, sempre que for suficiente a cominação de uma sanção de natureza civil ou administrativa para a tutela de um determinado bem jurídico, seria ilegítima a utilização do direito penal. A ideia fundamental da subsidiariedade é que os bens jurídicos tutelados pelo direito penal não somente devem ser protegidos *pelo* direito penal, mas também *contra* o direito penal.[157]

O caráter subsidiário do direito penal, por vezes, é entendido como a ausência de autonomia frente a outros ramos do direito. Com efeito, alguns autores, como Jimenes de Asúa, Grispigni e Binding,[158] defendem a tese de que o direito penal não é autônomo, visto que o criminoso com sua conduta infringe o ordenamento jurídico, mas cumpre exatamente aquilo que é previsto na lei penal, que serve unicamente para determinar a sanção aplicável, o que os leva a concluir ser a tutela penal sempre acessória e secundária, porquanto ligada aos objetivos de tutela de outros ramos do direito. Para esses autores, assim, a subsidiariedade teria o sentido de acessoriedade do direito penal.

Não obstante isso, a subsidiariedade não implica a ausência de autonomia, ou pelo menos não implica uma total falta de autonomia. De fato, o direito penal tem exigências próprias, finalidades particulares ligadas à política criminal que nem sempre têm ligação direta com outros ramos do direito, de sorte que o alegado caráter secundário não é uma característica essencial do direito penal. Nesse aspecto, parece correta a tese de Muñoz Conde de que o direito penal é, em princípio, independente frente aos demais ramos do direito em relação a seus *efeitos* e apenas relativamente independente em relação a seus pressupostos. De fato, há crimes que são decorrentes de uma apreciação tipicamente penal, isto é, condutas valoradas de forma autônoma e específica pelo direito penal, independentemente de disposições de outros ramos do direito, como a dignidade sexual, por exemplo. Por outro lado, há crimes que decorrem nitidamente da necessidade de garantirmaior eficácia à tutela jurídica de direitos decorrentes de outros ramos, como ocorre em relação aos crimes contra o patrimônio ou contra o estado civil, em que se tutela, a rigor, direitos essencialmente pertencentes ao campo do direito civil que, por sua valoração, acabaram por necessitar de uma proteção mais forte do que aquela que as sanções de natureza civil lhes proporciona. Hipótese especialmente marcante dessa utilização do direito penal como meio de garantir uma melhor tutela de direitos típicos de outros ramos do direito é a que se dá com o direito administrativo, já que têm sido extremamente comuns os casos em que o legislador penal, ao tipificar condutas,

---

[157] MUÑOZ CONDE, Francisco. *Introducción al derecho penal.* 2ª ed. Buenos Aires: Editorial B de F, p. 123.

[158] *Apud* MUÑOZ CONDE. Op. cit., *passim.*

elege como fatos típicos a violação de regulamentos e normas administrativas, notadamente, no campo ambiental, a falta de autorização do órgão competente, elemento típico da grande maioria dos tipos penais ambientais.

Na forma como o conceito é tratado pela doutrina penal atual, a subsidiariedade possui dois significados: um positivo, ligado à necessidade da tutela penal (isto é, à inexistência de outro meio menos gravoso para a tutela do bem jurídico), e um negativo, que equipara a subsidiariedade à *ultima ratio*, noção mais ligada à ideia de limite instransponível para o exercício do poder punitivo. Com efeito, enquanto a noção de necessidade é neutra com relação à amplitude da intervenção penal, a *ultima ratio* está ligada mais fortemente a um objetivo de restrição do direito penal que somente deve ser utilizado em situações graves para as quais não existam outras alternativas.

A subsidiariedade, assim, configura uma norma de competência que, ao mesmo tempo em que impõe limites ao estado, excluindo do campo penal as competências negativas, fundamenta as competências positivas.[159]

4.4.2. Fragmentariedade

O caráter fragmentário do direito penal decorre da sua subsidiariedade. Com efeito, na medida em que nem todos os bens e valores relevantes de uma sociedade são protegidos pelo direito penal, mas só aqueles que necessitem especificamente da tutela penal, com toda a carga simbólica que a sua formalização carrega, chega-se ao fato de que a tutela penal atua de maneira seletiva, excluindo de seu campo de incidência aqueles bens e valores que não sejam expressamente indicados pelo legislador. A imagem mais comumente utilizada para ilustrar a noção de fragmentariedade é a que descreve os crimes como ilhas isoladas ou, no máximo, arquipélagos no mar da licitude. Nesse sentido, Binding, criador do conceito, afirmava, em passagem datada de 1902, que o legislador deixa que as ondas da vida diária tragam a seus pés as condutas que ele recolhe para converter em pressupostos de fato de delito, porque resultam insuportáveis.[160]

---

[159] PRITTWITZ, Cornelius. El derecho penal alemán: fragmentário? Subsidiário? Ultima ratio? Reflexiones sobre la razón y límites de los principios limitadores del Derecho penal. In: INSTITUTO DE CIENCIAS CRIMINALES DE FRANKFURT. *La insostenible situación del Derecho Penal.* Granada: Editorial Comares. 2000, p. 431.

[160] Cf. PRITTWITZ, Cornelius. *El derecho penal alemán*: fragmentário? Subsidiário? *Ultima ratio?*, p. 428.

Assim, nem todas as ações socialmente reprováveis, perigosas ou mesmo lesivas aos bens jurídicos serão, só por esse motivo, objeto da tutela do direito penal. O direito penal é um instrumento que somente deve ser utilizado para punir as condutas mais graves, que causem dano ou ponham em risco os bens mais relevantes. Diz-se, portanto, que, de todo o enorme leque de bens, interesses e valores protegidos pelo ordenamento jurídico, o direito penal somente cuida de uma parte, ou seja, de *fragmentos*.

Esse princípio guarda íntima ligação com a legalidade estrita, pois afirmar que o direito penal possui caráter fragmentário nada mais é do que declarar que a tutela penal se limita aos fragmentos da realidade que o legislador, clara e expressamente, previu na lei penal como sendo proibidos.

Vale notar que, segundo afirma Muñoz Conde,[161] o caráter fragmentário do direito penal se manifesta sob três formas nas atuais legislações penais: a) limitando a intervenção penal a ataques que sejam dotados de especial gravidade, o que se evidencia pela indicação no tipo penal de elementos subjetivos específicos (exigência de um especial fim de agir, exclusão da modalidade culposa etc.); b) tipificando apenas uma pequena parcela dos ilícitos previstos em outras áreas do direito e c) excluindo do âmbito criminal ações que digam respeito unicamente a atos atentatórios à moral, sem lesionar significativamente qualquer bem jurídico.

4.4.3. Lesividade

A lesividade ou ofensividade liga-se à necessidade de as condutas tipificadas como crime representarem, materialmente, uma lesão ou pelo menos uma ameaça de lesão aos bens jurídicos tutelados. Esse fundamento do direito penal dirige-se tanto ao legislador, que não deve tipificar condutas que não representem ofensa ou ameaça a um bem jurídico, quanto ao juiz, que deve verificar no caso concreto se a conduta do agente não só é formalmente adequada ao tipo legalmente previsto, mas também se ela representa uma efetiva lesão ou ameaça ao bem jurídico tutelado, sob pena de afastar a caracterização do crime em razão da insignificância.

O princípio da ofensividade tem evidente conteúdo liberal, configurando inequívoca limitação ao poder punitivo do estado e relacionando-se intimamente com o caráter fragmentário do direito penal, na

---

[161] Muñoz Conde. *Introducción al derecho penal*. 2ª ed. p. 123.

medida em que exclui da esfera de incriminação legítima aquelas condutas que não são aptas a efetivamente lesionar (ou ameaçar concretamente) os bens jurídicos cuja tutela é fundamento do direito penal. A adoção de um direito penal pautado pelo princípio da ofensividade configura uma opção por um estado laico, tolerante, pluralista, comprometido com os direitos fundamentais, em especial com aqueles relacionados à tutela do indivíduo. Vale notar que a esse modelo de direito penal fundado no princípio da ofensividade se opõe o direito penal dos estados autoritários. Nesse sentido, lembra Fábio Roberto D`Avila[162] que o direito penal da Alemanha nazista era pautado não na ofensividade, mas nas noções de violação de um dever e de obediência ao estado, a chamada *violação do vínculo ético*, num modelo em que o estado substitui o indivíduo como centro gravitacional do direito penal, levando ao abandono das noções de liberdade individual em prol dos deveres morais para com a comunidade. Nesse modelo, era suficiente à caracterização do crime qualquer manifestação ou sintoma de uma vontade delituosa, de modo que, na Alemanha nazista,

> A censura jurídico-penal antes estabelecida no *fato*, encontra guarida na própria figura do autor, na manifestação de sua vontade de delinquir. O direito penal torna-se, nestes termos, em contraste com o *Erfolgstrafrecht* (direito penal do resultado), um intenso *Willensstrafrecht* (direito penal da vontade)[163]

A ofensividade representa tanto um limite objetivo, relacionado a condutas que, por sua inaptidão lesiva, não podem ser objeto do direito penal, quanto um limite subjetivo, na medida em que veda a antecipação da tutela penal para um momento anterior ao do início do ataque ao bem tutelado, ou seja, impede que a mera intenção do agente possa gerar sua punição. No aspecto subjetivo, o princípio da ofensividade também se dirige tanto ao legislador como ao juiz, visto que, como afirmam Dolcini e Marinucci, citados por Alice Bianchini:[164]

> A garantia dos direitos de liberdade do cidadão impede, de fato, o *legislador* de antecipar o recurso à sanção penal ao momento em que se manifestam, de qualquer modo, vontade ou personalidade hostis à lei, impondo-lhe que espere a verificação de lesões tangíveis ou ameaça à integridade desta ou daquela realidade ou relação existente no mundo exterior. Se, todavia, a obra do legislador se traduzir em uma formulação com possíveis e múltiplos significados literais que abarquem, de tal sorte, também comportamentos não lesivos nem perigosos para o bem jurídico a proteger, caberá ao

---

[162] D'AVILA, Fábio Roberto. *Ofensividade em direito penal. Escritos sobre a teoria do crime como ofensa a bens jurídicos.* Porto Alegre: Livraria do Advogado, 2009, p. 50.

[163] Idem, p. 52.

[164] *Apud* BIANCHINI, Alice. *Pressupostos materiais mínimos da tutela penal.* São Paulo: RT, 2002, p. 55.

intérprete garantir os direitos de liberdade do cidadão, reconduzido a repressão penal aos limites estabelecidos pelo princípio da ofensividade.

A noção de que o direito penal somente se legitima se tiver como objeto condutas que causem lesão ou que representem uma ameaça de lesão a bens jurídicos põe em relevo o papel desempenhado pela noção de bem jurídico no modelo clássico de direito penal.

5. O bem jurídico-penal

O direito penal é um sistema social destinado essencialmente à proteção das condições básicas de convivência social, pela proibição de certos comportamentos que representem risco a essas condições. O que se busca por meio da norma penal, assim, é motivar os indivíduos a não causar dano nem colocar em perigo as condições de convivência consideradas relevantes. Por isso é que Muñoz Conde[165] aponta a *proteção* e a *motivação*, ou melhor, a proteção através da motivação como funções inseparáveis e interdependentes das normas penais, de modo que "la protección supone la motivación y sólo dentro de los límites, en los que la motivación puede evitar determinados resultados, puede alcanzarse la protección de las condiciones elementales de convivencia".[166] Daí se conclui que aquilo que a norma protege é o bem jurídico.

5.1. Intervenção mínima e exclusiva proteção aos bens jurídicos

O princípio da intervenção mínima se concretiza no plano normativo pelos subprincípios da subsidiariedade, fragmentariedade e lesividade, características marcantes do direito penal mínimo. Nesse modelo, como visto, o direito penal é reconhecido como um mal necessário que somente se legitima quando o bem que ele puder causar seja superior aos males que sua utilização inegavelmente produz.

O conceito de bem jurídico-penal, portanto, assume papel fundamental na concretização da intervenção mínima, não sendo exagero

---

[165] MUÑOZ CONDE, Francisco. *Introducción al Derecho Penal*, p. 89.

[166] "A proteção supõe a motivação e somente dentro dos limites nos quais a motivação pode evitar determinados resultados é que se pode alcançar a proteção das condições elementares de convivência". (tradução nossa)

afirmar que ele é o fio condutor que faz a ligação dos três subprincípios nos quais se desdobra a intervenção mínima.

Com efeito, a partir da ideia de que o direito penal tem como missão e fundamento a tutela de bens jurídicos, pode-se coerentemente estruturar os princípios da fragmentariedade, da lesividade e da subsidiariedade de forma a dar concreção à intervenção mínima, permitindo responder aos questionamentos acerca da legitimidade da intervenção penal.

Um direito penal orientado para a redução da violência (inclusive a estatal) funcionaria mais ou menos segundo o seguinte esquema: inicialmente, seriam escolhidos os bens jurídicos merecedores da tutela penal, num movimento que indicaria os fragmentos da realidade penalmente relevantes, revelando a *fragmentariedade* do sistema penal. Entretanto, o reconhecimento de que determinados bens são merecedores da tutela penal não é ainda suficiente para, por si só, legitimar a intervenção do direito penal. É que se faz necessário que tais bens sejam atacados por condutas aptas a lhes causar uma lesão ou que, pelo menos, representem uma ameaça concreta de lesão a tais bens, o que constitui a faceta da *lesividade*. Em seguida, verificada a existência de um bem com dignidade jurídico-penal que tenha sofrido um ataque relevante, há ainda um requisito negativo a ser superado, qual seja, a inexistência de outro meio menos gravoso para a tutela do bem, em atenção à *subsidiariedade* da intervenção penal. Uma tutela penal que atenda a esse tríplice critério estaria, *a priori*, legitimada ante o fim último do direito penal, qual seja, a proteção de bens jurídicos relevantes.

O bem jurídico-penal, assim, é o eixo central da legitimação de um modelo garantista de direito penal, voltado à tutela dos direitos do indivíduo frente ao estado, na medida em que é, por intermédio desse conceito, que se torna possível avaliar a proporcionalidade da intervenção penal, dada a correlação entre o bem jurídico tutelado pela norma e a pena aplicada. É pela teoria do bem jurídico que o sistema dogmático do direito penal se liga aos dados ontológicos que lhe fornecem legitimidade. A dizer, ao fornecer uma base empírica para o direito penal, a teoria do bem jurídico cria uma ponte entre o sistema dogmático do direito penal (na sua dimensão analítica) e suas consequências no mundo dos fatos, o que confere a essa teoria um acentuado potencial crítico do sistema legal. Afirma Polaino Navarrete:[167]

> Destacar o valor do bem jurídico no direito penal constitui tarefa tão supérflua como desnecessária. O reconhecimento daquele representa um pressuposto básico e

---

[167] *Apud* PRADO, Luiz Régis. *Bem jurídico-penal e constituição*. 4ª ed. São Paulo: RT, 2009, p. 22.

preeminente em sua justificação. Um direito penal que *ab initio* não se propusera, finalmente, em essência, garantir a proteção dos valores mais transcendentes para a coexistência humana, seria um direito penal carente de base substancial e não inspirado nos princípios de justiça sobre os quais deve se assentar todo o ordenamento jurídico, e, enquanto tal, imprestável para regular a vida humana em sociedade.

Ao mesmo tempo, o conceito de bem jurídico desponta como fundamental num direito penal que se pretenda efetivo, isto é, apto a produzir resultados relevantes do ponto de vista político-criminal. Por isso, a correta identificação daquilo que é o objeto do direito penal, isto é, do bem jurídico penalmente tutelado, é o primeiro passo para a avaliação do nível de resposta que o direito penal consegue gerar, assumindo papel essencial na delimitação do campo de intervenção legítima do direito penal.

5.2. Conceito de bem jurídico-penal

O conceito de "bem" jurídico-penal foi introduzido na discussão dogmática por Birnbaum em 1834, com o declarado propósito de construir uma definição "natural" de delito,[168] que funcionasse de modo independente da previsão formal feita pela legislação e pudesse substituir a ideia de crime como lesão a um direito subjetivo, até então dominante. Segundo anota Schünemann,[169] a primeira etapa da evolução do direito penal moderno, que para ele vai de Beccaria até Birnbaum, levou à construção da ideia (difusa, é verdade) de que era possível desenvolver, a partir do jusnaturalismo, um conceito de crime que não fosse unicamente decorrente da vontade do legislador, mas que estivesse ligado ao dano aos bens, naturais ou sociais, pertencentes aos membros de uma comunidade.

A teoria do bem jurídico seguiu inicialmente uma trilha evolutiva ligada ao aspecto formal, principalmente a partir das concepções positivistas de Binding, que estabeleceu uma correlação entre as normas e os bens jurídicos, afirmando que "toda agressão aos direitos subjetivos se produz mediante uma agressão aos bens jurídicos e é inconcebível sem estes".[170] Para esse autor, legítimo representante do pensamento positivista então dominante, o bem jurídico era definido pelo legislador e tinha a função de ser uma garantia das expectativas

---

[168] Cf. STRATENWERTH, Günter. *Derecho penal. Parte general I. El Hecho punible*, p. 58.

[169] SCHÜNEMANN, Bernd. O princípio da proteção de bens jurídicos como ponto de fuga dos limites constitucionais e da interpretação dos tipos. In: GRECO, Luís. *O bem jurídico como limitação do poder estatal de incriminar?* Rio de Janeiro: Lumen Juris, 2011, p. 36.

[170] *Apud* PRADO, Luiz Regis. *Bem jurídico-penal e constituição*, p. 28.

normativas contra uma eventual fraude decorrente da deturpação na aplicação da norma aos casos concretos. Interessante é notar que, nesse primeiro momento, a ideia de bem jurídico penal estava longe de ser utilizada como um limite ao legislador. Na verdade, o objetivo era exatamente o contrário, isto é, garantir a prevalência das opções político-criminais feitas pelo legislador ante o juiz, especialmente em casos de condutas que atentavam contra valores morais da época. Bem jurídico, assim, era tudo aquilo que, na visão do legislador, era relevante para a ordem jurídica, sendo certo que a resolução do legislador de proteger um determinado bem é que efetivamente era importante.

A teoria do bem jurídico-penal deu um salto qualitativo rumo a uma concepção mais material a partir das teses de v. Liszt, o qual caracterizava o bem jurídico como os "interesses vitais do indivíduo ou da comunidade", mesmo a despeito de defender a tese de que não estava o juiz autorizado a corrigir uma eventual eleição errônea de bem jurídico pelo legislador.[171] De qualquer forma, a partir de v. Liszt começa a se firmar uma concepção de bem jurídico-penal que precede o direito positivo, dele sendo independente, noção esta que era endereçada precipuamente ao legislador, mas que continha o embrião de uma perspectiva crítica da legislação.

Posteriormente, diante da constatação dos enormes riscos gerados por um positivismo cego aos resultados político-criminais, evidenciados pela utilização do direito penal como instrumento de opressão e segregação pela Alemanha nazista, desenvolveu-se, com Jäger e posteriormente com Roxin, uma teoria do bem jurídico crítica à legislação, com a noção de bem jurídico funcionando como um limite ao legislador penal.[172]

O conceito de bem jurídico figura entre os mais controversos do direito penal. Para Stratenwerth,[173] "nenhum dos conceitos fundamentais do direito penal se apresenta numa diversidade de definições mormente (colocaria 'especialmente') não fundamentadas e das quais em parte sequer se consegue dizer quais são suas relações com as demais". Por isso, autores há que conceituam o bem jurídico como um valor cultural que se transforma em bem jurídico quando a confiança em sua existência surge necessitada de proteção jurídica. Baumann, por exemplo, afirma que "o bem jurídico é um valor ideal espiritua-

---

[171] SCHÜNEMANN, Bernd. O princípio da proteção de bens jurídicos como ponto de fuga dos limites constitucionais e da interpretação dos tipos, p. 38.

[172] ROXIN, Claus. Sobre o recente debate em torno do bem jurídico. In: GRECO, Luis. (org.). *O bem jurídico como limitação do poder estatal de incriminar?* Rio de Janeiro: Lumen Juris, 2011, p. 183.

[173] STRATENWERTH, Günter. Sobre o conceito de "bem jurídico". In: idem, p. 102.

lizado".[174] Outros, como Welzel, ressaltam o aspecto objetivo, considerando o bem jurídico-penal um "bem vital da comunidade ou do indivíduo, que por sua significação social é protegido juridicamente".[175] Hassemer, por seu turno, define o bem jurídico como o "interesse humano carecedor de proteção penal", num conceito próximo ao de Maurach, para quem "tornou-se comum denominar esses interesses jurídico-penais protegidos de bens jurídicos".[176] Tal é a diversidade de conceitos que parece assistir razão a Stratenwerth[177] quando, ao criticar a tese do bem jurídico, afirma:

> A pesar de múltiples esfuerzos, hasta hoy no se há logrado esclarecer el concepto de bien jurídico ni siquiera de modo aproximado. Antes bien, todos los intentos hechos al respecto han fracassado por la dificuldad, acaso imposible de superar ya por principio, de hallar uma definición que se ajuste a todos los tipos penales cuya legitimidade esté fuera de cuestión y que, a pesar de ello, aún exprese algo.[178]

Apesar da multiplicidade de concepções acerca do que sejam bens jurídicos e das enormes polêmicas em torno do conceito, até em razão de nossa intenção de aproximar a dogmática penal de suas finalidades político-criminais, aqui adotaremos o conceito de Roxin, para quem os bens jurídico-penais são aqueles "dados ou finalidades necessários para o livre desenvolvimento do indivíduo, para a realização de seus direitos fundamentais ou para o funcionamento de um sistema estatal baseado nessas finalidades".[179]

O bem jurídico digno de tutela penal, portanto, pode ser descrito, segundo a fórmula resumida de Muñoz Conde, como aquele pressuposto de que a pessoa necessita para a autorrealização na vida social.[180] Os mais evidentes são a vida e a saúde, razão da incriminação do homicídio e das diversas formas de lesões corporais e danos físicos. A eles se somam pressupostos destinados a manter a subsistência e aliviar o sofrimento dos indivíduos, os elementos materiais que

---

[174] *Apud* STRATENWERTH, Günter. Op. cit., p. 102.

[175] *Apud* PRADO, Luiz Regis. *Bem jurídico-penal e constituição*, p. 37.

[176] Os conceitos de Hassemer e Maurach constam de uma compilação de 11 diferentes definições feita por Strantenwerth em seu artigo intitulado Sobre o conceito de "bem jurídico". In: GRECO, Luis. (org.). *O Bem jurídico como limitação do poder estatal de incriminar?*, p. 102.

[177] STRATEWERTH, Günter. *Derecho penal. Parte general I. El hecho punible*. 4ª ed. Buenos Aires: Hammurabi, 2005, p. 65.

[178] "Apesar dos múltiplos esforços, até hoje não se conseguiu esclarecer o conceito de bem jurídico nem mesmo de modo aproximado. Ao contrário, todas as tentativas nesse sentido fracassaram ante a dificuldade, talvez impossível de superar já por princípio, de elaborar uma definição que se ajuste a todos os tipos penais cuja legitimidade esteja fora de questão e que, apesar disso, ainda expresse algo". (tradução nossa)

[179] ROXIN, Claus. *Sobre o recente debate em torno do bem jurídico*, p. 186.

[180] MUÑOZ CONDE, Francisco. *Introducción al Derecho Penal*, p. 91.

formam o patrimônio das pessoas (alimentos, roupas, habitação etc.), além de outros pressupostos que permitem a afirmação da autonomia individual e o livre desenvolvimento da personalidade, como a honra, a liberdade etc. Esse grupo de pressupostos diretamente ligados ao indivíduo denomina-se bens jurídicos individuais.

Há, porém, outro grupo de bens jurídicos de natureza um tanto diversa, que não se ligam diretamente a um indivíduo em particular, mas antes estão relacionados a um grupo ou categoria de pessoas que não podem ser individualizadas, formando os chamados bens jurídicos coletivos ou universais. São bens que possuem um caráter difuso (ligados a toda a comunidade) ou coletivo em sentido estrito (ligados a um grupo ou classe de pessoas). São exemplos desta categoria de bens jurídicos a saúde pública, a segurança no trânsito, o funcionamento das instituições e órgãos públicos etc.

Isso não obstante, força é notar que a noção de bem jurídico não é unívoca, sendo possível o desenvolvimento do conceito em duas vertentes diferentes: uma eminentemente dogmática, de caráter descritivo, correspondendo ao interesse protegido pela norma penal. Por outro lado, o conceito pode ser encarado sob uma perspectiva político-criminal, de caráter crítico à legislação, constituindo um limite ao poder punitivo do Estado.

Em geral, a doutrina brasileira trabalha com o conceito de bem jurídico sob a primeira perspectiva, limitando-se os autores a indicar, nos comentários à parte geral do Código Penal, qual o bem jurídico tutelado pela norma (que, no mais das vezes, é chamado de objeto ou objetividade jurídica do crime). Não é sob esta perspectiva que utilizaremos o conceito de bem jurídico neste estudo, visto que, a rigor, o conceito dogmático não fornece qualquer contribuição para o direito penal, seja por seu caráter meramente descritivo da opção legislativa, seja por estar à completa disposição do legislador. O que importa, assim, é verificar se através de tal conceito é possível extrair consequências político-criminais que possibilitem maior controle da racionalidade do direito penal, objeto central da análise que fazemos.

Ademais, cumpre ressaltar que a teoria do bem jurídico-penal deixa aberta a possibilidade de sua utilização como meio de legitimação de incriminações, dando uma aparência de interesse coletivo onde há apenas interesses setorizados e construídos a partir dos interesses específicos dos grupos sociais dominantes. Trata-se do que Muñoz Conde[181] chamou de "perversão" do conceito de bem jurídico, noção oriunda da ideia de que os bens jurídicos tutelados penalmente não

---

[181] MUÑOZ CONDE, Francisco. *Introducción al derecho penal*, p. 92.

são um dado natural, mas são realidades construídas culturalmente, em uma determinada sociedade, em dado momento histórico, de modo que aquilo que o legislador opta por proteger mediante o direito penal depende não somente das necessidades sociais, mas também (e talvez até principalmente) dos interesses dominantes na sociedade. Isso se dá porque o direito penal (como todo o direito) é um reflexo, ainda que assimétrico, das correlações de força existentes na sociedade, o que permite aos grupos e classes mais influentes instrumentalizar a legislação penal em prol de seus próprios interesses. Essa relação, apesar de não se dar de forma direta e inexorável, especialmente em sociedades mais democráticas, não pode ser desconsiderada, visto que, como bem lembra Muñoz Conde,[182] a história está cheia de exemplos de tal perversão do conceito de bem jurídico:

> De este modo se abusa del derecho penal como sistema de represión en defensa de algunas minorías dominantes, poniendo, por ejemplo, la oposición política al margen de la ley, castigando los ataques a los bienes juridicos instrumentales –a la propiedad privada, por ejemplo– con la misma gravedad o incluso más gravemente que los ataques a la vida, a la salud o a la libertad, o considerando como "derechos naturales", inmutables y permanentes, lo que no es más que el interés personal y egoísta de los que detentan el poder.[183]

Por isso, também como forma de evitar cair na armadilha de utilizar um conceito de bem jurídico que apenas sirva, do ponto de vista político-ideológico, como instrumento de legitimação do direito posto, é tarefa essencial da dogmática a elaboração de um conceito material de bem jurídico que torne possível a crítica da noção meramente formal de conduta criminosa, a qual equipara a noção de bem jurídico à de bens eleitos pelo legislador como aptos a serem tutelados pelo direito penal.

Por essas razões, aqui utilizaremos o conceito político-criminal de bem jurídico, possibilitando uma abordagem crítica com a legislação, nos moldes defendidos por Roxin, defensor de um conceito de bem jurídico "que pretende mostrar ao legislador as fronteiras de uma punição legítima".[184]

---

[182] *Introducción al derecho penal*, p. 93.

[183] "Deste modo se abusa do direito penal como sistema de repressão em defesa de algumas minorias dominantes, colocando, por exemplo, a oposição política à margem da lei, castigando os ataques aos bens jurídicos instrumentais –a propriedade privada, por exemplo– com a mesma gravidade ou até mais gravemente do que os ataques à vida, à saúde ou à liberdade, ou considerando como "direitos naturais", imutáveis e permanentes, o que não é mais do que o interesse pessoal e egoísta dos detentores do poder". (tradução nossa)

[184] ROXIN, Claus. *A proteção de bens jurídicos como função do direito penal*. Porto Alegre: Livraria do Advogado, 2006, p. 20.

5.3. Fundamentação constitucional do bem jurídico-penal

A adoção de um conceito de bem jurídico crítico da legislação abre imediatamente uma questão relativa à forma pela qual esse conceito pode ser eficaz. Isso porque, se a ideia é utilizar o conceito de bem jurídico como limite ao legislador, é preciso definir não só quais seriam esses limites intransponíveis, mas também qual seria a consequência do rompimento de tais barreiras.

Ora, fica evidente que a definição acerca de quais bens são relevantes a ponto de serem merecedores da tutela penal é tudo, menos pacífica e consensual, especialmente numa sociedade tão profundamente marcada pela desigualdade como a nossa. Aliás, é próprio das democracias modernas a pluralidade de visões e a contraposição de interesses, característica que, longe de representar um problema, é mostra de vitalidade democrática. Entretanto, até em razão da pluralidade de visões acerca de quais são os pressupostos fundamentais para o livre desenvolvimento do indivíduo, é preciso que a teoria do bem jurídico se compatibilize com as práticas democráticas. Chega-se, portanto, a um aparente paradoxo: por um lado, constrói-se uma teoria do bem jurídico que pretende funcionar como um limite ao legislador, de maneira crítica da legislação penal; por outro, é preciso resguardar o sistema penal (ou, mais especificamente, as opções legislativas) contra ingerências não legitimadas pelo processo democrático, sejam elas oriundas da academia, sejam oriundas do judiciário, que deve respeito à lei.

A solução é a fundamentação da teoria do bem jurídico na constituição, de modo a dotá-la de uma eficácia normativa apta a tornar ineficazes as leis que lhe sejam contrárias. Afinal, como afirma Roxin,

> [...] não podemos opor limites ao legislador com a mera alegação de que esses limites decorrem de nossa própria concepção político-criminal. A única instância que está acima do legislador é a Constituição. O limite à intervenção do legislador tem de poder reconduzir-se a ela, se ele quiser ser mais do que mera expressão de uma opinião pessoal.[185]

De fato, num regime democrático, somente a legitimação decorrente da vinculação aos valores constitucionalmente protegidos pode fornecer à teoria do bem jurídico capacidade de rendimento que a torne relevante. Essa orientação constitucionalizante do bem jurídico-penal tenta delimitar o campo possível de incriminação de condutas pelo legislador ordinário àquele catálogo de valores previamente

---

[185] ROXIN, Claus. *Sobre o recente debate em torno do bem jurídico*, p. 184.

acolhidos pelo constituinte, de modo que o bem jurídico-penal sempre teria de ter uma base constitucional.

Assim, tem-se que somente poderiam ser tipificadas condutas que colocassem em risco (pela lesão ou pela ameaça) bens jurídicos previamente acolhidos no catálogo de valores constitucionais. Em suma: o ilícito penal seria sempre uma lesão (ou ameaça) a um bem constitucionalmente tutelado. No Brasil, essa tese é defendida por autores como Nilo Batista, Luiz Flávio Gomes e Luís Régis Prado. No mesmo sentido, defende Jorge de Figueiredo Dias uma vinculação ainda mais estreita entre a constituição e a criminalização de condutas. Para ele,

> Se, num Estado de Direito material, toda a atividade estadual se submete à Constituição, então também a ordem dos bens jurídicos há de constituir uma ordenação *como aquela que* preside à Constituição. Entre as duas ordens se verificará pois uma relação, que não é por certo de identidade, ou sequer de recíproca cobertura, mas de analogia substancial, fundada numa essencial correspondência de sentido; a permitir afirmar que a ordem de valores jurídico-constitucional constitui o quadro de referência e, simultaneamente, o critério regulativo do âmbito de uma aceitável e necessária atividade punitiva do Estado.[186]

A fundamentação do bem jurídico na ordem de valores constitucionais, se, por um lado, resolve o problema relativo à necessidade de garantir um mínimo de eficácia à capacidade crítica da teoria, por outro, abre uma nova série de questões de não fácil solução.

A primeira delas é a relativa ao caráter especialmente aberto e fluido das normas constitucionais, o que é especialmente verdadeiro no caso brasileiro, em que a constituição não só é extremamente analítica, tratando de um sem-número de questões e valores, mas também por vezes responde a movimentos de sentido contraditório. Basta relembrar, só para ficar num exemplo restrito ao campo do direito penal, que nossa constituição ao mesmo tempo em que adota uma proteção ao estado de inocência extremamente ampla (art. 5°, LVII – ninguém será considerado culpado até o trânsito em julgado de sentença penal condenatória), também contém vários mandados de criminalização de condutas, alguns dos quais extremamente restritivos (v.g, XLIII – a lei considerará crimes inafiançáveis e insuscetíveis de graça ou anistia a prática da tortura, o tráfico ilícito de entorpecentes e drogas afins, o terrorismo e os definidos como crimes hediondos, por eles respondendo os mandantes, os executores e os que, podendo evitá-los, se omitirem).

---

[186] *Apud* FIGUEIREDO, Guilherme Gouveia. *Crimes ambientais e bem jurídico-penal.* 2ª ed. Porto Alegre: Livraria do Advogado, 2013, p. 67.

Diante do caráter aberto e impreciso da constituição, a mera ancoragem da teoria do bem jurídico aos valores por ela albergados pode não ser suficiente para garantir maior concretude à aplicação da teoria dos bens jurídicos como limite ao legislador, dado que, pelo menos em tese, o elevado grau de abertura do texto constitucional faria que não fosse possível excluir do rol de valores constitucionalmente tutelados (ou não proibidos) nenhuma conduta. Imagine-se, por exemplo, uma norma penal que tipificasse como crime práticas sexuais entre pessoas do mesmo sexo. Apesar de uma tal norma ser evidentemente contrária aos preceitos mais importantes da constituição, uma crítica a essa lei fundada unicamente na teoria do bem jurídico de base constitucional seria muito difícil, já que, pelo menos em tese, seus defensores poderiam alegar que essa lei seria ancorada nos dispositivos constitucionais que protegem a ideia de família como união de homem e mulher, inserta no art. 226 da CF.[187]

Entretanto, sem embargo do enorme grau de abertura da constituição, a solução correta não está no abandono da tese do bem jurídico, mas na sua combinação com a regra da proporcionalidade, para deixar claro que, também na avaliação da legitimidade constitucional da incriminação de uma conduta, é possível afastar a tipicidade material, quando a forma de proteção do bem jurídico-penal adotada pelo legislador se mostrar inadequada, desnecessária ou desproporcional, quando confrontada no caso concreto com outros valores constitucionais.

Vale notar, ainda, que, para o estabelecimento dos limites de legitimidade para o exercício do direito penal na tutela do meio ambiente, a utilização da teoria do bem jurídico-penal como limite negativo ao legislador pode parecer não ter grande capacidade de rendimento, visto que a tutela penal do meio ambiente constitui expresso mandado de criminalização, constante do § 3º do art. 225 da Constituição (§ 3º – As condutas e atividades consideradas lesivas ao meio ambiente sujeitarão os infratores, pessoas físicas ou jurídicas, a sanções penais e administrativas, independentemente da obrigação de reparar os danos causados). Daí por que, em nosso regime jurídico-constitucional, não há dúvidas quanto à legitimidade da tutela penal do meio ambiente e, nesse sentido, não cabem questionamentos acerca da

---

[187] Aqui propositadamente se passa ao largo da discussão acerca desse posicionamento, já que, para os fins que aqui procuramos, é suficiente anotar a existência da possibilidade argumentativa, utilizando os mesmos argumentos que foram levados à discussão perante o STF no caso do reconhecimento da união estável entre pessoas do mesmo sexo. Sem embargo da correção da tese que reconhece não haver um único modelo de família previsto no texto constitucional, a tão só existência do debate demonstra que, pelo menos em tese, seria possível extrair da constituição uma interpretação favorável à restrição dos direitos sexuais de pessoas do mesmo sexo.

legitimidade constitucional da utilização do direito penal como forma de tutela do ambiente.

Daí não decorre, todavia, que a teoria do bem jurídico-penal não possa aportar frutos importantes na tutela penal do meio ambiente. Em primeiro lugar, porque da existência do mandado de criminalização não decorre que necessariamente toda e qualquer conduta lesiva ao ambiente deva ser sancionada pelo direito penal. Na verdade, aqui tem aplicação direta as limitações decorrentes da lesividade da conduta e da subsidiariedade do direito penal, de modo a evitar um eventual excesso na utilização do instrumental penal na tutela do meio ambiente. Ora, como já visto, é justamente o recurso à teoria do bem jurídico que possibilita a correta aplicação da subsidiariedade e da lesividade.

Por outro lado, não se pode olvidar o caráter dúplice da proporcionalidade, que tanto se dirige a evitar a proibição do excesso quanto a proibição da proteção deficiente, e, nessa perspectiva, a teoria do bem jurídico-penal lança importantes luzes para a correta verificação de uma eventual insuficiência na tutela penal do meio ambiente.

Assim, a despeito do expresso mandado de criminalização das lesões ao ambiente, a teoria do bem jurídico-penal permanece relevante como modo de aferição da proporcionalidade da criminalização de condutas, tanto na perspectiva de respeitar a proibição de excesso, como na de respeitar a proibição de insuficiência.

5.4. Alcance da teoria do bem jurídico-penal

Uma vez estabelecido o conceito e o fundamento do bem jurídico, cumpre esclarecer qual o seu alcance, delimitando o que efetivamente pode ser caracterizado como bem jurídico, de modo a tornar claro o que pode ser utilizado como parâmetro para avaliação da legitimidade da legislação. Nesse aspecto, desde logo, deve-se deixar claro que, apesar da existência de concepções quase que "espirituais" de bem jurídico, que nele veem um "valor ideal da ordem social juridicamente protegido", como quer Jescheck,[188] o bem jurídico, para manter sua função de crítica da legislação, não pode perder-se em abstrações que o levem a perder conexão com a realidade.

Por isso, não podem ser tidos como bens jurídicos valores ou elementos portadores de um sentido. Aliás, se assim fosse, sequer poderia haver propriamente uma lesão a tais bens, dado que os valores,

---

[188] *Apud* PRADO, Luis Régis. *Bem jurídico-penal e Constituição*, p. 32.

como tais, permanecem inalterados quaisquer que sejam os ataques a eles dirigidos. Por isso, os bens jurídicos têm existência concreta, embora não necessariamente material. Bens jurídicos, na lição de Roxin, são os dados ou finalidades necessários ao livre desenvolvimento do indivíduo, de modo que abrangem tanto aqueles bens preexistentes e apenas fixados pelo legislador (como a vida, no caso do homicídio), quanto os bens criados normativamente pelo legislador (como o funcionamento do aparato estatal, no caso da sonegação fiscal). Nesse aspecto, afirma Roxin:[189]

> Não é necessário que os bens jurídicos possuam realidade material; a possibilidade de disposição sobre coisas que a propriedade garante ou a liberdade de atuação voluntária que se protege com a proibição de coação não são objetos corporais; entretanto, são parte integrante da realidade empírica. Também os direitos fundamentais e humanos, como o livre desenvolvimento da personalidade, a liberdade de opinião ou religiosa, são também bens jurídicos. Seu desconhecimento prejudica verdadeiramente a vida na sociedade. De forma correspondente com o anterior, embora as instituições estatais como a administração da justiça ou o sistema monetário ou outros bens jurídicos de todos tampouco são objetos corporais, mas são realidades vitais cuja diminuição prejudica, de forma duradoura, a capacidade de rendimento da sociedade e a vida dos cidadãos.

A ideia de que os bens jurídicos passíveis de tutela (legítima) pelo direito penal têm existência real, apesar de parecer quase intuitiva, traz consigo um potencial crítico da legislação e garantidor das liberdades individuais que não pode ser menosprezado, na medida em que força a manutenção da necessária conexão entre o substrato da realidade que foi protegido pelo legislador, quando o elevou à condição de bem jurídico-penal, e a norma penal para isso criada. Em outras palavras: uma vez estabelecida a existência real (embora não necessariamente material) do bem jurídico tutelado pela lei penal, abre-se espaço para um controle concreto da legitimidade da intervenção penal, especialmente ante possíveis modificações das situações fáticas que alterem a necessidade da tutela penal.

Um exemplo utilizado por Hefendehl[190] ajuda a aclarar essa afirmação: imagine-se uma situação em que, visando a proteger uma espécie de aves aquáticas ameaçadas de extinção, sejam proibidas as atividades recreativas num lago durante alguns meses do ano. A norma incriminadora tem como bem jurídico a manutenção da biodiversidade, especificamente tendo em mira a necessidade de preservação

---

[189] ROXIN, Claus. *A proteção de bens jurídicos como função do direito penal*, p. 18.

[190] HEFENDEHL, Roland. ¿Debe ocuparse el Derecho Penal de riesgos futuros? Bienes jurídicos colectivos y delitos de peligro abstracto. *Revista Electrónica de Ciencia Penal y Criminología*, n. 04-14, 2002. Disponível em <http://criminet.ugr.es/recpc>, p. 8.

daquela espécie e, neste aspecto, é absolutamente legítima. Imagine-se, todavia, que a situação de fato seja alterada, numa hipótese em que as aves protegidas, que anteriormente usavam o lago nos meses A, B e C, passassem a utilizá-lo nos meses D, E e F. Numa tal situação, a eventual condenação de alguém que houvesse praticado atividades no lago nos meses proibidos (que, não obstante, não mais correspondem ao período utilizado pelas aves protegidas) configuraria aquilo que Hassemer chama de "terrorismo estatal", porque a aplicação da norma incriminadora seria um mero formalismo que não mais encontraria apoio na constituição. Nesse caso, estaríamos perante um crime que não guarda qualquer relação com a proteção de um bem jurídico e, nessa condição, a aplicação da norma seria ilegítima perante a Constituição, violando, a um só tempo, a proibição de excesso (por criminalizar condutas absolutamente desvinculadas de um bem jurídico) e a proibição de insuficiência (por não mais proteger adequadamente as aves, já que a prática de atividades no novo período será conduta atípica).

Uma vez assentado que os bens jurídicos precisam ter existência real, cumpre analisar sobre que espécies de dados da realidade pode recair a eleição do legislador penal. Isso porque, como já indicado, adotamos o entendimento segundo o qual é possível divisar duas classes de bens substancialmente diversas: os bens jurídicos individuais, que se ligam diretamente ao indivíduo, e os bens jurídicos coletivos, que se ligam a um grupo ou a uma coletividade. Ocorre, entretanto, que o reconhecimento da existência de bens coletivos como uma classe de bens jurídico-penais tem gerado um intenso debate na doutrina penal, que opõe os defensores da teoria monista e os defensores de uma teoria dualista do bem jurídico.

A teoria monista, também chamada de teoria *pessoal* do bem jurídico, tem em Hassemer seu maior expoente e defende que uma teoria do bem jurídico que se pretenda apta a servir de parâmetro crítico da legislação deve necessariamente se referir aos interesses humanos carecedores da proteção penal. Significa isso que o limite do alcance da teoria do bem jurídico, segundo essa corrente, seria a possibilidade de proteção da pessoa humana. Assim, bens coletivos ou universais somente poderiam ser tutelados pelo direito penal na medida em que eles possam ser diretamente referidos a pessoas concretas.

Essa teoria fundamenta-se na ideia de que uma noção abstrata como a de "interesse coletivo" pode ser facilmente desvirtuada para servir de instrumento de justificação *ad hoc* da legitimidade de um dado tipo penal, já que, ao contrário do que ocorre com os bens individuais, os bens coletivos não têm contornos definidos. Nessas condições, há um grande risco de se perder a conexão com a realidade que dá substrato à teoria do bem jurídico, que, assim, perderia seu caráter crítico (e sua função como limite ao legislador). De fato, é intuitivo o reconhecimento de uma conduta que lesiona ou ameaça a vida, mas geralmente não é nada simples definir quando efetivamente ocorre uma lesão à "saúde pública" ou à "paz social". Por isso, como forma de evitar a criação de bens coletivos que possam justificar todo e qualquer tipo penal, é necessário que o bem jurídico possa ser reconduzido à pessoa. Sobre o tema, adverte Hassemer que "quem reconhece generosamente bens jurídicos universais corre o risco de aceitar o direito penal não como *ultima*, mas sim como *prima* ou até mesmo como *sola ratio* da proteção de bens jurídicos".[191]

Vale notar que a teoria monista-pessoal do bem jurídico não nega a possibilidade da existência de bens jurídicos da coletividade ou do estado, apenas os restringe àqueles que se referem diretamente à pessoa humana, de modo que um bem coletivo somente poderá servir como fundamento de legitimidade para um tipo penal se, ao fim, ele puder ser diretamente vinculado a um interesse pessoal dos indivíduos concretos. Para Hassemer:[192]

> Isso significa, por exemplo, que nos delitos de falsificação de documentos, o bem jurídico não deve ser a segurança do tráfego jurídico (Sicherheit des Rechtsverkehrs), [ou a fé pública] mas sim a soma dos que participam dessas relações jurídicas e que por isso estão interessados na integridade dos meios de prova; ou que, no Direito penal ambiental, o bem jurídico não é o meio ambiente em si próprio, mas somente como meio necessário à vida e à saúde humanas.

No outro extremo, estão os defensores de uma teoria dualista do bem jurídico, que reconhecem os interesses coletivos e do estado como bens jurídicos autônomos, sendo certo que os bens jurídicos coletivos são tão legítimos quanto os individuais para fundamentar a intervenção do direito penal. As diferenças entre essas teorias podem ser evidenciadas quando consideram os resultados diferentes a que se chega numa análise acerca da legitimidade da intervenção penal, segundo se adote uma ou outra teoria. Afirma Luis Greco:[193]

> Uma teoria dualista não terá qualquer dificuldade em reconhecer o *meio ambiente* como um bem jurídico coletivo, nem sempre redutível a bens jurídicos individuais. Já uma teoria *monista-pessoal* poderá ter problemas com esse conceito, havendo mesmo

---

[191] HASSEMER, Winfried. Linhas gerais de uma teoria pessoal do bem jurídico. In: GRECO, Luis. (org.). *O bem jurídico como limitação do poder estatal de incriminar?* Rio de Janeiro: Lumen Juris, 2011, p. 23-24.

[192] Idem, p. 22.

[193] GRECO, Luis. *Modernização do direito penal, bens jurídicos coletivos e crimes de perigo abstrato.* Rio de Janeiro: Lumen Juris, 2011, p. 86.

quem negue a existência de um bem jurídico coletivo meio ambiente, considerando todas as infrações penais meros crimes de perigo abstrato contra a vida ou a integridade física das pessoas concretas.

Argumentam os defensores da teoria dualista que a teoria pessoal do bem jurídico, ao negar validade aos novos bens coletivos tipificados pelo direito penal moderno, em especial na área da delinquência econômica e do meio ambiente, esquece que, na verdade, em todas as legislações, não importa o quanto para trás se olhe, sempre se criminalizaram condutas que atingiam ou ameaçavam bens que não poderiam ser reconduzidos a um indivíduo, pois eram relevantes a um grupo ou coletividade. De fato, crimes como a falsificação de moeda e o falso testemunho, por exemplo, presentes em todos os códigos penais do século XIX, atingem bens inegavelmente coletivos, os quais não podem ser ligados diretamente às pessoas. Com efeito, somente utilizando uma concepção muito larga de interesse do indivíduo, tais bens poderiam ser ligados diretamente às pessoas. O problema é que, nesse caso, a restrição da teoria unitária aos bens coletivos perderia qualquer sentido e utilidade.

A rigor, a restrição aos bens jurídicos coletivos revela, na verdade, a opção ideológica por um direito penal historicamente estruturado em torno da proteção ao patrimônio, o que demonstra ser essa teoria subserviente a um modelo de estado há muito superado historicamente, o estado liberal. Nesse sentido, pode-se afirmar que a teoria pessoal do bem jurídico é ambivalente, dado que, ao optar por manter sob a tutela do direito penal elementos como o patrimônio, que tem uma distribuição desigual, ao mesmo tempo em que exclui do âmbito de aplicação do direito penal bens como a ordem econômica e o meio ambiente, que são de interesse de todos, a teoria pessoal teria de ser confrontada com o problema da igualdade e, consequentemente, com a da justiça. Como bem afirma Hefendehl:

> A dicotomia feita pela teoria pessoa do bem jurídico entre bens jurídicos individuais "bons" e bens jurídicos coletivos "ruins" se mostra, assim, anacrônica, uma vez que ela conserva tradicionais estruturas hierárquicas. Segundo uma perspectiva que parta da danosidade social como indício de permissibilidade da intervenção do direito penal, uma teoria pessoal tem que ceder lugar a uma teoria justamente contrária, a uma teoria social do bem jurídico.[194]

Ademais, as críticas aos bens jurídicos coletivos no mais das vezes centram sua artilharia nos novos tipos penais, como os crimes econômicos e ambientais, esquecendo o fato de que crimes como a corrupção e o tráfico de entorpecentes, que tutelam pressupostos

---

[194] HEFENDEHL, Roland. Uma teoria social do bem jurídico. *Revista Brasileira de ciências criminais*, n. 87, p. 111.

ligados a toda a coletividade e não reduzíveis a um indivíduo concreto, também deveriam ser excluídos do direito penal caso a tese da teoria unitária fosse levada às últimas consequências. Nesse sentido, com razão Gracia Martin,[195] para quem o discurso dos defensores da teoria pessoal do bem jurídico (por ele denominado discurso de resistência à modernização do direito penal) não se dirige aos bens jurídicos em geral, mas opera seletivamente, combatendo aqueles que foram construídos sob o pálio do estado social, como o meio ambiente, os recursos tributários ou as condições mínimas do contrato de trabalho, cuja proteção não era vista como tarefa do estado no âmbito do estado liberal. Para ele, mesmo as recorrentes propostas de "administrativização" dos ilícitos ambientais, tributários e econômicos, que deveriam ser excluídos do campo do direito penal e tratados apenas como ilícitos civis ou, no máximo, administrativos, insere-se na perspectiva de tratamento dos problemas sociais típica do Estado liberal, já que tal exclusão de delitos cometidos precipuamente pelos poderosos do direito penal

> [...] não passa de uma fiel reprodução da distribuição liberal da ilicitude, pois a ordem liberal, ao mesmo tempo em que reconhece bens jurídicos de acordo com as classes sociais, também distribui em seguida a ilicitude em campos diferenciados. Como observa Foucault, "não há uma justiça penal destinada a perseguir todas as práticas ilegais (...) (mas) um instrumento para o controle diferenciado das ilegalidades", que "se traduzirá, inclusive, em uma especialização dos circuitos judiciais: para as ilegalidades de bens – para o roubo –, os tribunais ordinários e as penas; para as ilegalidades de direitos – fraudes, evasões fiscais, operações irregulares-, jurisdições especiais, com transações, composições, multas atenuadas, etc.".[196]

A teoria pessoal, assim, não deve ser adotada por uma sociedade que não mais tem o estado liberal como paradigma. Na verdade, tal teoria, apesar de estar correta na afirmação de que não se podem criar bens jurídicos *ad hoc* para cada novo tipo penal, sob pena de ferir de morte a capacidade crítica da teoria da proteção de bens jurídicos como função do direito penal, erra quando prescreve como solução a exclusão de bens estritamente coletivos. A solução adequada é buscar elementos que permitam diferenciar falsos bens jurídicos, criados apenas para legitimar o direito posto, dos bens verdadeiramente coletivos e com existência autônoma.

---

[195] GRACIA MARTIN, Luis. A modernização do direito penal como exigência da realização do postulado do Estado de Direito (social e democrático). *Revista brasileira de Ciências criminais*, n. 88, p. 117.

[196] Idem, p. 118.

Nesse aspecto, um bom ponto de partida é o indicado por Hefendehl,[197] para quem uma definição de bens jurídicos coletivos deve levar em consideração os conceitos de "não exclusão do uso", da "não rivalidade do consumo" e da "não distributividade". Assim, um bem jurídico seria verdadeiramente coletivo quando ninguém pudesse ser excluído de seu uso e quando a sua utilização por uma pessoa não impedisse o uso por outros indivíduos. Ademais, um bem coletivo não poderia ser distribuído a um indivíduo ou a um grupo determinado de indivíduos. Nas palavras de Hefendehl, "puede decirse que un bien será colectivo cuando sea conceptual, real y jurídicamente imposible dividir este bien en partes y asignar una porción de éste a un individuo1".[198] É o que ocorre com a confiança na moeda, com o meio ambiente ou com as relações consumo, por exemplo.

Um direito penal que se pretenda apto a tutelar os bens mais importantes da sociedade, portanto, não pode limitar-se à tutela de bens individuais, tampouco pode restringir os bens jurídicos coletivos àqueles diretamente ligados ao indivíduo. De fato, a noção de bem jurídico não é estática, mas dinâmica, visto que os pressupostos necessários à autorrealização dos indivíduos sempre estão em mutação, de acordo com a evolução da sociedade. Assim, o direito penal, para se manter funcional, deve ser visto como instrumento de atuação da política criminal e estar aberto para refletir as mudanças da pauta de valores e interesses da sociedade.

Com efeito, todo o ideário garantista fruto do Iluminismo teve como referência um modelo de sociedade substancialmente diferente daquele que hoje se apresenta, em que aos conflitos relacionados à distribuição de bens sociais vêm se superpondo os conflitos relacionados à dos danos coletivamente produzidos. O direito, em especial o penal, sente fortemente as consequências das alterações da organização social, fazendo com que a compreensão dessas alterações assuma um papel relevante para a compreensão das transformações do próprio direito penal e das necessidades de política criminal.

---

[197] HEFENDEHL, Roland. *¿Debe ocuparse el derecho penal de riesgos futuros? Bienes jurídicos colectivos y delitos de peligro abstracto.* p. 4.

[198] Idem. "Pode-se dizer que um bem será coletivo quando seja conceitual, real e juridicamente impossível dividir este bem em partes e assinalar uma porção dele a um indivíduo". (trad. nossa)

6. Sociedade do risco e a expansão do direito penal

O modelo de direito penal clássico é orientado para a redução do direito penal ao mínimo necessário, que tenha por objeto condutas que causem dano ou coloquem em perigo a vida, a saúde, a liberdade e a propriedade, num sistema de garantias máximas ao indivíduo acusado da prática de crimes. Nada obstante os inúmeros matizes sob as quais se organizam e estruturam as diversas teorias penais, esse caráter restritivo está na raiz do pensamento penal garantista, que em geral vê no direito penal um mal necessário cuja redução é um objetivo a ser sempre perseguido.

Entretanto, apesar de esse discurso humanista e liberal ainda ser adotado de forma proeminente, força é notar que, nos últimos anos, assistimos a um movimento legislativo em sentido diametralmente oposto: o âmbito de intervenção do direito penal não para de crescer, seja no que diz respeito aos objetos que são por ele tutelados, seja no que diz respeito às penas cominadas, que seguem de um modo geral uma tendência de agravamento. Essa tendência expansiva do direito penal inclui não somente o direito material, mas alcança também o processual. Segundo Silva Sánchez:[199]

> Não é nada difícil constatar a existência de uma tendência claramente dominante em todas as legislações no sentido da introdução de novos tipos penais, assim como um agravamento dos já existentes, que pode ser encaixado no marco geral da restrição ou "reinterpretação" das garantias clássicas do direito penal substantivo e do direito processual penal. Criação de novos "bens jurídicos-penais", ampliação de espaços de risco jurídico-penalmente relevantes, flexibilização das regras de imputação e relativização dos princípios políticos-criminais de garantia não seriam mais do que aspectos dessa tendência geral, à qual cabe referir-se com o termo "expansão".

De fato, os caminhos trilhados pela legislação penal têm cada vez mais se apartado daquele idealizado pelo modelo garantista, fundado

---

[199] SILVA SANCHEZ. Jesús-Maria. *A expansão do Direito Penal*. 2ª ed., p. 28.

na intervenção mínima. A inflação legislativa e a utilização do direito penal como primeiro recurso de que o Estado lança mão para a tutela de valores e interesses atingem de morte o esquema teórico construído para limitar o exercício do poder punitivo.

Cria-se, assim, um modelo diferente de direito penal, não mais subordinado aos ideais da intervenção mínima, no qual as garantias penais deixam de ter o peso e a importância conformadora que o modelo clássico lhes conferia.

Esse novo modelo de direito penal tem como pano de fundo uma grande modificação na estrutura da sociedade, em que o risco difuso e coletivo passou a ter um caráter estrutural, não mais podendo ser imputado de forma objetiva e individual a um membro da sociedade ou a um grupo definido.

6.1. Realidades sociais motivadoras da expansão penal

A reação mais comum à expansão do direito penal tem sido a de denúncia de seu caráter político (no sentido restrito, de ideologia instrumentalizada por grupos políticos-eleitorais) e manipulador. Essa visão, entretanto, guarda muito de um sentimento de idealização do direito penal clássico que é quase ingênuo. Com efeito, se, por um lado, não se pode negar a existência da utilização eleitoreira do discurso de endurecimento do direito penal e a crescente espetacularização da persecução penal, tampouco é possível descurar do fato de que efetivamente há outros fatores sociais reais e pungentes que forçam o direito penal a campos que antes lhe eram estranhos. Com propriedade, Fábio Roberto D´Avila afirma que essa transformação do Direito penal significa

> dentre outras coisas, um aumento significativo da tutela penal, normalmente coincidente com o que se costumou chamar de "direito penal secundário" (*Nebenstrafrecht*), isto é, com um direito penal que se forma ao lado do direito penal tradicional, codificado, a partir da previsão de normas penais em leis extravagantes, avulsas, *rectius*, não codificadas. Mais. Significam também, com toda a ressonância que isso implica nos quadros da teoria do crime, uma profunda alteração da matéria de proibição e das técnicas de tutela adotadas. Para tanto, basta perceber as diferenças estruturais que caracterizam, de um lado, tipos penais tradicionais como o homicídio, a lesão corporal e o furto, em que se dispõe de um bem jurídico individual, um o sujeito ativo identificado na pessoa física, e uma relação de imputação verificável a partir dos critérios teóricos já desenvolvidos, e, de outro, tipos do direito penal secundário, como, *v.g.*, o crime poluição (art. 54, da Lei 9.605/98), de extração não-autorizada de minerais (art. 44, da Lei. 9.605/98) e de depósito para venda de produtos impróprios para o consumo (art. 7.º, IX, Lei 8.137/90), em que o bem jurídico perde em densidade ao assumir uma

dimensão supra-individual, o sujeito ativo se confunde com a pessoa jurídica, o sujeito passivo é difuso, e os critérios de imputação se vêem diante de relações de causa e efeito, em que a cumulatividade de fatores, a ocorrência de efeitos sinergéticos, a dilação temporal entre conduta e resultado ou mesmo o caráter, muitas vezes, transfronteiriço deste último, fazem-nas de difícil, senão mesmo, impraticável verificação.[200]

Em obra que já se tornou referência sobre o tema, Silva Sanchez[201] aponta como principais causas da expansão do direito penal a aparição de novos bens jurídicos (como a confiança no mercado de capitais) e a revalorização de outros anteriormente existentes, decorrentes de novas realidades ou da deterioração de realidades tradicionalmente abundantes (como os recursos ambientais); o surgimento de novos riscos de procedência humana que se tornam estruturais à sociedade; a institucionalização da distribuição de riscos para toda a sociedade; a sensação social de segurança disseminada entre os membros da sociedade, acompanhada pela perda de referências valorativas e pela crescente exploração da mídia de uma elevadíssima "sensibilidade ao risco"; a configuração de uma sociedade formada precipuamente por indivíduos em posições passivas (consumidor, usuário de serviços etc.), que são especialmente vulneráveis ao aumento do espaço de risco permitido; o descrédito de outras instâncias de proteção, como a moral, o direito civil ou o administrativo; certa atitude política dos setores progressistas e de grupos de pressão organizados que reclamam uma firme atuação do direito penal no "combate" à criminalidade dos poderosos e dos violadores dos direitos fundamentais e a identificação da maioria da população com a vítima dos delitos, que leva à perda da visão do direito penal como meio de defesa do acusado, acentuando a necessidade de defesa das vítimas por intermédio do direito penal.

Em uma contundente crítica, Díez Ripollés[202] argumenta que a tese de Silva Sanchez peca por misturar dois fenômenos reais, mas que se movem em direções opostas: a "modernização" do direito penal, que leva à sua incursão sobre novas modalidades de criminalidade socioeconômicas, praticada principalmente pelos "poderosos", e a "segurança cidadã", que leva ao aumento do rigor contra a criminalidade clássica, que tem nos marginalizados e excluídos o seu público-alvo preferencial. Para Ripollés, os dois fenômenos, embora reflitam

---

[200] D'AVILA, Fábio Roberto. *Ofensividade em direito penal. Escritos sobre a teoria do crime como ofensa a bens jurídicos.* Porto Alegre: Livraria do Advogado, 2009, p. 103.

[201] SILVA SANCHEZ, Jesus-Maria. *A expansão do Direito Penal,* p. 32 e ss.

[202] DÍEZ RIPOLLÉS, José Luis. *El nuevo modelo penal de la seguridad ciudadana.* Revista Electrónica de Ciencia Penal y Criminología. 2004, núm. 06-03, p. 07. disponível em <http://criminet.ugr. es/recpc http://criminet.ugr.es/recpc>.

uma expansão do direito penal, respondem a causas e a exigências ideológicas diversas.

Embora essa distinção seja relevante, para os fins que buscamos, a noção de expansão formulada por Silva Sanchez é absolutamente adequada, dado que o direito penal ambiental corresponde efetivamente à chamada "modernização" do direito penal, decorrente de um conjunto de fatores sociais ligados à necessidade de controlar os riscos e de aplacar os temores por eles criados, que geram fortes efeitos no campo da política criminal. Díez Ripollés[203] agrupa esses fatores sociais em três blocos: a generalização dos novos riscos artificiais, decorrentes de uma nova estruturação da sociedade e da utilização de novas tecnologias em diversos âmbitos sociais; a inter-relação dos riscos sociais, criando uma rede que torna virtualmente impossível determinar a responsabilidade pelos riscos e, por fim, a existência de um exagerado sentimento de insegurança, resultado da combinação da intensa cobertura midiática da criminalidade, aliada à acelerada modificação das relações e valores sociais, com a cada vez maior proeminência de um individualismo exacerbado e a redução da solidariedade.

Esses fatores parecem estar, em grande medida, relacionados à configuração de uma sociedade industrial em que a evolução das relações sociais chegou a tal ponto que suas consequências acabaram por infirmar as bases sobre as quais a sociedade se estruturava, com a ampliação e disseminação do risco de tal forma que se inaugura uma nova etapa na evolução social. Trata-se de um novo momento histórico em que a evolução das condições de produção típicas da sociedade industrial modifica a estrutura de organização da sociedade e do estado e também muda a forma de percepção social do papel do direito penal. Nas palavras de Silva Sanchez:[204]

> Seja como for, o certo é que a criminalidade organizada (narcotráfico, terrorismo, pornografia), a criminalidade das empresas (delitos fiscais, contra o meio ambiente, contra as relações de consumo – saúde e interesses econômicos), a corrupção político-administrativa ou o abuso de poder e, inclusive, a violência conjugal do denominado "tirano doméstico" e o acosso sexual aparecem no primeiro plano da discussão social sobre o delito. E a nova política criminal intervencionista e expansiva recebe as boas-vindas de muitos setores sociais antes reticentes ao Direito Penal, que agora acolhem como uma espécie de reação contra a criminalidade dos poderosos.

Esses fatores estão fortemente relacionados com a formulação de uma organização social diferente daquela cunhada pelas sociedades

---

[203] DÍEZ RIPOLLÉS, José Luis. De la sociedad del riesgo a la seguridad Ciudadana: un debate desenfocado. *Revista Electrónica de Ciencia Penal y Criminología*. 2005, núm. 07-01, p. 4. disponível em <http://criminet.ugr.es/recpc http://criminet.ugr.es/recpc>.

[204] Idem, p. 68-69.

industriais, paradigma no qual (e para o qual) foram cunhadas as estruturas estatais que até hoje se encontram em funcionamento: a sociedade do risco.

6.2. A sociedade do risco

A sociedade atual passa por uma mudança de configuração profunda em que os ideais do Iluminismo que, em grande medida, definiram nossa racionalidade ocidental perderam muito de sua consistência. A definição da atual organização social como numa sociedade de risco é obra do sociólogo Ulrich Beck,[205] para quem a modernidade baseada em estados-nação foi implodida por algumas consequências imprevistas da modernização: a globalização, a individualização, a revolução feminina, o subemprego e os riscos globais (como a crise ecológica e o colapso dos mercados financeiros). Cria-se, assim, um novo modelo de sociedade no qual o inimigo definido (especialmente aquele identificado no conflito entre ocidente e oriente, entre capitalismo e socialismo e entre pobres e ricos) cede espaço ao risco generalizado. Uma boa síntese da visão de Beck se encontra em seu livro "Políticas ecologicas en la edad del riesgo":[206]

> Pelo menos uma tripla negação separa os macroperigos ecológicos, nucleares, químicos e genéticos dos riscos (subsistentes) da primeira industrialização. Em primeiro lugar, os macroperigos não podem limitar-se nem local, nem temporal, nem socialmente. Portanto, não dizem respeito somente aos produtores ou aos consumidores, mas também (no caso limite) a 'terceiros não envolvidos', incluindo os nascituros. Em segundo lugar, não podem ser atribuídos segundo as regras de causalidade, culpa e responsabilidade civil. E em terceiro lugar, não podem ser compensados (irreversibilidade, globalidade) segundo a regra 'destruição a troco de dinheiro' e , por conseguinte, representam, neste sentido, uma coerção irremediável para o sentido de segurança do cidadão alarmado. Na mesma medida, fracassa o cálculo de riscos com que a administração de perigos fundamenta a própria racionalidade e a promessa de segurança: os macroperigos tecnológicos-ecológicos aboliram o acidente como tal, ou seja, a base de cálculo de riscos – pelo menos, no sentido de um acontecimento limitado no espaço e no tempo. As consequências estendem-se mais além das fronteiras e das gerações (...). "Riscos" interpretam-se aqui (em princípio, de forma semelhante à ideia predominante) como inseguranças determináveis e calculáveis que a mesma modernidade industrial produz como consequências secundárias, advertidas ou não, subjacentes a determinadas vantagens e perante as quais reage – ou precisamente não reage – com regulações sociais (...) neste sentido se desenha um consenso à

---

[205] BECK, Ulrich. *La sociedad del riesgo global.* Madrid: Siglo Veintiuno de España, 2002, p. 2.

[206] *Apud* FEIJOO SANCHEZ, Bernardo. Sobre a "administrativização" do Direito Penal na "sociedade do risco". Notas sobre a política criminal no início do século XXI. *Revista Liberdades*. n. 7, maio-agosto 2011, p. 28-29.

escala internacional nas publicações do âmbito das ciências sociais para distinguir entre: perigos pré-industriais, que não procedem de decisões técnico-econômicas e podem, portanto, ser atribuídos a fatores externos (natureza, deuses), e riscos industriais, que são produto de decisões sociais, que devem ser ponderados de acordo com as vantagens oferecidas e analisados, negociados ou, também, atribuídos aos indivíduos em função de regras científicas, jurídicas etc.

O debate atual aponta para outro aspecto central (...) a diferenciação entre riscos (industriais) e a reparação de inseguranças incalculáveis em forma de macroperigos do industrialismo tardio. Estes apareceram no plano histórico como consequência de determinadas atuações e, portanto, não podem ser atribuídos a poderes e influências extrassociais, ao tempo que minavam a lógica social do cálculo do risco e de sua prevenção. Esta argumentação coincide com uma (pouco elaborada) diferenciação entre as épocas definidas como "culturas pré-industriais", "sociedade industrial" e "sociedade do risco".

Em uma sociedade em que as ameaças decorrentes das atividades humanas assumem papel preponderante, obviamente o papel reservado ao direito penal, mais poderoso instrumento social para a motivação de comportamentos, sai de sua órbita original (isto é, daquela que lhe foi reservada pelo modelo garantista) e passa a gravitar em torno da gestão de riscos. A expansão do direito penal, assim, não pode ser entendida unicamente como produto da manipulação ideológica dos poderes políticos, que fariam uso meramente simbólico do aparelho repressor do estado. Na verdade, força é reconhecer que existe uma série de novas realidades sociais que empurram o direito penal rumo à ampliação de seu âmbito de aplicação para áreas antes reservadas apenas a outras instâncias de controle social, bem como levam à necessidade de antecipação da atuação do direito penal para um momento anterior ao da lesão do bem a ser tutelado.

6.3. Política criminal e direito penal na sociedade do risco

A preponderância dos riscos e perigos[207] na sociedade contemporânea faz que a forma de proteção dos bens jurídicos pelo direito penal não mais se encaixe nos rígidos padrões do modelo do direito penal clássico. Isso porque, numa organização social em que o risco passou a ser anônimo e onipresente, a tutela da manutenção das condições de vida não mais pode dar-se unicamente pela criminalização

---

[207] Luhmann distingue entre riscos e perigos a partir da ideia de causalidade. Riscos seriam os danos futuros decorrentes de uma decisão, ao passo que perigos seriam os danos futuros decorrentes de fatores externos. Assim, os riscos seriam os danos futuros decorrentes de uma decisão do indivíduo, ao passo que os perigos seriam os danos futuros decorrentes de causas externas. Cf. LUHMANN, Niklas. El concepto de riesgo. In: BERIAIN, Josetxo. (comp.). *Las consecuencias perversas de la modernidad. Modernidad, contingencia y riesgo*. Barcelona: Anthropos, 1996, p. 144.

de condutas que impliquem lesão aos bens jurídicos tutelados, pelo menos não da forma como essa lesão era tradicionalmente enxergada. A política criminal na sociedade do risco, portanto, volta-se à tutela de bens jurídicos de natureza substancialmente diversa daquela dos bens individuais que moldaram o modelo de direito penal clássico.

Nestas condições, a grande questão é até que ponto o direito penal, com a conformação que lhe deram os ideais iluministas de controle do estado pela legalidade estrita e pelo princípio da intervenção mínima, está apto a responder às novas necessidades da sociedade de risco. Na verdade, essa pergunta diz respeito à própria aptidão do estado de direito e de suas instituições a esse novo tempo de mudanças rápidas e de riscos generalizados.

A resposta dada por importante parcela da doutrina tem sido no sentido de que o direito penal não pode nem deve ser utilizado como instrumento de gestão de riscos, sob pena de se fazer tábula rasa dos princípios garantistas. Os principais expoentes dessa corrente são professores alemães que integram a chamada "Escola de Frankfurt". Sob essa denominação, como bem nota Feijoo Sanchez,[208] são incluídos autores abolicionistas, como Lüderssen e Albrecht, juntamente com autores reducionistas ou minimalistas, como Hassemer, Naucke, Prittwitz e Herzog, o que gera dúvidas quanto à efetiva existência de uma "escola" no sentido de um movimento ou de uma orientação definida. Entretanto, o termo se consolidou como forma de referência a autores que têm em comum uma visão restritiva do direito penal. Prittwitz expressamente admite a existência da escola de Frankfurt:

> [...] o que a conforma é o contorno específico que adota sua crítica ao direito penal – o ceticismo ante sua capacidade de resposta, a recordação constante de seu potencial de terror e abuso, afirmando ao mesmo tempo o domínio incondicionado do direito em seu interior – onde cada um de seus membros coloca o acento tônico, importa tão pouco o fato de que tais críticas não se encontram apenas em Frankfurt".[209]

Para esses autores, os novos riscos sociais devem ser objeto de outros instrumentos de ação que não tenham o potencial gravoso do direito penal e que, por isso mesmo, possam ter garantias e hipóteses de aplicação flexibilizadas. Nesse aspecto, Hassemer[210] propõe a redução do direito penal a um direito penal nuclear, restrito à tutela de bens jurídicos individuais ou, no máximo, de bens jurídicos coletivos

---

[208] Cf. FEIJOO SANCHEZ, Bernardo. Sobre a "administrativização" do Direito Penal na "sociedade do risco". Notas sobre a política criminal no início do século XXI. *Revista Liberdades*. n. 7, maio-agosto 2011, p. 26 nota 14.

[209] *Apud* idem, p. 26.

[210] Cf. ROXIN, Claus. *Derecho Penal. Parte general*, p. 61.

cujo substrato seja um bem individual lesionado pelo crime e, para os novos riscos, propõe o que ele chama de "direito de intervenção", espaço situado entre o direito penal e o direto das contravenções, entre o direito civil e o direito administrativo, no qual as garantias e procedimentos serão menos exigentes do que os do direito penal, mas em contrapartida as sanções que ele aplicará aos indivíduos serão proporcionalmente menos intensas.

Vale notar, entretanto, que o próprio Hassemer reconhece que, "atualmente, uma teoria como essa não encontra mais uma conjuntura favorável",[211] pois esbarra na onda expansiva que encontra no direito penal canal privilegiado de controle social, de modo que é possível afirmar que a proposta de Hassemer de criação de um novo campo de controle social diferente do direito penal (o direito de intervenção) é apenas mais uma proposta que, juntamente com a do modelo de direito penal orientado para a ressocialização e a do modelo da justiça restaurativa, ficou pelo caminho nessa trilha expansiva percorrida pelo direito penal. Atualmente, assim, aparecem como relevantes dois modelos diferentes de direito penal: o garantista e o da sociedade do risco.

No novo modelo, o da sociedade do risco, a política criminal se caracteriza por apresentar quatro traços marcantes:[212] 1) a ampliação do âmbito social da aplicação da intervenção penal, que passa a atuar sobre novas realidades sociais ou sobre realidades cuja vulnerabilidade tenha aumentado; 2) a política criminal passa a mirar as atividades dos setores poderosos da sociedade, já que são estes os únicos capazes de desenvolver e controlar as atividades geradoras ou potencializadoras do risco; 3) a proeminência da intervenção penal sobre as outras formas de intervenção social e 4) as necessidades de acomodação dos institutos do direito penal e do direito processual penal a essa novas formas de criminalidade.

Essas necessidades político-criminais são todas ligadas à precaução, isto é, à tentativa de evitar o incremento de atividades potencialmente perigosas (dado que sequer os perigos futuros são certos), o que gera um direito penal substancialmente diverso daquele defendido pelo garantismo.Em uma feliz síntese, Luis Gracia Martín[213] afirma que, para os doutrinadores comprometidos com o modelo garantista,

---

[211] HASSEMER, Winfried. *Linhas gerais de uma teoria pessoal do bem jurídico*, p. 24.

[212] Cf. DIÉZ RIPOLLÉS. José Luis. De la sociedad del riesgo a la seguridad ciudadana: Un debate desenfocado. *Revista Electrónica de Ciencia Penal y Criminología*. Vol. 07-01, 2005. Disponível em <http://criminet.ugr.es/recpc/07/recpc07-01.pdf>

[213] A modernização do direito penal como exigência da realização do postulado do estado de direito (social e democrático). *Revista Brasileira de Ciências Criminais*, vol. 88, p. 95.

que adotam um discurso de resistência à expansão do direito penal, além de uma massiva ruptura com as garantias penais de caráter liberal, três outras características seriam marcas distintivas da transição do modelo clássico para o direito penal moderno:

1) os objetos protegidos pelo "novo" direito penal, em especial o econômico e o do meio ambiente, não são verdadeiros "bens jurídico-penais", na medida em que não podem ser reconduzidos à condição de interesses diretamente ligados ao indivíduo, de modo que configurariam apenas "funções", instituições ou objetivos, constituindo, "em síntese, apenas objetos fictícios de tutela, que servem como pretexto para uma ampliação das incriminações";

2) além de tutelar objetos inidôneos, o moderno direito penal também lançaria mão de uma forma de intervenção ilegítima, antecipando a consumação do crime para um momento anterior ao de produção das lesões, criminalizando não o dano, mas a causação de um risco, já que a técnica dos tipos de lesão (crimes que exigem um dano ao bem jurídico, como o homicídio) ou de perigo concreto (quando o perigo deve ser demonstrado para a caracterização do crime, como no incêndio) vem sendo abandonada e, cada vez com mais frequência, é substituída pela técnica dos crimes de perigo abstrato, em que não se exige lesão de um bem jurídico ou a colocação deste bem em risco real e concreto e em que o tipo descreve apenas uma conduta, sem exigir um resultado específico como elemento do injusto, característica que "atingiria magnitudes exponenciais no caso da proteção de substratos coletivos, já que suas gigantescas dimensões tornam praticamente impensável que a conduta individual e isolada de um sujeito determinado possa lesá-los ou expô-los a perigo";

3) a perda de conexão com o bem jurídico, com o consequente abandono da lesividade, conferiria ao direito penal moderno um caráter apenas simbólico, já que as incriminações feitas pelo legislador teriam como única finalidade produzir na sociedade e nos indivíduos a sensação de que, com a criminalização de novos comportamentos, o estado está dando uma solução eficaz ao problema dos novos riscos ou, ainda, a incriminação teria um caráter meramente pedagógico (e, nesse sentido, também exclusivamente simbólico), de que a população se conscientize da necessidade de respeitar determinados valores. No último sentido, trata-se de um direito penal que, em vez de criminalizar condutas que atacam bens relevantes para a sociedade, utiliza-se do aparato repressivo estatal para tornar relevante para a sociedade o respeito a determinados bens.

Em que pese a conclusão desses autores ser voltada à ilegitimidade dessa nova forma de intervenção penal, o diagnóstico se apresenta como correto. No direito penal do risco, como afirma Pierpaolo Bottini,[214] "o desvalor do resultado é substituído pelo desvalor da ação, o prejuízo concreto é substituído pela probabilidade de afetação de bens e interesses. Os tipos penais deixam de abrigar a lesão em sua redação e direcionam seus elementos ao perigo, ao risco".

O novo modelo de intervenção penal dirigido ao controle do risco, assim, é marcado pelo incremento da criminalização de comportamentos mediante a proliferação de novos bens jurídicos coletivos, pelo predomínio de estruturas típicas de crimes de mera conduta, especialmente pela criação de tipos de perigo abstrato, com a precaução substituindo, em grande medida, a lesividade com fundamento da incriminação e pelo recurso a leis penais que necessitam ser complementadas por normas administrativas, as leis penais em branco, além de se verificar uma evidente antecipação do momento da intervenção penal, criminalizando-se condutas que caracterizam atos meramente preparatórios. Por outro lado, ante a natureza difusa dos riscos e a enorme dificuldade de individualizar com clareza a responsabilidade pelos eventuais danos, as garantias penais e processuais são flexibilizadas, facilitando a superação de dificuldades na imputação. No dizer de Díez Ripollés,[215] no direito penal do risco,

> Se admiten ciertas pérdidas en el principio de seguridad jurídica derivadas de la menor precisión en la descripción de los comportamientos típicos y del uso frecuente de la técnica de las leyes penales en blanco; se hace una interpretación generosa de la lesividad real o potencial de ciertos comportamientos, como en la punición de determinadas tenencias o en el castigo de apologías; se considera razonable una cierta flexibilización de los requisitos de la causalidad o de la culpabilidad; se aproximan, hasta llegar a veces a neutralizarse, las diferencias entre autoría y participación, entre tentativa y consumación; se revaloriza el principio de disponibilidad del proceso, mediante la acreditación del principio de oportunidade procesal y de las conformidades entre las partes; la agilidad y celeridad del procedimento son objetivos lo suficientemente importantes como para conducir a una significativa reducción de las posibilidades de defensa del acusado.[216]

---

[214] BOTTINI, Pierpaolo Cruz. *Crimes de perigo abstrato*. 2ª ed. São Paulo: RT, 2010, p. 88.

[215] Cf. DIÉZ RIPOLLÉS. José luis. De la sociedad del riesgo a la seguridad ciudadana: Un debate desenfocado. *RECPC* 07-01 (2005) – <http://criminet.ugr.es/recpc/07/recpc07-01.pdf>, p. 05.

[216] "Se admitem certas perdas no princípio da segurança jurídica derivadas da menor precisão na descrição dos comportamentos típicos e do uso frequente da técnica das leis penais em branco; se faz uma interpretação generosa da lesividade real ou potencial de certos comportamentos, como na punição de determinadas tendências ou no castigo de apologias; se considera razoável certa flexibilização dos requisitos da causalidade ou da culpabilidade; se aproximam, até chegar as vezes a neutralizarem-se, as diferenças entre autoria e participação, entre tentativa e consumação; se revaloriza o princípio de disponibilidade do processo, mediante o acolhimento

6.4. Direito penal e precaução

O direito penal da sociedade do risco é um modelo voltado não só para prevenção dos danos, mas do próprio risco. Isso porque, como afirma Ulrich Beck,[217] na sociedade do risco, em que "(...) al principio de manera encubierta y luego cada vez más evidente, están enfrentadas a lós desafios de la posibilidad de autodestruicción real de todas las formas de vida de este planeta". Nessa configuração social, os riscos são difusos e assumem um caráter estrutural, sendo que os macroperigos ecológicos, nucleares, químicos e genéticos se caracterizam por uma tripla negativa: não são delimitados temporal ou espacialmente, não podem ser imputados a um indivíduo e são irreversíveis, não podendo ser compensados ou indenizados.[218]

Os danos potenciais, assim, são irreversíveis, razão pela qual o direito penal, utilizado como instrumento de gerenciamento de riscos, deixa de servir como instrumento de proteção de bens jurídicos contra danos ou ameaças concretas e passa a ser orientado para intervir em um momento anterior até mesmo ao aparecimento do perigo concreto de dano.

A principal técnica de atuação do direito penal na sociedade do risco é a antecipação da intervenção, mediante a tipificação de condutas em um estágio anterior ao do início do ataque ao bem jurídico, de modo a ampliar o espaço de proteção contra os possíveis riscos. Em grande medida, isso decorre da constatação de que os novos riscos sociais são, no mais das vezes, de tal forma graves que, caso se concretize o dano, eles assumirão um caráter de irreversibilidade. Daí por que o direito penal da sociedade do risco é fundado precipuamente no princípio da precaução, visto que, como afirma Jakobs,[219] "na antecipação da intervenção penal, idealizada por muitos como o ponto central da estratégia de segurança contra os novos riscos, é possível vislumbrar um forte indício de que o princípio da precaução esteja por trás das formulações do Direito Penal do risco".

---

do princípio da oportunidade processual e da conciliação; a agilidade e celeridade do procedimento são objetivos suficientemente importantes para conduzir a uma significativa redução das possibilidades de defesa do acusado". (tradução nossa)

[217] *Apud* PISA, Adriana. Direito ambiental *x* sociedade de risco de Ulrich Beck: uma abordagem crítica. *Revista de Direito Ambiental*, n. 54, p. 13. "a princípio de maneira encoberta e logo de forma cada vez mais evidente, enfrentam os desafios da possibilidade de autodestruição real de todas as formas de vida deste planeta". (tradução nossa)

[218] Cf. FEIJOO SANCHEZ, Bernardo. Sobre a "administrativização" do Direito Penal na "sociedade do risco". Notas sobre a política criminal no início do século XXI. *Revista Liberdades*.n. 7, maio-agosto 2011, p. 28.

[219] JAKOBS, Günther. *Derecho Penal*, p. 58.

De fato, o gerenciamento de riscos por meio do direito penal é expressão do princípio da precaução, que impõe a necessidade de que os potenciais perigos sejam precocemente avaliados, de modo a moldar os comportamentos a fim de evitar a possível ocorrência de danos.

Vale notar que, como já exposto, a modernização do direito penal no âmbito da sociedade de risco responde a duas ordens de fatores: a generalização dos novos riscos artificiais, que se inter-relacionam, criando uma rede que torna virtualmente impossível individualizar as responsabilidades, e a existência de um exagerado sentimento de insegurança.

O princípio da precaução guarda íntima vinculação com esses dois fatores sociais, já que a antecipação da tutela penal tanto serve como forma de evitar a ocorrência de danos potenciais (isto é, aqueles ainda não reconhecidos com certeza científica, mas dotados de plausibilidade), quanto serve como meio de gestão das expectativas da população decorrentes da sensação generalizada de insegurança ante os novos riscos. Esse segundo aspecto do princípio da precaução, não tão evidente quanto o primeiro, foi apontado por Cass R. Sunstein, quando da análise do papel do medo e da democracia na especificação do princípio da precaução em seu livro intitulado "Laws of fear: beyond the precautionary principle".[220] Para ele, existem mecanismos psicológicos que levam os indivíduos a sistematicamente se equivocarem na estimação do risco, sendo certo que, nas nações democráticas, o direito responde a esses temores maximizando as avaliações populares de risco à medida que os indivíduos interagem entre si. Para Sustein, esse mecanismo psicológico residiria na circunstância de que

as pessoas, consideradas individualmente ou coletivamente, aproximam-se de assuntos ligados ao risco de um modo que sistematicamente falha na maximização da sua utilidade ou da assunção de riscos. Baseando-se na psicologia social e na economia comportamental ("behaviorista"), alguns estudos catalogaram uma ordem vasta de limitações cognitivas e defeitos que distorcem as percepções populares de risco. Assim, os indivíduos têm uma disposição a superestimar de modo considerável a magnitude de riscos altamente evocativos (por exemplo, de um acidente com energia nuclear) e ignorar riscos menos evocativos (como de desenvolver câncer pela ingestão de creme de amendoim). Longe de cancelar uns ao outros, os tipos de erros de estimação de risco que as pessoas cometem em um nível individual tendem a se tornar até mais exagerados quando indivíduos interagem uns com os outros. Vários mecanismos de influência social fazem com que as percepções populares de risco reforcem-se e alimentem-se de si mesmas, gerando ondas de incompreensão em massa.[221]

---

[220] *Apud* MOTA, Mauricio Jorge Pereira da. Princípio da precaução: uma construção a partir da razoabilidade e da proporcionalidade. *Revista Brasileira de direito do petróleo, gás e energia*. n. 2, p. 12.

[221] Idem, ibidem.

Num regime democrático, portanto, a configuração de uma sociedade estruturada sobre o risco gera uma pressão gigantesca sobre o sistema penal, já que os legisladores, dependentes que são da aprovação popular, respondem aos reclamos da sociedade por uma maior proteção. O direito penal do risco, pensado para as novas realidades sociais, é um direito fundado no princípio da precaução, que se apresenta como o instrumento utilizado para controlar eventuais excessos da sociedade do risco.

Isso é ainda mais evidente no campo do direito penal ambiental, já que, exatamente no campo dos riscos ecológicos, foi cunhado o princípio da precaução, que funciona como viga mestra do direito ambiental, razão pela qual se torna importante fazer uma breve incursão sobre o campo do princípio da precaução no direito ambiental.

6.5. A precaução no direito ambiental

O direito ambiental, desde seu nascedouro, orientou-se no sentido de atuar preferencialmente antes da ocorrência de danos, já que os danos ambientais, após consumados, geram efeitos de extrema gravidade cuja reversão, quando não são impossível, requer grande dispêndio de tempo e de recursos materiais e humanos.

A tutela do meio ambiente, assim, não pode prescindir dos princípios da precaução (quando houver dúvida sobre o potencial deletério de uma determinada ação sobre o ambiente, toma-se a decisão mais conservadora, evitando a ação) e da prevenção (caso se possa prever que certa atividade será danosa, ela deverá ser evitada).

Apesar de inexistir menção expressa a tais princípios na Constituição, força é notar que o caráter preferencialmente preventivo da tutela ambiental foi acolhido em nosso regime jurídico. A Constituição, em seu art. 225, ao fazer remissão à necessidade de defender e preservar o meio ambiente e ao exigir o estudo prévio de impacto ambiental, dá mostras de que, nessa seara, é obrigação do poder público e de toda a sociedade agir preventivamente. A Lei de Política Nacional do Meio Ambiente – Lei n. 6.938, de 31 de agosto de 1981 – inseriu como objetivos essenciais dessa política pública "a compatibilização do desenvolvimento econômico e social com a preservação da qualidade do meio ambiente e do equilíbrio ecológico" e "a preservação e restauração dos recursos ambientais com vistas à sua utilização racional e disponibilidade permanente, concorrendo para a manutenção do equilíbrio ecológico propício à vida" (art. 4º, incisos I e VI). O Supremo Tribunal Federal, em mais de uma oportunidade, já se manifestou acerca da prevalência e da estatura constitucional de tais princípios, a exemplo do voto proferido, na ADI-MC n. 3540/DF, pelo Min. Celso de Mello, no qual se lê:

> [...] a incolumidade do meio ambiente não pode ser comprometida por interesses empresariais nem ficar dependente de motivações de índole meramente econômica, ainda mais se se tiver presente que a atividade econômica, considerada a disciplina constitucional que a rege, está subordinada, dentre outros princípios gerais, àquele que privilegia a "defesa do meio ambiente" (CF, art. 170, VI), que traduz conceito amplo e abrangente das noções de meio ambiente natural, de meio ambiente cultural, de meio ambiente artificial (espaço urbano) e de meio ambiente laboral [...] O princípio do desenvolvimento sustentável, além de impregnado de caráter eminentemente constitucional, encontra suporte legitimador em compromissos internacionais assumidos pelo Estado brasileiro e representa fator de obtenção do justo equilíbrio entre as exigências da economia e as da ecologia, subordinada, no entanto, a invocação desse postulado, quando ocorrente situação de conflito entre valores constitucionais relevantes, a uma condição inafastável, cuja observância não comprometa nem esvazie o conteúdo essencial de um dos mais significativos direitos fundamentais: o direito à preservação do meio ambiente, que traduz bem de uso comum da generalidade das pessoas, a ser resguardado em favor das presentes e futuras gerações.

O caráter preventivo do direito ambiental se expressa por meio dos princípios da precaução e da prevenção. Vale notar que alguns autores, como Celso Fiorillo, consideram que a distinção não tem razão de ser, já que a precaução teria um conteúdo normativo antes político do que jurídico e seria apenas uma subespécie da prevenção, esta sim norma de estatura constitucional. Para este autor:

> No plano constitucional o art. 225 estabelece efetivamente o princípio da prevenção sendo certo que o chamado "princípio da precaução", se é que pode ser observado no plano constitucional, estaria evidentemente colocado dentro do princípio constitucional da prevenção.[222]

Entretanto, em que pese a existência de uma forte ligação entre precaução e prevenção, já que ambos se referem a modos de gerenciar os riscos, seus conteúdos apresentam diferenças significativas a ponto de justificar o tratamento separado, o que é especialmente verdadeiro quando se cuida de uma análise dos efeitos desses princípios no âmbito da sociedade de risco, já que, como afirma Teresa Ancona Lopes, o princípio da precaução "estaria dentro de uma proposta mais ampla destinada a gerenciar ou atenuar riscos de dano na chamada sociedade de riscos".[223]

---

[222] FIORILLO. Celso Antonio Pacheco. Prevenção ou precaução? O art. 225 da Constituição Federal e o dever de preservar os bens ambientais com fundamento na dignidade da pessoa humana (art. 1º, III, da CF) assim como nos valores sociais do trabalho e na livre iniciativa (art. 1º, IV, da CF. *Revista Brasileira de Direito ambiental*. Ano 5, n. 18, 2009, p. 33).

[223] *Apud* idem, p. 32.

Nesse aspecto, é possível afirmar que prevenção e precaução expressam normas voltadas a controlar os danos ao meio ambiente causados pela atividade humana, diferenciando-se pelo fato de que na prevenção o perigo é concreto (porque conhecido) enquanto na precaução o perigo é abstrato.[224] A precaução, assim, tem lugar quando há incerteza acerca da existência de danos futuros, por isso o que se busca evitar é o próprio risco, ao passo que, na prevenção, os danos futuros decorrentes da atividade já são previamente conhecidos.

A precaução, assim, especialmente no contexto de uma sociedade do risco, assume, no dizer de Solange Teles,[225] o papel de "fio condutor da lógica da proteção ambiental, da defesa e da preservação do meio ambiente para as gerações futuras e vindouras". Sobre o tema, vale transcrever trecho do voto do Ministro Lewandoski no julgamento da ADI 3510, em que se tratou da possibilidade de pesquisas com células-tronco embrionárias:

> Quando se cogita da preservação da vida numa escala mais ampla, ou seja, no plano coletivo, não apenas nacional, mas inclusive planetário, vem à baila o chamado "princípio da precaução", que hoje norteia as condutas de todos aqueles que atuam no campo da proteção do meio ambiente e da saúde pública. Ainda que não expressamente formulado, encontra abrigo nos arts. 196 e 225 de nossa Constituição.[...]
> Esse novo paradigma emerge da constatação de que a evolução científica traz consigo riscos imprevisíveis, os quais estão a exigir uma reformulação das práticas e procedimentos tradicionalmente adotados nesse campo. Isso porque, como registra Cristiane Derani, é preciso *considerar não só o risco de determinada atividade, como também os riscos futuros decorrentes de empreendimentos humanos, os quais nossa compreensão e o atual estágio de desenvolvimento da ciência jamais conseguem captar em toda densidade".*
> Com efeito, avançando para além da antiga ótica de recomposição de eventuais prejuízos, "o princípio da precaução não se compraz apenas com a caracterização do dano a ser compensado, pois ele abriga a convicção de que existem comportamentos que devem ser proibidos, sancionados e punidos". Em outras palavras, "não basta determinar o montante da indenização, pois existem danos que não têm preço".
> Não se trata, evidentemente, de exigir uma total abstenção no tocante a ações que envolvam eventual risco, de maneira a levar à paralisia do desenvolvimento científico ou tecnológico. Cuida-se, ao contrário, de exigir, *"em situações de risco potencial desconhecido",* a busca de soluções que permitam *"agir com segurança",* transmudando o risco potencial, *"seja em risco conhecido, seja ao menos em risco potencial fundado".*

---

[224] Cf. HAMMERSCHMIDT, Denise. O risco na sociedade contemporânea e o princípio da precaução no direito ambiental. *Revista Seqüência*, n. 45, p. 97-122, dez. de 2002, p. 111.

[225] *Apud* KÄSSMAYER, Karin. *Cidade, riscos e conflitos socioambientais urbanos*: desafios à regulamentação jurídica na perspectiva da justiça socioambiental. Tese apresentada ao Programa de Doutorado em Meio Ambiente e Desenvolvimento da Universidade Federal do Paraná, Curitiba, 2009.

O Direito Ambiental, pois, tem na sua essência o princípio da precaução, que, no dizer de Cristiane Derani,

Indica uma atuação "racional" para com os bens ambientais, com a mais cuidadosa apreensão possível dos recursos naturais, numa espécie de *Daseinvorsorge ou Zukunftvorsorge* (cuidado, precaução com a existência ou o futuro), que vai além de simples medidas para afastar o perigo. Na verdade é uma "precaução contra o risco", que objetiva prevenir já uma suspeição de perigo ou garantir uma suficiente margem de atuação da linha de perigo. O emprego deste princípio está anterior à manifestação do perigo. Hoppe e Beckmann remarcam o que é pacífico entre os doutrinadores. Segundo eles, este princípio é de tal importância que é considerado como o ponto direcionador central para a formação do direito ambiental.[226]

A precaução impõe que, ante a plausibilidade da futura ocorrência de danos, as condutas potencialmente danosas sejam suspensas, o que se expressa pelo brocardo *in dubio pro natura*, por isso que tal princípio, desde que interpretado prudentemente, representa um importante avanço civilizatório na gestão dos riscos ambientais, devendo ser compreendido a partir de uma visão que procure harmonizar as necessidades humanas de intervenção sobre o meio ambiente, com vistas a produzir as riquezas necessárias ao desenvolvimento, com a necessidade de garantir a existência de um mundo habitável para as próximas gerações, atuando a precaução como empecilho à desmedida exploração econômica inconsequente.

Daí que, à luz do nosso regime constitucional, nem se pode, em nome de um pretenso desenvolvimento econômico, relegar a questão ambiental a segundo plano, tampouco é possível paralisar completamente as atividades econômicas em nome de uma proteção cega ao "meio ambiente" que desconsidere as necessidades humanas prementes. Com efeito, como afirma Paulo Afonso Leme Machado,[227]

a implementação do princípio da precaução não tem por finalidade imobilizar as atividades humanas. Não se trata da precaução que tudo impede ou que em tudo vê catástrofes ou males. O princípio da precaução visa à durabilidade da sadia qualidade de vida das gerações humanas e à continuidade da natureza existente no planeta.

O princípio da precaução configura norma que determina a otimização do dever de cuidado ante incertezas científicas que não podem servir de justificativa para uma atuação humana irresponsável. Esse princípio, portanto, tem como um de seus pilares a necessidade de atuação do poder público ante a constatação de um risco plausível, mesmo diante da incerteza científica. Como afirma Denise

---

[226] DERANI, Cristiane. *Direito Ambiental Econômico*. São Paulo: Saraiva, 2008, p. 150.

[227] MACHADO. Paulo Afonso Leme. *Direto Ambiental brasileiro*. 12ª ed. São Paulo: Malheiros, 2004, p. 56.

Hammerschmidt, o princípio da precaução se funda "na idéia de que é imprescindível gerir os riscos ambientais, adotando-se uma atitude de antecipação preventiva que se revela a longo prazo como menos onerosa para a sociedade e o ambiente e mais justa e solidária com as gerações futuras".[228]

Uma das consequências concretas mais relevantes desse princípio se encontra na possibilidade de inversão do ônus da prova em matéria ambiental. Havendo dúvida acerca do potencial dano decorrente de uma atividade humana, não se exige dos órgãos encarregados pela fiscalização ambiental a prova da periculosidade da atividade, cabendo ao interessado a prova de sua segurança. Nesse sentido, já se pronunciou o Superior Tribunal de Justiça, que, ao julgar o RE n. 1.060.753 – SP, firmou o entendimento de que "o princípio da precaução pressupõe a inversão do ônus probatório, competindo a quem supostamente promoveu o dano ambiental comprovar que não o causou ou que a substância lançada ao meio ambiente não lhe é potencialmente lesiva". Do voto condutor, da lavra da Min. Eliana Calmon, colhe-se que tal entendimento se fundamenta na conjugação dos arts. 6º, VIII, da Lei n. 8.078/1990 e art. 21 da Lei 7.347/1985, com o princípio da precaução. Interessante é notar que na decisão há uma expressa remissão à noção de que a aplicação do princípio da precaução levaria ao afastamento, no plano dos danos ambientais, do princípio da ofensividade, na medida em que a inexistência de certeza quanto à efetiva ocorrência futura do dano é que caracteriza o princípio da precaução. Para melhor compreensão da ideia, vale transcrever artigo de Herman Benjamin que foi utilizado como fundamento do voto condutor daquele julgado:

[...] pode-se dizer que o princípio da precaução inaugura uma nova fase para o próprio Direito Ambiental. Nela já não cabe aos titulares de direitos ambientais provar efeitos negativos (= ofensividade) de empreendimentos levados à apreciação do Poder Público ou do Poder Judiciário, como é o caso do instrumentos filiados ao regime de simples prevenção (p. ex., o Estudo de Impacto Ambiental); por razões várias que não podem aqui ser analisadas (a disponibilidade de informações cobertas por segredo industrial nas mãos dos empreendedores é apenas uma delas), impõe-se aos degradadores potenciais o ônus de corroborar a inofensividade de sua atividade proposta, principalmente naqueles casos em onde eventual dano possa ser irreversível, de difícil reversibilidade ou de larga escala.

Noutro prisma, a precaução é o motor por trás da alteração radical que o tratamento de atividades potencialmente degradadoras vem sofrendo nos últimos anos. Firmando-se a tese – inclusive no plano constitucional – de que *há um dever genérico e abstrato de*

---

[228] HAMMERSCHMIDT, Denise. O risco na sociedade contemporânea e o princípio da precaução no direito ambiental. *Revista Seqüência*. n. 45. Florianópolis: EDUFSC, 2002, p. 113.

não-degradação do meio ambiente, inverte-se, no campo dessas atividades, o regime de ilicitude, já que, nas novas bases jurídicas, esta se presume até prova em contrário.[229]

Com isso, chama-se a atenção para o fato de que a aplicação do princípio da precaução implica o abandono do princípio da lesividade ou ofensividade. Se, no plano da responsabilidade civil ou administrativa, essa opção pela precaução em detrimento da ofensividade não desperta grandes controvérsias, a questão muda radicalmente de figura quando se tem em mente que, também no campo penal, a precaução fundamenta a tutela penal do meio ambiente. Nesse campo, os requisitos para um eventual afastamento da lesividade são bem mais rigorosos, visto que a criminalização de condutas que não representem dano ou ameaça concreta de dano a um bem jurídico seria, para utilizar a expressão já famosa de Hassemer, mero exercício de terror estatal.

Assim, a carga argumentativa necessária para legitimar a utilização do direito penal como instrumento de precaução é extremamente alta. De fato, o caráter principiológico da precaução (entendida como mandamento de otimização que impõe a obrigação de evitar a possibilidade de riscos) faz que o juízo de legitimidade de sua aplicação concreta sempre dependa de uma operação de ponderação entre a precaução e a restrição que em seu nome é imposta. Daí por que os critérios avaliativos são substancialmente diferentes quando se trata da aplicação do princípio da prevenção na fundamentação de restrições administrativas ou civis e na fundamentação do direito de liberdade, quando se cuida da tutela penal do meio ambiente.

Isso porque, a toda evidência, não se pode admitir que as restrições graves do direito penal sejam aplicadas mediante os mesmos pressupostos fáticos necessários para as restrições de natureza civil ou administrativa. Por isso, uma vez que o direito penal ambiental é expressão do princípio da precaução, é necessário avaliar em que medida pode ser admitida a restrição à liberdade geral operada pela tipificação de condutas apenas potencialmente danosas (já que o âmbito de aplicação da precaução é justamente o terreno da incerteza quanto aos danos futuros). Para isso, é fundamental uma aproximação mais detalhada do bem jurídico ambiental e da lei penal ambiental.

---

[229] BENJAMIN, Herman. Responsabilidade Civil pelo Dano Ambiental. *Revista de Direito Ambiental*, São Paulo, v. 9, ano 3, p. 17-18, jan/mar. 1998. Os grifos foram feitos pela relatora do REsp.

7. O bem jurídico tutelado no direito penal ambiental

O conceito de bem jurídico-penal é fundamental para a correta compreensão dos limites e possibilidade do sistema penal. Com efeito, tanto num sistema orientado para uma política minimalista de repressão estatal, em que o direito penal seja reduzido ao *mínimo necessário*, quanto numa política criminal aberta à utilização do direito penal como forma de *controle de riscos*, o conceito de bem jurídico é elemento fundamental. Afinal, seja qual for o paradigma de direito penal utilizado, somente a partir da definição acerca de quais bens jurídicos podem (ou devem) ser legitimamente tutelados, poder-se-á avaliar o grau de atendimento do direito penal às suas finalidades. Em um modelo de direito penal mínimo, definir o que seja o mínimo necessário depende do conceito de bem jurídico (mínimo necessário *para o quê?*); da mesma forma, num modelo de direito penal do risco, é o conceito de bem jurídico que permitirá separar as expansões legítimas das ilegítimas (o risco a ser evitado refere-se *a quê?*).

A noção de bem jurídico-penal, portanto, assume enorme importância quando da avaliação da legitimidade da intervenção penal nos novos campos da vida social, em especial naquelas áreas em que essa intervenção se funda no princípio da precaução, já que, nessa hipótese, a legitimidade da intervenção penal deverá ser aferida mediante a ponderação entre o valor do bem jurídico tutelado e o valor da tutela dos direitos individuais restritivos da pretensão punitiva.

Neste ponto, cumpre lembrar que, como visto no capítulo 5.4, o bem jurídico-penal deve guardar conexão com a realidade, pois é ele que confere essa ligação entre o substrato real e a tipificação abstrata da conduta. Por isso, apesar de não ter de necessariamente ser algo com existência material, o bem jurídico-penal deve ser real. Não é possível alçar à condição de bens jurídicos meras relações, funções ou valores abstratos. Do contrário, a categoria do bem jurídico perderia completamente sua capacidade crítica e teria um sentido meramente descritivo, legitimador da legislação posta, sendo totalmente irrelevante para o desenvolvimento da dogmática penal e para a conformação da política criminal.

Por outro lado, também vimos que um direito penal mais apto a responder às novas demandas sociais e à nova organização da sociedade do risco não pode adotar uma concepção restritiva do bem jurídico, como proposto pela teoria monista-pessoal, de modo que admitimos a legitimidade da existência de bens jurídicos coletivos, mesmo que eles não possam ser reconduzidos à condição de interesse dos indivíduos, desde que tais bens guardem relação com a realidade, isto é, desde que os bens coletivos tenham existência real e possuam os atributos da não distributividade, não exclusividade do uso e não rivalidade no consumo.

Diante de tais considerações, a legitimidade do exercício do poder punitivo na seara ambiental depende da correta definição do bem jurídico "meio ambiente", de sorte que seja possível delimitar o campo possível do crime ambiental pela construção, ainda que aproximada, do um conceito material de crime ambiental. Para isso, antes de qualquer avanço, é preciso delimitar do que estamos falando quando tratamos de meio ambiente para efeitos penais.

7.1. Conceito jurídico-penal de meio ambiente

O legislador constituinte não deixou espaço para dúvidas quanto à sua opção pela utilização do direito penal como instrumento de tutela do "meio ambiente ecologicamente equilibrado", como se constata a partir da leitura do art. 225, *caput* e § 3°, da Constituição Federal. Daí não decorre, entretanto, que seja possível, pura e simplesmente, afirmar que o "meio ambiente" é o bem jurídico tutelado pelo direito penal ambiental, pois este conceito, pelo menos no que diz respeito ao direito penal, além de ser extremamente aberto e abstrato, não atende aos requisitos necessários para se caracterizar como bem jurídico-penal.

Desde logo, cumpre notar que o meio ambiente pode ser visto por uma perspectiva restrita ou por uma perspectiva ampla. Do ponto de vista restrito, o meio ambiente "nada mais é do que a expressão do patrimônio natural e as relações com os seres vivos. Tal noção, é evidente, despreza tudo aquilo que não diga respeito aos recursos naturais".[230] Já numa concepção ampla, o meio ambiente abrange a

---

[230] MILARÉ, Édis. *Direito do ambiente. A gestão ambiental em foco.* 5ª ed. São Paulo: RT, 2007, p. 110.

natureza original e a artificial, assim como os bens culturais correlatos, sendo possível falar em um *meio ambiente natural* e em um *meio ambiente artificial*.

A Lei da Política Nacional do Meio Ambiente (Lei n. 6.938/1981), em seu art. 3º, inciso I, define meio ambiente como "o conjunto de condições, leis, influências e interações de ordem física, química e biológica, que permite, abriga e rege a vida em todas as suas formas", numa abordagem restritiva que leva em consideração unicamente o aspecto natural.

Ressalte-se que, como afirma Édis Milaré,[231] *meio ambiente* é uma daquelas expressões cujo sentido é mais fácil intuir do que definir, constituindo uma noção "camaleão", que exprime as paixões, as expectativas e as incompreensões daqueles que a utilizam. Nesse sentido, para José Afonso da Silva, meio ambiente é "a interação do conjunto de elementos naturais, artificiais e culturais que propiciem o desenvolvimento equilibrado da vida em todas as suas formas".[232] Cristiane Derani[233] conceitua meio ambiente como "espaço onde se encontram os recursos naturais, inclusive aqueles já reproduzidos (transformados) ou degenerados (poluídos) como no caso do ambiente urbano". Antonio Jorge Soares, por seu turno, advoga uma concepção de meio ambiente mais ampla do que aquela ligada aos recursos naturais, afirmando que ele engloba todo o receptáculo da atividade humana. Para o autor,

> [...] meio ambiente diz respeito a algo muito mais amplo do que recursos naturais; diz respeito à condição de vida, porquanto abranger saneamento básico, educação de qualidade, segurança pública, meio de transporte coletivo higienizado e dentro das condições adequadas de funcionamento, semáforos sincronizados, vias públicas sem buracos ou remendos malfeitos, sistema público de saúde de qualidade, emprego, coleta regular e seletiva de lixo, zoneamento da cidade, sistemas eficientes de combates a incêndio, a poluições sonoras, a queimadas dentro perímetro urbano, preservação dos mananciais existentes nos limites territoriais do município, preservação dos manguezais, participação real da população nas decisões tomadas nos municípios, otimização dos recursos financeiros públicos do município, acesso a água potável, a energia elétrica sem repressão, direito de dispor de três refeições diárias, o acesso à riqueza. Deste modo, a luta pelo meio ambiente não é só luta pelos recursos naturais, mas luta pela qualidade de vida da comunidade, em particular, e da sociedade global em geral.[234]

---

[231] MILARÉ, Édis. *Direito do ambiente*, p. 110.

[232] SILVA, José Afonso da. *Direito ambiental constitucional*. 2ª ed. São Paulo: RT, 1998, p. 2.

[233] DERANI, Cristiane. *Direito ambiental econômico*, p. 71.

[234] SOARES, Antônio Jorge. Uma concepção de meio ambiente. *Revista Direito e Liberdade*. v 8, disponível em <http://www.esmarn.tjrn.jus.br/revistas/index.php/revista_direito_e_liberdade/article/view/19>, p. 5.

Uma visão do meio ambiente que o equipare ao conjunto de requisitos necessários à qualidade de vida humana peca por ser, a um só tempo, ampla e restrita demais. Ampla demais porque perde densidade, confundindo o objeto com o objetivo e não fornece qualquer contorno ao meio ambiente. Por outro lado, é também restrita demais, porque o meio ambiente passa a ser definido unicamente em função dos interesses humanos.

Em todo caso, qualquer que seja a visão adotada, o ambiente deve ser sempre entendido segundo uma visão relacional, visto que ele é o resultado das relações estabelecidas entre os diversos aspectos físico-naturais e entre estes e os artificiais, que se influenciam e alteram mutuamente. Ocorre, entretanto, que, dentro dessa ótica, o meio ambiente perde seu substrato real e passa ser um conjunto de relações que não é suscetível de, por si só, configurar um bem jurídico-penal. A dizer, mesmo que o conceito de meio ambiente se refira a realidades materiais (a fauna, a flora, os recursos minerais etc.), uma concepção relacional não se esgota em qualquer desses elementos físicos, tampouco nos elementos imateriais (como a cultura e o patrimônio histórico), mas nas inter-relações estabelecidas entre os diversos elementos. Um conceito assim global e abstrato não pode servir de substrato ao bem jurídico, pelo menos não se tal categoria pretender impor limites à atuação do legislador. Como afirma Mata Y Martin, quando

Se toma como referência o meio ambiente em sua globalidade, como ruptura do equilíbrio do mesmo, de um ecossistema em seu conjunto e não de algum dos seus elementos, a apreciação do ataque resulta mais complexa já que implica maiores exigências, pois não é o mesmo lesar ou por em perigo a fauna, a flora, o solo, o ar ou a água, isoladamente, que o conjunto das relações de um sistema natural.[235]

Meio ambiente, pois, mesmo que adotada a visão mais restritiva (relação do patrimônio natural com os seres vivos e entre eles), não é algo concreto, existente (ainda que imaterial), mas é o resultado de um conjunto de interações, por isso não pode caracterizar um bem jurídico-penal.

Daí por que, para efeito de tutela penal do ambiente, é necessário definir mais claramente o que deve ser entendido como bem jurídico-penal ambiental, que deve ser algo capaz de, a um só tempo, servir como parâmetro de crítica à legislação, limitando eventuais excessos, e também garantir que a necessidade de proteção do meio ambiente para as presentes e futuras gerações, imposição constitucional, seja devidamente atendida. Nesse aspecto, o conceito de biodiversidade

---

[235] *Apud* FIGUEIREDO, Guilherme Gouveia. *Crimes ambientais e bens jurídico-penais*. 2ª ed. Porto Alegre: Livraria do Advogado, 2013, p. 120.

se molda com exatidão aos requisitos necessários para emprestar conteúdo ao bem jurídico-penal ambiental.

Com efeito, ao considerar a biodiversidade como objeto da tutela penal do meio ambiente, torna-se possível dar concretude à tutela penal ambiental, já que não mais relações e interações abstratas, mas algo com existência concreta, real e mensurável passa a ser objeto da proteção penal. Trata-se, ainda, de um conceito mais amplo do que o de interesse humano, aproximando-se mais de uma visão biocêntrica, segundo a qual a vida, toda ela, deve estar no centro das atenções do direito, inclusive (e especialmente) do direito penal. Nesse sentido, aproximamo-nos da visão de Stratenwerth, o qual sustenta que, para lidar corretamente com os delitos referidos ao futuro, hipótese na qual se enquadram os delitos ambientais, não apenas as gerações futuras, mas também a natureza em si mesma deve ser reconhecida como merecedora de proteção penal, sendo "necessário, sobretudo, *abandonar a cosmovisão antropocêntrica* – comum desde a época da modernidade iluminista – que vê no homem o senhor da criação e reduz a racionalidade humana à mera dimensão instrumental".[236]

É certo que a esta ideia de utilização da biodiversidade como conteúdo do bem jurídico-penal ambiental poderia ser levantada a objeção de que o meio ambiente artificial, em especial o cultural e o do trabalho, ficaria fora das atenções do direito penal. Essa crítica, entretanto, não é procedente, já que esses aspectos artificiais do meio ambiente são já tutelados por normas penais específicas, como a lei do parcelamento do solo (arts. 50, 51 e 52 da Lei n. 6.766/79) e os crimes contra a organização do trabalho, por exemplo. Ademais, esses aspectos do meio ambiente se ligam a bens jurídico-penais específicos, que estão fora da área de atuação própria e específica do direito penal do ambiente. Tampouco parece procedente uma eventual objeção fundada na previsão de crimes contra o ordenamento urbano e patrimônio cultural na lei de crimes ambientais. Com efeito, é de notar que os crimes previstos na seção IV da lei de crimes ambientais, os crimes contra o ordenamento urbano e o patrimônio cultural, não são propriamente crimes contra o ambiente, já que a cultura e o ordenamento urbano configuram bens jurídico-penais autônomos. Nesse sentido, com acerto, afirma Luiz Regis Prado:

> A lei brasileira de 1998, uma vez mais, não andou bem no tratamento dos referidos temas. Além de ser altamente falta em abrangência e tecnicamente imprecisa, acaba por confundir conceitos distintos de ambiente, ordenação do território e patrimônio

---

[236] Citado por GRECO, Luis. *Modernização do direito penal, bens jurídicos coletivos e crimes de perigo abstrato*, p. 10.

cultural, que, a rigor, devem merecer tratamento diverso como bens jurídicos penais autônomos.[237]

A adoção da biodiversidade como conteúdo específico do meio ambiente para fins penais atende a todos os requisitos necessários ao conceito crítico de bem jurídico-penal, pois, além de ter um conteúdo certo e delimitado, possui também os atributos da não distributividade (não pode ser apropriado por ninguém), da não exclusividade do consumo e da não rivalidade do uso. Através do conceito de biodiversidade, é possível identificar com precisão o bem jurídico afetado, distinguindo-o do objeto da conduta delituosa (o elemento material do tipo penal específico, como o animal morto nos crimes contra a fauna ou o vegetal atingido nos crimes contra a flora). Atendem-se, portanto, os requisitos limitadores de eventuais excessos, fornecendo elementos para que, no caso concreto, o Judiciário possa reconhecer a atipicidade material de uma conduta que, apesar de formalmente prevista no tipo penal, materialmente não afeta o bem jurídico tutelado, evitando a posição dominante na jurisprudência que entende não ser possível afastar a tipicidade pela insignificância nos crimes ambientais em virtude da relevância do objeto tutelado.

Por outro lado, também a necessidade de proteção do meio ambiente para as presentes e futuras gerações estará plenamente atendida pela utilização do conceito de biodiversidade como bem jurídico-penal dos crimes ambientais. Por fim, este conceito tem ainda a vantagem adicional de estar plenamente de acordo com a definição legal de meio ambiente, constante da lei da política nacional do meio ambiente.

Assim, é a biodiversidade que deve preencher o conceito de bem jurídico-penal na tutela penal do meio ambiente. Entretanto, como forma de evitar a utilização de um conceito tautológico, é necessário fazer o detalhamento do que é a biodiversidade, de modo a tornar possível a ponderação da necessidade de sua tutela penal em contraste com a necessidade de proteção da liberdade dos cidadãos acusados da prática de crimes.

Com efeito, a tutela penal do meio ambiente encerra uma clara colisão entre os princípios clássicos do direito penal, em especial aqueles ligados à intervenção mínima, e o princípio da precaução, base do modelo do direito peal do risco. O estabelecimento do campo possível de intervenção penal em matéria ambiental é dado pela ponderação entre o princípio da precaução (referente ao valor do bem jurídico a ser tutelado pelas normas penais, *in casu*, a biodiversidade)

---

[237] PRADO, Luiz Régis. *Direito Penal do Ambiente*, p. 489.

e o da intervenção mínima, o que permite estabelecer quais os limites máximos (em atenção à proibição de excesso) e mínimos (proibição de proteção deficiente) para a intensidade das restrições impostas (a tipificação de condutas e a utilização do instrumental penal, com toda sua carga de violência real e simbólica). Não é demais repisar que a concretização de princípios constitucionais deve ser feita através da técnica da ponderação e do sopesamento, e não da subsunção,[238] dado que os princípios consistem em mandamentos de otimização, isto é, ordens para que algo seja realizado na maior medida possível, de acordo com as condições fáticas (apreciadas nas categorias da adequação e da necessidade) e jurídicas (quando entram em jogo os princípios contrapostos). Os princípios, diversamente das regras (que são aplicadas segundo a lógica do tudo-ou-nada), têm uma dimensão de peso e precedência, podendo ser cumpridos em maior ou menor grau, de acordo com as circunstâncias fáticas e jurídicas.

Assim, a concretização de um princípio pressupõe necessariamente uma operação de sua valoração, de modo a estabelecer não só sua posição prévia na escala de valores constitucionais (isto é, qual seu grau de importância abstrato quando comparado com outros princípios), mas principalmente de forma a poder estabelecer concretamente qual o grau de interferência admissível quando de uma colisão com outro princípio.[239]

Nessas condições, é evidente que, somente a partir da correta compreensão da biodiversidade e de seu valor, poder-se-á pensar na realização de uma ponderação minimamente adequada e em uma atuação estatal (principalmente do Judiciário) que efetivamente seja apta a concretizar a proteção à biodiversidade por intermédio do direito penal.

7.2. A biodiversidade

Nos termos da Convenção sobre a Diversidade Biológica, internalizada pelo Decreto 2.519/1998, *"diversidade biológica"* significa as variabilidades de organismos vivos de todas as origens, compreendendo, entre outros, os ecossistemas terrestres, marinhos e outros ecossistemas aquáticos e os complexos ecológicos de que fazem parte;

---

[238] Cf ALEXY, Robert. *Teoria dos Direitos Fundamentais*, p. 82 e ss.

[239] Cf ALEXY, Robert. La formula del peso. In CARBONELL, Miguel (editor). *El principio de proporcionalidad y la interpretación constitucional*. Serie Justicia e derechos Humanos – Neoconstitucionalismo y Sociedad. Quito: Ministerio de Justicia e Derechos Humanos de Ecuador. 2008, p. 13-42.

compreende ainda a diversidade dentro de espécies, entre espécies e de ecossistemas.

O termo "biodiversidade" é empregado como sinônimo de diversidade biológica, embora haja quem afirme que a expressão "diversidade biológica" confere maior ênfase ao critério aritmético, parecendo estar mais relacionada à pluralidade quantitativa de espécies vivas diferentes, sem explicitar o vínculo profundo existente entre elas ou o nexo vital que as torna solidárias na teia da vida, ao passo que o termo *biodiversidade* "sugere uma vinculação mais profunda, direta e essencial dos indivíduos e das espécies com a teia da vida em que estão inseridos, traduzindo melhor a unidade na pluralidade e a pluralidade na unidade".[240] Nesse sentido também se posiciona Nurit Besunsan:

> O termo "biodiversidade", cunhado a partir da expressão "diversidade biológica", transcendeu o seu significado original. No começo da década de 1980, "diversidade biológica" era sinônimo de riqueza de espécies; em 1982, o termo adquiriu o sentido de diversidade genética e riqueza de espécies e, por fim, em 1986, com a contração da expressão, expandiu-se para abrigar além da diversidade genética e da diversidade de espécies, a diversidade ecológica.[241]

Biodiversidade, portanto, é um conceito pluridimensional que não se esgota na noção de quantidade de espécies, dado que possui três dimensões igualmente fundamentais: a *diversidade genética* dentro de uma mesma espécie, *a diversidade de espécies* e a *diversidade de ecossistemas*.

7.2.1. Diversidade de genética

A diversidade genética é a variabilidade presente no conjunto dos indivíduos da mesma espécie e decorre da variação intraespecífica no curso da reprodução sexuada dos seres vivos. Graças a essa variabilidade, que faz serem diferentes entre si os indivíduos de uma mesma espécie, os mecanismos da evolução e da seleção das espécies podem funcionar, garantindo a possibilidade de adaptação das espécies às alterações do meio. A variabilidade genética entre os indivíduos de uma espécie é essencial para possibilitar a manutenção daquela espécie, já que as espécies geneticamente homogêneas são muito mais suscetíveis a riscos ambientais. É o que comumente ocorre

---

[240] MILARÉ, edis. *Direito do ambiente*, p. 548.

[241] BENSUSAN, N. 2008. Introdução. A impossibilidade de ganhar a aposta e a destruição da natureza. In: ——. (org.). *Seria melhor mandar ladrilhar? Biodiversidade: como, para que e por que.* 2ª ed. Brasília: Editora UnB, 2008, p. 18.

na agricultura, em que, como consequência da seleção de espécimes mais rentáveis para reprodução, aumenta a possibilidade de que alguma praga extermine toda a espécie.

Um bom exemplo disso ocorreu na Irlanda, no século XIX. A batata, originária dos Andes, foi introduzida na Europa no século XVII e, no início do século XIX, já era um produto extremamente popular, tendo-se transformado na base da economia e da dieta alimentar da Irlanda. Entretanto, em 1845, as plantações irlandesas foram devastadas por uma praga causada por um fungo, provocando uma fome sem precedentes. Dos cerca de 6,5 milhões de habitantes de então, um milhão morreu de fome, e outro 1,2 milhão emigrou da Irlanda. Como afirma Nurit Besusan:

> Essa doença das batatas na Irlanda ilustra um dilema constante da agricultura, que por sua vez nos remete à questão da variabilidade genética. Para produzir a "melhor" planta, que proporcionará a máxima produção, agricultores e cientistas cruzam e selecionam as plantas durante gerações até obter a combinação certa de algumas características. Em seguida, desenvolvem todo o plantio a partir dessa forma melhorada; ou seja, todas as plantas possuem um único progenitor, são geneticamente uniformes. É uma troca: variabilidade genética por um ótimo invariável. Pode funcionar bem por algum tempo, mas a falta de diversidade genética torna a variedade única muito suscetível a doenças: se algum fungo, vírus ou bactéria atacar as plantas com sucesso, pode devastar toda a colheita, uma vez que as plantas são, todas, geneticamente iguais.[242]

Por seu turno, os riscos da perda da variabilidade genética são bem apontados pelo relatório Panorama da Biodiversidade Global 3:

> O declínio nas populações de espécies, combinado com a fragmentação das paisagens, corpos de águas interiores e habitats marinhos, tem conduzido, necessariamente, à uma significativa redução geral da diversidade genética da vida na Terra. Embora esse declínio seja preocupante por várias razões, há uma inquietação especial sobre a perda de diversidade nas raças e variedades de plantas e animais utilizados para a subsistência humana. A homogeneização geral de paisagens e de variedades agrícolas pode tornar as populações rurais mais vulneráveis às mudanças futuras, se houver a possibilidade de traços genéticos, mantidos ao longo de milhares de anos, desaparecerem. Um exemplo da redução da diversidade de culturas pode ser encontrado na China, onde o número de variedades de arroz local a ser cultivado caiu de 46.000, em 1950, para pouco mais de 1.000, em 2006. [...]
> A perda de diversidade genética em sistemas agrícolas é particularmente preocupante, tendo em vista que as comunidades rurais enfrentam desafios cada vez maiores na adaptação às condições climáticas futuras. Os recursos genéticos são extremamente importantes para o desenvolvimento de sistemas agrícolas que capturem mais carbono e emitam menor quantidade de gases de efeito estufa, e para servir de base para a geração de novas variedades. Uma raça ou variedade de pouca importância hoje pode

---

[242] Cf. BENSUSAN, Nurit. O que a natureza faz por nós: serviços ambientais, p. 229-257.

revelar-se muito valiosa no futuro. Se for permitido que seja extinta, as opções para a futura sobrevivência e adaptação estarão sendo fechadas para sempre.[243]

7.2.2. Diversidade de espécies

A segunda dimensão do conceito de biodiversidade é a relativa à diversidade de espécies, sem a qual a manutenção dos diversos serviços ecossistêmicos necessários à manutenção da vida humana ficaria extremamente comprometida. Com efeito, a manutenção da vida humana não depende apenas da provisão dos diversos recursos naturais extraídos direta ou indiretamente da natureza, como a madeira, os tecidos, os alimentos, medicamentos etc. Além destes, cuja importância e fundamentalidade são inegáveis, há uma série de outros serviços prestados pela natureza que, mesmo sem serem devidamente notados, são tão ou mais importantes do que aqueles, como os serviços de polinização, ciclagem de nutrientes, conservação de solos e controle de pragas e doenças, que dependem diretamente da diversidade de espécies existentes.

A diversidade de espécies, assim, é essencial para as pessoas, porque sem ela uma grande variedade de serviços ecossistêmicos, dos quais as sociedades humanas sempre dependeram, ficam seriamente comprometidos. Os serviços ecossistêmicos podem ser divididos em quatro categorias:[244]

1) serviços de provisão: ou o fornecimento de bens de benefícios diretos para as pessoas, muitas vezes com um evidente valor monetário, como a madeira proveniente de florestas, plantas medicinais e os peixes dos oceanos, rios e lagos.

2) serviços de suporte: não fornecem benefícios diretos para as pessoas, mas são essenciais para o funcionamento dos ecossistemas e, portanto, indiretamente responsáveis por todos os outros serviços. A formação dos solos e os processos de crescimento das plantas são alguns exemplos.

3) serviços reguladores: o sortimento de funções vitais realizadas pelos ecossistemas, que raramente recebem um valor monetário nos mercados convencionais. Eles incluem a regulação do clima por meio do armazenamento de carbono e do controle da precipitação local, a remoção de poluentes pela filtragem do ar e da água, e a proteção contra desastres, como deslizamentos de terra e tempestades costeiras.

4) serviços culturais: não fornecem benefícios materiais diretos, mas contribuem para ampliar as necessidades e os desejos da sociedade e, consequentemente, a dis-

---

[243] SECRETARIADO DA CONVENÇÃO SOBRE DIVERSIDADE BIOLÓGICA, *Panorama da Biodiversidade Global 3*, Brasília: Ministério do Meio Ambiente, Secretaria de Biodiversidade e Florestas (MMA), 2010, p. 51/52.

[244] Idem, p. 23.

posição das pessoas a pagar pela conservação. Eles incluem o valor espiritual ligado a determinados ecossistemas, tais como os bosques sagrados e a beleza estética das paisagens ou das formações costeiras que atraem turistas.

A continuidade do fornecimento de tais serviços ecossistêmicos é essencial para a manutenção da qualidade de vida dos seres humanos, e a diversidade de espécies é essencial para a manutenção de tais serviços. Por isso, é importante perceber que:

A biodiversidade também sustenta o funcionamento de ecossistemas que oferecem uma ampla gama de serviços para as sociedades humanas. Sua perda contínua, portanto, tem grandes implicações para o atual e futuro bem-estar humano. O fornecimento de alimentos, fibras, medicamentos e água potável, a polinização das culturas, filtragem de poluentes, e a proteção contra desastres naturais estão entre os serviços ecossistêmicos potencialmente ameaçados pelo declínio e pelas mudanças na biodiversidade. Serviços culturais, tais como os valores espirituais e religiosos, as oportunidades de conhecimento e educação, valores recreativos e estéticos encontram-se também em declínio.[245]

Cumpre notar que as interações existentes na natureza são extremamente complexas e ainda não são inteiramente conhecidas pela ciência, sendo certo que não é possível responder, com um grau de segurança minimamente adequado, qual a extensão das interações necessárias para a manutenção da vida humana na terra, ou seja, não se sabe ainda (talvez nunca venhamos a saber) quantas e quais espécies são (ou serão no futuro) necessárias para a manutenção da vida humana. É que, mesmo que fosse possível elaborar uma extensa relação de todas as espécies que fornecem os gêneros de primeira necessidade indispensáveis à manutenção da qualidade de vida humana, o fato é que a existência dessas espécies também dependeria de outras, que por seu turno manteriam relações de dependência com outras mais, formando assim uma complexa teia cuja extensão total é impossível de prever.

A questão relativa à diversidade de espécies, portanto, não se resume à proteção dos grandes mamíferos ameaçados, das aves e peixes ou daquelas espécies cuja utilidade já foi identificada, mas alcança também todas aquelas que com elas interagem e atinge, de forma muito acentuada, a enorme gama de micro-organismos que interagem com essas espécies ou os que são essenciais para a manutenção dos serviços ecológicos.

De fato, com exceção dos especialistas, poucas pessoas seriam capazes de notar o desaparecimento de um micro-organismo ou de um verme microscópico. Entretanto, esta possibilidade deveria ser fonte

---

[245] SECRETARIADO DA CONVENÇÃO SOBRE DIVERSIDADE BIOLÓGICA, op. cit., p. 9.

de graves preocupações, levando-se em conta a importância de tais organismos para as diversas funções e serviços ambientais, já que grande parte dos processos naturais que possibilitam a manutenção da nossa qualidade de vida são dependentes desses organismos. Como afirma Michael Swift, referindo-se à biodiversidade dos solos:

> Os inúmeros organismos do solo – bactérias, fungos e animais – são os agentes primários da decomposição da matéria orgânica e dirigem a ciclagem de nutrientes e assim a produção de fibras e alimentos. Eles são os principais contribuintes para a emissão de gases do efeito estufa, assim qualquer mudança em suas atividades pode afetar nosso clima. Eles regulam a dinâmica da matéria orgânica do solo e consequentemente o estoque de carbono que atua prevenindo a emissão de gases em excesso. Eles modificam a estrutura física e regulam a disponibilidade de água para as plantas assim como a suscetibilidade do solo à erosão. Os organismos do solo têm sido fonte de muitos medicamentos importantes, incluindo os primeiros antibióticos [...].[246]

Numa imagem muito feliz, Nurit Besusan compara a manutenção da diversidade de espécies à asa de um avião em pleno voo:

> Se retirarmos um dos parafusos que sustenta a asa, nada acontecerá; se forem dois, três ou quatro, os parafusos ausentes, nada, tampouco, acontecerá; mas se forem dez ou doze, provavelmente a asa cairá e se forem vinte ou mais, a asa despencará com absoluta certeza. Acredita-se, hoje, que com o desaparecimento de muitas das espécies que compõem um ecossistema ou um ambiente, seu colapso é garantido. Podemos afirmar assim que cada espécie é um 'produto único e insubstituível da natureza'

7.2.3. Diversidade de ecossistemas

Por fim, a outra dimensão do conceito de biodiversidade é aquela relativa à diversidade de ecossistemas, que diz respeito aos ecossistemas, ambientes e paisagens diferentes, presentes na Terra, bem como às interações entre as comunidades em relações complexas. O planeta possui diversos ecossistemas diferentes, cada um com condições climáticas, geográficas e históricas que o tornam único. É desnecessário frisar as diferenças óbvias entre a Amazônia, as florestas temperadas, o cerrado ou o deserto do Saara.

Cada ecossistema reúne condições específicas que garantem a manutenção de inúmeras espécies que, por vezes, somente existem em locais específicos, de modo que a manutenção dos ecossistemas é também essencial para a preservação da diversidade de espécies, da diversidade genética e dos serviços ecológicos imprescindíveis aos seres humanos.

---

[246] SWIFT, Michael. Prefácio. In: MOREIRA, Fátima; SIQUEIRA, José; BRUSSAARD, Lijbert. *Biodiversidade do solo em ecossistemas brasileiros.* Lavras: Editora Ufla, 2008.

Neste ponto, vale notar que, intimamente relacionado à diversidade de ecossistemas, há o fenômeno do endemismo, que é a ocorrência de uma espécie em um determinado local específico. Áreas de endemismo, assim, são "espaços geográficos determinados pela congruência nas distribuições de duas ou mais espécies que não ocorrem em nenhum outro lugar".[247] A percepção dessa circunstância é especialmente importante para a manutenção da diversidade biológica, porque, em razão de a distribuição espacial das espécies não ocorrer de forma homogênea, há grande risco de que, mesmo ante uma destruição/degradação parcial dos ecossistemas, isto é, limitada espacialmente a uma área relativamente reduzida, ocorra a perda de algumas espécies endêmicas que habitem exclusivamente a área degradada, causando uma perda irreversível.

Um bom exemplo desse fenômeno ocorre na Amazônia, onde, apesar da vastidão e da aparente homogeneidade, existem inúmeras espécies endêmicas que ocupam espaços relativamente pequenos. Nesse sentido, afirma José Maria Cardoso da Silva:[248]

> Há dois padrões biogeográficos básicos na Amazônia. O primeiro padrão é que as espécies não estão distribuídas de forma homogênea na região, mas a maioria das espécies possui distribuição restrita, definindo "áreas de endemismo". O segundo padrão é que espécies endêmicas a uma área de endemismo são substituídas nas áreas de endemismo adjacentes por espécies aparentadas. A conservação das áreas de endemismo da Amazônia requer a criação e o manejo efetivo de unidades de conservação, o apoio às populações indígenas para garantir a integridade dos seus territórios e a integração de todas as áreas protegidas (incluindo também as reservas legais das propriedades privadas) por meio de corredores de biodiversidade tanto na escala sub-regional (dentro das áreas de endemismo) como na escala regional (entre áreas de endemismo).

Daí por que a alteração das características naturais de determinadas localidades, ainda que aparentemente seja de pouca extensão, pode ter consequências de extrema gravidade para a manutenção da biodiversidade. Assim, a gravidade do dano ou mesmo o risco à biodiversidade decorrente da ação não podem ser avaliados unicamente a partir de um critério numérico/quantitativo que demonstre a amplitude territorial direta da atividade potencialmente degradante, mas deve levar em consideração a necessidade da manutenção das condições afetadas para a biodiversidade em todas as suas dimensões, inclusive analisando a existência de espécies endêmicas cuja sobrevivência necessite especificamente daquele ecossistema.

---

[247] SILVA, José Maria Cardoso; GARDA, Adrian Antonio. *Padrões e processos biogeográficos na Amazônia*. Disponível em <http://zoo.bio.ufpr.br/sbe/Conteudo786-1.pdf>. Acesso em 26.08.2011.

[248] Idem, p. 190.

7.3. Os riscos à biodiversidade

Somente agora a ciência começa a descobrir a extensão da biodiversidade sobre o planeta. A cada dia, descobre-se que áreas que se imaginava serem pouco propícias ao desenvolvimento da vida, na verdade, abrigam uma infinidade de indivíduos e espécies.

Com efeito, em abril de 2005, foram publicados na revista *Nature*[249] os resultados de uma pesquisa que descobriu uma estranha comunidade de micro-organismos nos gêiseres (fontes de água aquecida por energia vulcânica) dentro do Parque Yellowstone, nos Estados Unidos, vivendo em poros de rocha num ambiente com temperatura média de 70° C e com um pH (grau de acidez) de 1, o que é capaz de dissolver pregos de ferro. Nurit Bensusan,[250] ao comentar uma pesquisa publicada em novembro de 2009 na revista *Science* sobre a enorme diversidade de vírus encontrados nas águas geladas da Antártida, afirma que naquela localidade, "(...) que parece hostil a qualquer forma de vida, há uma grande quantidade de vírus, muitos deles jamais vistos em outros lugares. Um dos autores do artigo, que reuniu pesquisadores espanhóis e ingleses, afirmou que essa descoberta está mudando a forma de ver aqueles organismos e seu papel nos ecossistemas microbianos".[251] Mais recentemente, a Nasa divulgou, em seu sítio na rede mundial de computadores,[252] ter descoberto vida em um lago na Califórnia que é notabilizado por possuir águas hipersalinas e com alta concentração de arsênio, um elemento que se acreditava tóxico para todas as formas de vida baseadas em carbono.

Anualmente, as descobertas feitas pelos taxonomistas adicionam cerca de 15.000 novas espécies ao total das cerca de 1,5 milhão de espécies já descritas,[253] mas as estimativas acerca do número total delas variam muito, de acordo com método utilizado, correspondendo

---

[249] WALKER, Jeffrey J., SPEAR, John R. & PACE, Norman R. *Geobiology of a microbial endolithic community in the Yellowstone geothermal environment. Nature 434*, 1011-1014 (21 April 2005) disponível em <http://www.nature.com/nature/journal/v434/n7036/full/nature03447.html> acessado em 24.8.2011

[250] Disponível em <http://oglobo.globo.com/blogs/nossoplaneta/>. Acesso em 24.8.2011.

[251] O artigo com os resultados da pesquisa pode ser acessado em <http://www.sciencemag.org/cgi/content/abstract/326/5954/858>.

[252] Disponível em <http://www.nasa.gov/home/hqnews/2010/dec/HQ_10-320_Toxic_Life.html>. Acesso em 24.08.2011.

[253] MAY, Robert M. *Why Worry about How Many Species and Their Loss?* Disponível em <http://www.plosbiology.org/article/info%3Adoi%2F10.1371%2Fjournal.pbio.1001130> acesso em 25.08.2011.

a algo entre 3 milhões e 100 (!) milhões de espécies.[254] Edward Wilson,[255] professor do Museu de Zoologia Comparada da Universidade de Harvard, aposta que existiria no planeta algo entre 5 milhões e 30 milhões de espécies. Já o Centro Mundial de Monitoramento da Conservação (WCMC – World Conservation Monitoring Centre) aposta num intervalo entre 8 milhões e 12,5 milhões de espécies. Para o ex-presidente da Sociedade Real Britânica Robert May, "é uma indicação notável do narcisismo da humanidade que saibamos que o número de livros na Biblioteca do Congresso americano no dia 1º de fevereiro de 2011 eram 22.194.656, mas que não podemos dizer – dentro de uma ordem de magnitude – com quantas espécies de plantas e animais nós dividimos o mundo".[256]

Em estudo publicado recentemente na revista *Public Library of Science Biology*, Camilo Mora[257] propôs um novo método de estimativa do número total de espécies eucariontes (excluídas, portanto, as bactérias, as arqueobactérias e os vírus), concluindo existirem cerca de aproximadamente 8,74 milhões de espécies na terra, dos quais cerca de 7,77 milhões seria animais, 298 mil seriam plantas, 611 mil seriam fungos, 36,4 mil seriam protozoários e 27,5 mil seriam chromistas.

Apesar dos avanços nas pesquisas, é bem provável que nunca saibamos com exatidão o número total de espécies existentes na terra. A primeira razão para isso são as dificuldades próprias da pesquisa, já que grande parte dos organismos vive em locais de difícil acesso. Ademais, há certa predileção dos pesquisadores por determinadas espécies em detrimento de outras (o que se torna bem evidente quando se nota que, apesar de a maior parte dos animais existentes serem invertebrados, mamíferos e pássaros constituem o grupo com o maior número de espécies descritas, em termos relativos). Por fim, não se pode descurar do fato de que os locais em que se concentra o maior número de espécies (as zonas tropicais) são os que detêm o menor número de pesquisadores, já que apenas 6% dos pesquisadores são da África, Ásia e América Latina.

---

[254] MORA, Camilo, *et al.* (2011) *How Many Species Are There on Earth and in the Ocean?* Disponível em <www.PLoSBiol9(8):e1001127.doi:10.1371/journal.pbio.1001127>. Acesso em 24.08.2011.

[255] Cf. BENSUSAN, Nurit. 2008. Introdução. A impossibilidade de ganhar a aposta e a destruição da natureza. In: BENSUSAN, N. (org.). *Seria melhor mandar ladrilhar?* Biodiversidade: como, para que e por que. 2ª ed. Brasília: Editora UnB, 2008, p. 17-39.

[256] "It is a remarkable testament to humanity's narcissism that we know the number of books in the US Library of Congress on 1 February 2011 was 22,194,656, but cannot tell you – to within an order-of-magnitude – how many distinct species of plants and animals we share our world with". MAY, Robert M. *Why Worry about How Many Species and Their Loss?*

[257] MORA Camilo, *et al.* (2011) *How Many Species Are There on Earth and in the Ocean?* PLoS Biol 9(8): <www.PLoSBiol9(8):e1001127.doi:10.1371/journal.pbio.1001127>. Acesso em 24.08.2011.

Porém, outra razão, ainda mais grave, constitui óbice para um conhecimento mais exato acerca do número total de espécies existentes. É o fato de que muitas espécies sofrem um progressivo e cada vez mais acelerado processo de desaparecimento. De fato, segundo dados divulgados pelo relatório Panorama da Diversidade Global 3 (GBO3), do Secretariado da convenção para a diversidade biológica,[258] as populações de aves de terras agrícolas na Europa diminuíram 50% em média, desde 1980. As populações de aves em pastagens na América do Norte diminuíram em quase 40% entre 1968 e 2003; as de zonas áridas da América do Norte caíram quase 30% desde a década de 1960. Das 1.200 populações de aves aquáticas com tendências reconhecidas, 44% estão em declínio. Além disso, 42% de todas as espécies de anfíbios e 40% das espécies de aves estão em declínio em termos populacionais. A situação assume especial gravidade quando se nota que, como afirma Nurit Besusan,

> [...] supõe-se que se os níveis atuais de remoção da floresta continuarem, em um século, teremos uma perda de 12% das espécies de aves da bacia amazônica e de 15% das 92 mil espécies de plantas das Américas Central e do Sul. Outras estimativas: um quinto das aves em todo mundo foi eliminado desde que os homens ocuparam as ilhas; cerca de 20% das espécies de peixes de água doce estão extintas ou em estado de declínio acentuado; mais de 200 espécies de plantas já se extinguiram nos Estados Unidos; na Alemanha cerca de 30% dos insetos e outros animais invertebrados estão ameaçados de extinção, na Áustria, 22%, e na Inglaterra, 17%; aproximadamente 40% das espécies de fungos da Europa Ocidental desapareceram nos últimos sessenta anos.[259]

Vale notar que essa aceleração no volume de desaparecimento de espécies está intimamente ligada à ação humana. De fato, o aumento da ocupação da terra pela expansão das cidades e pelo aumento das áreas utilizadas pela agricultura, aliado à queima de combustíveis fósseis, vem alterando ecossistemas, destruindo os habitats, poluindo o ar, os rios e os mares e, assim, colocando em risco a existência de várias espécies. Segundo dados divulgados GBO3:

> A perda e a degradação de habitats criam a maior fonte individual de pressão sobre a biodiversidade em todo o mundo. Para os ecossistemas terrestres, a perda de habitats é, em grande parte, explicada pela conversão de terras silvestres para a agricultura, que hoje representa cerca de 30% da superfície global. Em algumas áreas, essa

---

[258] SECRETARIADO DA CONVENÇÃO SOBRE DIVERSIDADE BIOLÓGICA, *Panorama da Biodiversidade Global 3*. Brasília: Ministério do Meio Ambiente, Secretaria de Biodiversidade e Florestas (MMA), 2010, p. 24.

[259] Cf. BENSUSAN, Nurit. Introdução. A impossibilidade de ganhar a aposta e a destruição da natureza, p. 18.

perda tem sido recentemente impulsionada, em parte, pela demanda por biocombustíveis.[260]

Apesar da resiliência da vida, a enorme diversidade biológica existente em nosso planeta se encontra seriamente ameaçada em razão das atividades humanas. A extinção de espécies, que até hoje ocorreu de forma natural, causada pelas placas tectônicas, vulcões e outras forças da natureza, dava-se num ritmo lento o suficiente para possibilitar que o mecanismo da evolução mantivesse a diversidade biológica. Entretanto, atualmente, os efeitos perversos da intervenção humana têm feito com que, segundo dados divulgados pelo WWF,[261] as taxas de extinção atuais sejam pelo menos 1.000 vezes maior do que aquela que ocorreria naturalmente, sem interferência humana.

O quadro que se descortina em relação à biodiversidade é, portanto, preocupante, dadas as graves consequências que sua perda acarreta. Ocorre, entretanto, que essas consequências não são devidamente percebidas pela maior parte da população, que imagina ser a perda da biodiversidade uma questão para ecólogos e ambientalistas preocupados com a preservação das baleias, pandas e gorilas. Diversamente do que ocorre em relação às mudanças climáticas e ao efeito estufa, a perda da biodiversidade, via de regra, é tida pela maioria da população como algo distante, sequer percebida como uma ameaça à qualidade de vida das pessoas. Com isso, não é nada desprezível o risco de que, na hora de avaliar a importância da tutela da biodiversidade, isto é, quando da ponderação das medidas (penais) voltadas à sua tutela, esta seja subvalorizada, o que poderia comprometer o resultado da avaliação.

Daí se faz necessário seja a biodiversidade encarada em todas as suas dimensões, de modo a possibilitar que, na avaliação das colisões principiológicas, a ela seja conferido o peso merecido, sempre atentando para a real importância da biodiversidade, em especial a sua importância *para os seres humanos,* critério que possibilita uma comparação mais objetiva com o desenvolvimento econômico – valor também referido diretamente aos seres humanos. Nesse aspecto, um bom ponto de partida é o alerta constante do relatório Panorama da Diversidade Global 3, segundo o qual

> a diversidade de seres vivos no planeta continua a ser desgastada como resultado de atividades humanas. As pressões que levam à perda da biodiversidade mostram poucos sinais de abrandamento e, em alguns casos, estão aumentando. As consequências das tendências atuais são muito piores do que se pensava anteriormente,

---

[260] SECRETARIADO DA CONVENÇÃO SOBRE DIVERSIDADE BIOLÓGICA, p. 55.

[261] Disponível em <http://www.wwf.org.br/informacoes/especiais/biodiversidade/>. Acesso em 25.8.2011.

e colocam em dúvida a contínua prestação de serviços ecossistêmicos, considerados vitais. Os pobres tendem a sofrer desproporcionalmente devido a alterações potencialmente catastróficas para os ecossistemas nas próximas décadas, porém, em última análise, todas as sociedades têm a perder.[262]

7.4. Fundamentos da proteção à biodiversidade

A percepção pluridimensional da biodiversidade torna evidente a extrema e íntima dependência dos seres humanos da natureza, dependência que, como assinalado, vai além da mera utilização direta ou indireta dos produtos naturais como matéria-prima para a satisfação das necessidades humanas. Na verdade, a extensão das interações entre os seres vivos, a manutenção dos serviços ecológicos essenciais à manutenção da qualidade de vida humana e a necessidade de manutenção dos ecossistemas deixam evidente que a perda da biodiversidade é um problema em si mesmo, já que todas as possibilidades futuras de bem estar humano dependem fortemente da conservação desse patrimônio natural, do qual somos absolutamente dependentes.

A manutenção da biodiversidade, assim, é de extrema importância para os seres humanos, a despeito da pouca percepção que a maioria das pessoas tem da relevância da diversidade biológica para a manutenção dos serviços ecológicos essenciais, que se tornam menos resilientes quando há perda da biodiversidade.

A partir desse quadro conceitual, torna-se possível apontar as razões pelas quais deve a biodiversidade ser tutelada, ou, dito de outra forma, torna-se possível identificar os fundamentos pelos quais se deve proteger a biodiversidade. E estes podem ser divididos basicamente em duas ordens: a primeira, de cunho ético, enfatizando o valor intrínseco da biodiversidade, e a segunda, de caráter antropocêntrico, ligada ao valor que a biodiversidade tem para os seres humanos.

O fundamento ético liga-se à constatação fundamental de que as formas de vida devem ser preservadas simplesmente porque elas existem, porque são produtos de milhões de anos de evolução, portanto têm o direito de continuar a existir independentemente do homem, ou, pelo menos, têm as diversas formas de vida o direito de não terem sua extinção acelerada pela ação do homem. Como afirma

---

[262] SECRETARIADO DA CONVENÇÃO SOBRE DIVERSIDADE BIOLÓGICA, p. 15.

Cléber Alho,[263] "este argumento ético, estatuindo que a proteção da integridade biológica é moralmente boa, é baseado no fato de que a maior parte da perda da biodiversidade atual é causado por atividades e perturbações humanas (...)".[264]

Sob essa ótica, a proteção da biodiversidade é tida como um imperativo ético, já que não há motivos legítimos que justifiquem, do ponto de vista filosófico e político, a instrumentalização das outras formas de vida existentes no planeta, que passariam a ser valoradas unicamente pela utilidade que tenham ou possam vir a ter para os seres humanos. Por isso, David Ehrenfelkd,[265] após chamar a atenção para o fato de que a simples existência do debate sobre o valor da biodiversidade já é bastante elucidativo de por que a diversidade biológica está em perigo, adverte:

> Não nos ocorre que nada nos obriga a enfrentar o processo de destruição usando as suas próprias premissas e terminologias estranhas e auto-destrutivas. Não nos ocorre que ao atribuirmos valor à diversidade simplesmente legitimamos o processo que está aniquilando-a, o processo que diz: 'a primeira coisa que conta em qualquer decisão importante é a magnitude tangível dos custos e benefícios monetários'. [...] mas, se persistirmos nessa cruzada para determinar um valor onde o valor deveria ser evidente, com certeza não nos restará nada além de nossa cobiça, no dia em que a poeira finalmente baixar.

Importa notar que a tese de que o fundamento da proteção à biodiversidade é seu valor intrínseco foi expressamente acolhida pelo ordenamento jurídico pátrio, já que a política nacional de biodiversidade, instituída pelo Decreto 4.339/2002, aponta como seu primeiro princípio o de que "a diversidade biológica tem valor intrínseco, merecendo respeito independentemente de seu valor para o homem ou potencial para uso humano". Como afirma Edis Milaré:[266]

> [...] se a biodiversidade vale por si mesma e os seres vivos não têm armas para se defenderem, é inarredável a posição do Homem como defensor da biodiversidade pela biodiversidade, com todos os meios lícitos de que possa dispor, inclusive o Direito. É assim que deve ser entendido o Princípio I do Decreto em análise. Defender algo não humano, que tem valor intrínseco independentemente do valor que possamos

---

[263] ALHO, CJR. *The value of biodiversity*. Braz. J. Biol., São Carlos, v. 68, n. 4, nov. 2008 . Disponível em <http://www.scielo.br/scielo.php?script=sci_arttext&pid=S1519-69842008000500018&lng=pt&nrm=iso>. acessos em 23 agosto 2011. <http://dx.doi.org/10.1590/S1519-698420080005000 18>.

[264] Tradução livre. No original: "This ethical argument, stating that the protection of biological integrity is morally good, is based on the fact that most biodiversity loss nowadays is caused by human activities and disturbances [...]".

[265] *Apud* SANTOS, Laymert Garcia. *Politizar as novas tecnologias*. São Paulo: Ed. 34, 2003, p. 20.

[266] MILARÉ, Edis. *Direito do Ambiente*. 5ª ed. São Paulo: Revista dos Tribunais, 2007, p. 562.

atribuir-lhe, eis um objeto de alta indagação jurídica, não apenas do Direito Ambiental, mas em proporção maior ainda, da Filosofia do Direito.

Não obstante isso, força é notar que, por mais relevantes que sejam os fundamentos éticos e filosóficos, tais razões não são suficientes para, por si só, garantir que as pessoas, as instituições e os Estados se comprometam, de forma efetiva, com a conservação da biodiversidade, tampouco servem para, *per si*, legitimar uma tutela penal referida ao futuro, o que é ainda mais verdadeiro quando se nota que as posições antropocêntricas, mesmo em sua versão mais relativizada, ainda são amplamente majoritárias na doutrina. Por essas razões, é inevitável a constatação de que somente a partir da identificação do valor da biodiversidade para os seres humanos se tornará realmente possível estabelecer as bases para a prática real de proteção penal da biodiversidade.

Nesse aspecto, faz-se necessário demonstrar a importância da biodiversidade para os seres humanos. Por isso, assiste razão a James Nations[267] quando afirma:

> Virá o dia em que considerações éticas sobre a diversidade biológica tornar-se-ão nosso principal motivo para conservar as espécies. Mas até lá, se quisermos continuar mantendo a diversidade biológica do planeta, temos que falar a língua corrente. E a língua corrente é a utilidade, a economia, e o bem-estar dos seres individuais. Nos anos 80, a pergunta parece ser: 'o que a diversidade biológica fez por mim recentemente?' A boa nova é que a resposta a essa pergunta é: 'muito mais do que você avalia'. Nossas vidas estão cheias de exemplos da lógica de que devemos preservar as plantas e animais dos quais dependemos como espécie.

Daí por que, a despeito das fundadas críticas a esse utilitarismo ambiental, é importante também estabelecer o valor da biodiversidade sob o enfoque antropocêntrico, especialmente quando se busca traçar elementos que permitam fundamentar a tutela penal da biodiversidade. Com efeito, há que ter em mente que a tutela jurídica da biodiversidade se dá mediante a edição de normas jurídicas voltadas a garantir essa proteção, sendo certo que norma jurídica é um caso claro de uso prescritivo da linguagem, que ocorre quando aquele que fala (i.e., quem estatui a norma) pretende direcionar o comportamento de outro (os destinatários da norma), ou seja, tenta induzi-lo a adotar determinado rumo de ação.[268] Assim, se o direito penal é um fenômeno intrinsecamente humano, feito por homens e destinado a regular condutas humanas, numa aproximação acerca dos fundamentos

---

[267] *Apud* SANTOS, Laymert Garcia. *Politizar as novas tecnologias*, p. 18.

[268] CF. SANTIAGO NINO, Carlos. *Introdução à análise do Direito*, p. 73 e ss.

jurídicos da tutela da biodiversidade, não se pode descurar do enfoque antropocêntrico sobre o valor da biodiversidade.

Nesse sentido, um dos primeiros aspectos a ser levado em conta na valoração da biodiversidade para os seres humanos é o seu valor estético e cultural. A biodiversidade, em toda sua extensão, garante ao ser humano a satisfação de uma necessidade vital, que é o contato com as belezas naturais, com a vida, possibilitando às pessoas uma convivência menos conturbada. Por outro lado, a biodiversidade também tem servido por anos de fonte de inspiração para manifestações culturais, artísticas e religiosas, essenciais para o desenvolvimento pleno dos seres humanos.

Há, ainda, um enorme valor científico a ser conferido à biodiversidade. Isso porque, como já afirmado, não é conhecida toda a extensão das inter-relações existentes entre as espécies, nem mesmo quais são as espécies existentes. Daí, como acertadamente afirmou Laymert Santos,[269] no campo da biodiversidade vivemos um duplo desconhecimento: do que ela é ("porque ela ainda não foi amplamente estudada pela ciência ocidental e o conhecimento tradicional desaparece sob os golpes da sociedade moderna antes mesmo que seu valor seja reconhecido") e do ela pode vir a ser ("ignorância irresponsável e inconsequente de quem dilapida uma riqueza do futuro sem ao menos antecipar seus benefícios no presente"). Com efeito, em grande medida, está na exuberante biodiversidade terrestre a chave para a solução de muitos problemas que atingem as sociedades modernas (além de outros tantos que ainda atingirão a humanidade no futuro), de sorte que a perda da biodiversidade corresponde a impedir de modo absoluto o acesso da humanidade a esse conhecimento. Numa passagem que expressa bem o valor científico da biodiversidade, Lester Brown[270] afirma:

> Estou preocupado também com a destruição da Amazônia no Brasil, porque acho que ela é uma fonte extraordinária de recursos e de biodiversidade. É algo muito valioso para o Brasil, se o país souber preservá-la. Isso porque, quando eu vejo as queimadas de florestas na Amazônia e a perda permanente e irreversível de material genético que só existe naquela área, isso me faz lembrar do incêndio da biblioteca de Alexandria, mais de 2 mil anos atrás. Era uma biblioteca extraordinária, como nenhuma outra no mundo, e foi queimada. O que o Brasil tem é uma grande biblioteca biológica, com uma variedade de DNA que não existe em nenhum outro lugar no mundo, e está literalmente queimando isso, sem perceber quanto ela é valiosa.

---

[269] *Politizar as novas tecnologias*, p. 19.

[270] Entrevista a BBC Brasil, concedida a Rodrigo Amaral em 11de setembro de 2002. Disponível em <http://www.bbc.co.uk/portuguese/noticias/2002/020904_lesterrg2.shtml>. Acesso em 15.9.2011.

Nada obstante o enorme valor científico, espiritual e cultural da biodiversidade, é no campo do valor econômico que se encontra o maior desafio àqueles que buscam, de forma pragmática, justificar a necessidade da proteção à biodiversidade pela enumeração das vantagens que essa proteção vai gerar às sociedades humanas. Isso porque nossa economia, na busca pela maximização do lucro e minimização dos custos, tem tratado os recursos naturais que não são direta e imediatamente utilizados como matéria-prima como externalidades, que não entram no cálculo dos custos da produção. Como afirma Luiz Antônio Abdalla de Moura:[271]

> [...] em economia, o conceito de externalidade refere-se à ação que um determinado sistema de produção causa em outros sistemas externos. Trata-se de um conceito desenvolvido pelo economista inglês Pigou em 1920, que estabeleceu que existe uma externalidade quando a produção de uma empresa (ou um consumo individual) afeta o processo produtivo ou um padrão de vida de outras empresas ou pessoas, na ausência de uma transação comercial entre elas. Normalmente esses efeitos não são avaliados em termos de preços. Um exemplo disso é a poluição causada por uma determinada indústria.

Por isso, na avaliação dos custos de produção de determinado bem, o meio ambiente somente entra na conta relativa aos gastos com as matérias-primas, isto é, corresponde ao valor pago a título de insumos necessários à produção. As consequências daquela operação a longo prazo, seja em razão do tratamento dos dejetos, seja em razão da sobrexplotação das matérias-primas, seja, enfim, em razão da poluição causada, por exemplo, ficam fora dos cálculos, sendo tais custos "externalizados", ou seja, terceirizados, visto que assumidos pela sociedade, pelo Estado ou pela natureza.

Um exemplo trazido por Edward Goldsmith[272] bem ilustra a concepção econômica atual. Ele imagina a situação de dois irmãos que herdam terras, numa extensão de 10.000 hectares de floresta para cada um. O primeiro decidiu preservar suas terras em estado natural. Já o segundo, resolveu tirar o máximo de proveito econômico de suas terras: vendeu as árvores para uma madeireira, cedeu direitos de exploração mineral do solo e subsolo e, quando estes se esgotaram, passou a alugar o poço da mina em desuso para uma empresa de eletrônicos ali depositar os dejetos de sua produção. Esgotada também essa possibilidade, ele pavimentou o terreno e ali construiu um complexo industrial e um centro de compras. De acordo com a mentalidade

---

[271] MOURA, Luiz Antônio Abdalla de. *Economia Ambiental. Gestão de Custos e Investimentos.* São Paulo: Juarez de Oliveira, 2000, p. 5.

[272] O exemplo foi extraído de AZEVEDO, Plauto Faraco. *Ecocivilização.* 2ª ed. São Paulo: Revista dos Tribunais, 2008, p. 9 e ss.

econômica dominante hoje, o primeiro irmão do exemplo é visto como alguém completamente fora da realidade, um lunático ou sonhador, por não ter querido enriquecer com a exploração das terras, enquanto o segundo é tido como um dos pilares da sociedade, gerando riquezas e empregos. O que não se percebe, entretanto, é que todo o custo ecológico dessa produção foi externalizado e, enquanto o proprietário capitalizava o lucro e os rendimentos dessa utilização econômica dos bens naturais, a sociedade, especialmente as gerações futuras, socializavam os custos ambientais da atividade. Nessas condições, forçoso é reconhecer o acerto da afirmação de Lester Brown:[273]

> Nossas economias estão comprometidas com uma forma disfarçada de financiamento de um déficit: processos como o desmatamento e o superbombeamento da água e do solo inflam o desempenho atual às custas da produtividade a longo prazo. Estamos violando os princípios da sustentabilidade ambiental, num setor após o outro. Confiando num sistema incompleto de contabilidade, sistema que não avalia a destruição do capital natural associada aos ganhos do desempenho econômico, devoramos nossos bens produtivos, satisfazendo nossas necessidades de hoje às custas de nossos filhos. Como afirma o economista Herman Daly, "há algo fundamentalmente errado em tratar a terra como se fosse um negócio em liquidação".

Verifica-se, assim, que as dimensões sociais e ecológicas da atividade econômica são relegadas a um plano bastante secundário, sobrepujadas que são pela ideia do desenvolvimento, que configura o paradigma ocidental do progresso, sobre o qual Plauto Faraco Azevedo,[274] citando Edgar Morin, afirma:

> Trata-se de um *mito global* e de uma *concepção redutora*, na qual o crescimento econômico é o motor necessário e suficiente de todos os desenvolvimentos sociais, psíquicos e morais. Trata-se de concepção tecnoeconômica, que ignora os problemas humanos da identidade, da comunidade, da solidariedade, da cultura. Por esta forma, a noção de desenvolvimento torna-se gravemente subdesenvolvida.

Essa visão economicista está presente em toda relação do homem com a natureza, inclusive (e talvez até de um modo bem especial) no que concerne à biodiversidade, que, via de regra, sequer é considerada na projeção de custos e ganhos de uma atividade econômica, exceção feita à biotecnologia, que vê na biodiversidade estoque de matéria-prima para as aplicações. Neste ponto, cumpre ressaltar que a mentalidade economicista é dotada de tal influência que, a despeito de a política nacional da biodiversidade haver adotado a tese do valor intrínseco da biodiversidade, o item 5 do anexo do Dec. 4.339/02 dispôs que o objetivo geral da política nacional da biodiversidade é "a promoção, de forma integrada, da conservação da biodiversidade e da

---

[273] *Apud* SANTOS, Laymert Garcia. *Politizar as novas tecnologias*, p. 21.

[274] Op. cit., p. 78.

utilização sustentável de seus componentes, com a repartição justa e equitativa dos benefícios [...]", o que denota um utilitarismo econômico que parece contradizer o valor intrínseco da biodiversidade, o que, de toda sorte, faz todo sentido quando se percebe que o princípio XV da política nacional da biodiversidade estatui que "a conservação e a utilização sustentável da biodiversidade devem contribuir para o desenvolvimento econômico e social e para a erradicação da pobreza".

Em parte, esse estado de coisas decorre do fato de que é difícil quantificar o valor de bens e serviços dependentes da biodiversidade, dado que a maioria desses serviços está fora dos mercados e não tem etiquetas de preço para alertar a sociedade sobre as mudanças em seu suprimento, ou mesmo sobre sua perda. Por essa razão, muitos cientistas e economistas tentam traduzir em termos econômicos o valor dos serviços prestados ao homem pela biodiversidade, como forma de tornar claro ao "mercado", essa abstração que governa a dinâmica de nossa sociedade, que vale a pena gastar dinheiro na proteção da biodiversidade.

Nesse sentido, em 1997, Robert Costanza,[275] da Universidade de Maryland, estimou o valor econômico de dezessete serviços do meio ambiente: regulação hídrica, de gases, climática e de distúrbios físicos, abastecimento d'água, controle de erosão e retenção de sedimentos, formação de solos, ciclo de nutrientes, tratamento de detritos, polinização, controle biológico, refúgios de fauna, produção de alimentos, matéria-prima, recursos genéticos, recreação e cultura, em dezesseis biomas espalhados pelo mundo. Ao final, o resultado encontrado para o valor médio dos serviços proporcionados pela Natureza, nos ecossistemas pesquisados, foi de US$ 33 trilhões ao ano, o que à época era mais do que o dobro do PIB mundial.

Ainda seguindo essa linha de buscar valorar economicamente os serviços ambientais e a biodiversidade, surgiu em 2007 o TEEB (sigla em inglês para A Economia dos Ecossistemas e da Biodiversidade, um estudo independente liderado por Pavan Sukhdev, elaborado pela iniciativa "A Economia dos Ecossistemas e da Biodiversidade" sediada pelo Programa das Nações Unidas para o Meio Ambiente (PNUMA). O relatório para formuladores de políticas locais lançado em 2010,[276] tendo como pressuposto a ideia de que o bem-estar humano e a maioria

---

[275] *Apud* BENSUSAN, Nurit, O que a natureza faz por nós: serviços ambientais. In: BENSUSAN, N. (org.). *Seria melhor mandar ladrilhar?* Biodiversidade: como, para que e por que. 2ª ed. Brasília: UnB, 2008, p. 229.

[276] TEEB. *A Economia dos Ecossistemas e da Biodiversidade para Formuladores de Políticas Locais e Regionais* – disponível em <http://www.teebweb.org/ForLocalandRegionalPolicy/tabid/1020/Default.aspx>. p. 03. Acesso em 20.09.2011.

das atividades econômicas dependem de um meio ambiente saudável, focando nos benefícios proporcionados pela natureza, expressa que

O TEEB sugere então uma mudança de foco: a análise econômica indica que a manutenção de ecossistemas saudáveis é geralmente a opção menos onerosa. Assim, precisamos descobrir e considerar a gama de benefícios da natureza. Avaliar os serviços ecossistêmicos nos fornece um quadro completo. Podemos indicar os custos e benefícios de diferentes opções de políticas, identificando a melhor estratégia local para o bem-estar humano e a sustentabilidade econômica.

Em entrevista concedida à Revista Veja,[277] o economista Pavan Sukhdev, coordenador do projeto TEEB, afirmou que a perda anual decorrente da degradação da natureza representa algo entre 2,5 trilhões e 4,5 trilhões de dólares, sendo que nessa conta está incluída apenas a destruição das florestas, dos mananciais e da vegetação dos mangues, dado que o cálculo foi feito com base no valor atual dos serviços que esses recursos naturais prestam ao homem, como ar puro, água doce, produtos florestais, turismo ecológico, potencial biológico das espécies, prevenção de inundações e controle de secas. Assim, do ponto de vista da análise econômica de custos,

Os benefícios da natureza muitas vezes fornecem a solução mais sustentável e custo-eficiente para atender às nossas necessidades. Levar os serviços ecossistêmicos em consideração na formulação de políticas pode poupar custos futuros, melhorar a qualidade de vida e garantir meios de subsistência. Essa abordagem também ajuda a combater a pobreza ao revelar a distribuição de recursos e serviços essenciais e escassos.[278]

A biodiversidade deve ser entendida como um conceito pluridimensional, inexistindo uma relação simples e unívoca entre biodiversidade e os serviços ambientais essenciais para os seres humanos. Uma incorreta compreensão da complexidade das teias que se formam nas relações dos diversos seres vivos, inclusive o homem, leva necessariamente a uma desvalorização da biodiversidade, o que, especialmente quando se cuida de estabelecer políticas públicas visando à sua conservação ou à edição de normas jurídicas tendentes à sua tutela, especialmente no campo penal, pode ter consequências drásticas para as presentes e futuras gerações.

Ao privilegiar unicamente o aspecto econômico-financeiro imediato, os seres humanos podem estar levando os recursos naturais, em especial os biológicos, a um ponto de ruptura, isto é, a uma situação na qual um ecossistema experimenta um deslocamento para uma nova situação, com mudanças significativas para a biodiversidade e

---

[277] Disponível em <http://veja.abril.com.br/090610/preco-biodiversidade-p-156.shtml>. Acesso em 26.09.2011.

[278] TEEB. Op. cit., p. 03.

nos serviços às pessoas que ele sustenta e em que é impossível (ou pelo menos é muito difícil e caro) voltar ao estado anterior. Daí por que não mais é possível defender uma visão estreita acerca do valor da biodiversidade, mas é necessário que sua tutela seja vista de forma integrada às outras preocupações centrais da sociedade, como o combate à pobreza, a melhoria dos indicadores sociais e o desenvolvimento econômico. Sem que adotemos medidas eficazes para proteção da biodiversidade, nosso futuro como espécie estará seriamente ameaçado. Com efeito, como apontado no Relatório GBO3:[279]

> As medidas tomadas durante as duas próximas décadas determinarão se as condições ambientais relativamente estáveis das quais a civilização humana tem dependido durante os últimos 10.000 anos continuarão para além deste século. Se não formos capazes de aproveitar essa oportunidade, muitos ecossistemas do planeta se transformarão em novos ecossistemas, com novos arranjos sem precedentes, nos quais a capacidade de suprir as necessidades das gerações presentes e futuras é extremamente incerta.

Nesse aspecto, a correta compreensão do que é a biodiversidade e do quanto os seres humanos somos dela dependentes é fundamental para garantir que, quando em colisão com outros valores fundamentais, possa o operador do Direito dispor de conhecimentos suficientes para conferir à biodiversidade um peso adequado na hora de solucionar a colisão, estabelecendo quais intervenções e restrições são admissíveis.

7.5. Consequências dogmáticas

A adoção da tese de que a biodiversidade é o conteúdo material da tutela penal do meio ambiente permite superar alguns óbices frequentemente levantados à utilização do direito penal como forma de proteger o meio ambiente. A primeira é a denúncia de um caráter meramente simbólico ante a ausência de lesividade das condutas tipificadas.

Ora, desde logo é de salientar, como Gracia Martin, que o caráter simbólico é consubstancial ao direito penal, inclusive o nuclear, que tutela a vida e o patrimônio. Com efeito,

> A produção de efeitos simbólicos é consubstancial à pena e expressão da função pedagógica ético-social que, no meu entender, esta deve cumprir. [...] Se os tipos penais modernos tutelam bens jurídicos, então não podem ser rechaçados como simbólicos, formais ou de mera desobediência, e se são ilegítimos, isso será por outra razão diferente. Com isso não se nega a existência de tipos modernos puramente simbólicos,

---

[279] SECRETARIADO DA CONVENÇÃO SOBRE DIVERSIDADE BIOLÓGICA, p. 9.

mas afirma-se que aquela pode ser constata em "qualquer Direito Penal", e não só no moderno.[280]

De qualquer forma, a utilização da biodiversidade como bem jurídico tutelado nos crimes ambientais é suficiente para afastar a alegação de que a tutela penal do meio ambiente atenderia unicamente a funções simbólicas, dado que efetivamente vivemos uma época em que a biodiversidade sofre constantes e reiterados ataques decorrentes das atividades humanas. Não se trata, portanto, de criar artificialmente um bem jurídico, nem de utilizar o direito penal unicamente com objetivos pedagógicos, mas sim de reconhecer a fragilidade da biodiversidade ante o atual estágio da evolução humana, fazendo com que o reconhecimento de sua importância (seja considerada em si mesma, seja considerada a partir do interesse da humanidade) justifique a utilização do direito penal, uma vez que o caráter valorativo é inerente ao reconhecimento dos bens jurídico-penais, que certamente é condicionado historicamente e mutável, pois que reflete os valores dominantes na sociedade. Como afirma Luiz Régis Prado,

> Essa característica – relatividade – baseia-se no fato de que a avaliação dos círculos de conduta delitiva deve estar conectada à necessidade de garantia e às representações de valor da sociedade nas representações históricas singulares. Essencialmente, há uma dependência dos interesses mutáveis e diversos do Estado e da coletividade, pelo que cada sociedade e cada época têm seus especiais objetos de tutela. Ademais, a substancialidade do bem jurídico põe em destaque a necessidade de uma valoração ética. O direito penal não empresta sua tutela apenas a interesses materiais, mas também a valores espirituais.[281]

Uma vez estabelecido que o objeto da tutela penal é a biodiversidade e que esta deve ser compreendida em seu tríplice aspecto (diversidade genética, diversidade de espécies e diversidade de ecossistemas), tampouco se mostra pertinente refutar, de modo global, a ausência de lesividade nos crimes ambientais.

Com efeito, não se pode confundir o objeto da ação com o bem jurídico penalmente tutelado. O bem jurídico é uma noção que, mesmo tendo relação com um substrato da realidade, é também o resultado de uma opção valorativa, resultando numa preferência sintética entre o real e o valorativo, de modo que nem todo bem jurídico tem um suporte corpóreo ou material que possa ser equiparado ao objeto da ação. Por isso é que a lesão ao bem jurídico não ocorre somente quando há lesão ao objeto da ação, já que a lesão ao bem jurídico é o

---

[280] MARTIN, Luis Gracia. *A modernização do direito penal como realização do postulado do Estado de Direito (social e democrático)*, p. 140-142.

[281] PRADO, Luiz Régis. Apontamentos sobre o meio ambiente como bem jurídico-penal. *Revista de Direito Ambiental*. Vol. 50, São Paulo: RT, 2008, p. 130.

resultado da ação típica sobre o bem jurídico, e não sobre o objeto material da ação. É possível, assim, que, sem que o autor provoque lesão ao objeto da ação, ele lesione o bem jurídico.

No âmbito do direito penal ambiental, isso ocorre com bastante frequência. Basta pensar em inúmeros tipos penais em que o objeto da ação parece insignificante ante todo o ambiente, ou mesmo ante um dado ecossistema, como o crime previsto no art. 29 da Lei n. 9.605, de 12 de fevereiro de 1998, que criminaliza a seguinte conduta:

> Art. 29. Matar, perseguir, caçar, apanhar, utilizar espécimes da fauna silvestre, nativos ou em rota migratória, sem a devida permissão, licença ou autorização da autoridade competente, ou em desacordo com a obtida.

De fato, o ato de caçar um espécime da fauna é conduta que, isoladamente, não põe em risco o meio ou o equilíbrio ecológico ambiente. Entretanto, inegavelmente é uma conduta que agride a biodiversidade. Não é correto, portanto, pensar que o aparelho repressivo penal, a mais gravosa forma de controle social de que dispõe o estado de direito, esteja sendo utilizado para tutelar condutas que não afetam o bem jurídico tutelado. É que, na verdade, a biodiversidade é mais frágil do que nossa apreensão antropocêntrica costuma avaliar.

Aliás, é interessante notar que os constantes questionamentos acerca da magnitude da lesão necessária para legitimar a intervenção penal na seara ambiental somente são circunscritos a essa seara. Não se veem discussões quanto à legitimidade da punição do furto de R$ 100,00 de alguém com um patrimônio milionário, mesmo que a quantia furtada (portanto a lesão) seja insignificante quando confrontada com o total do patrimônio da vítima.

De qualquer forma, adotando o entendimento de que o bem jurídico tutelado é a biodiversidade (e não o "meio ambiente"), torna-se possível avaliar a legitimidade das condutas tipificadas, num juízo de proporcionalidade feito a partir de valores concretos e específicos.

Por outro lado, a utilização do conceito de biodiversidade para dar concretude ao bem jurídico-penal ambiental também permite avaliar até que ponto é legítima a antecipação da intervenção penal para um momento anterior à ocorrência do dano. Não se cuida aqui simplesmente de avaliar a possibilidade de criação de crimes de perigo abstrato, mas da necessidade de estabelecer até que ponto é possível ao legislador afastar-se da lesão ao bem jurídico tutelado. Um exemplo é o tipo penal do art. 51 da lei de crimes ambientais. O tipo em comento criminaliza a conduta de "comercializar motosserra ou utilizá-la em florestas e nas demais formas de vegetação, sem licença ou registro da autoridade competente". Ora, evidentemente, a comercialização de motosserra sem licença ou registro da autoridade competente não configura (ainda) dano à biodiversidade, mas o legislador entendeu que a tipificação de tal conduta era necessária para evitar a colocação da biodiversidade em risco, já que a comercialização de motosserra de maneira clandestina configura relevante demonstração de que as árvores, elemento integrante da biodiversidade, serão objeto de dano. Numa avaliação acerca da legitimidade de tal antecipação, portanto, a ponderação entre o valor protegido e a restrição imposta parece atender aos requisitos da adequação (a medida é adequada para proteger a biodiversidade), da necessidade (não é excessiva, ante a notória ineficácia das outras instâncias de proteção, nem é insuficiente) e, por fim, o peso da biodiversidade é, no caso, maior do que a restrição imposta à liberdade.

Por outro lado, a fim de demonstrar como o conceito pode atuar controlando excessos, tome-se como exemplo o crime de pesca, tipificado no art. 34 da Lei n. 9.605/98 nos seguintes termos:

Art. 34. Pescar em período no qual a pesca seja proibida ou em lugares interditados por órgão competente:

Não há dúvidas de que a tipificação da conduta descrita no *caput* efetivamente atende à necessidade de proteção do bem jurídico tutelado. Ocorre, entretanto, que o art. 36 do mesmo diploma legal dispõe o seguinte:

Art. 36. Para os efeitos desta Lei, considera-se pesca todo ato tendente a retirar, extrair, coletar, apanhar, apreender ou capturar espécimes dos grupos dos peixes, crustáceos, moluscos e vegetais hidróbios, suscetíveis ou não de aproveitamento econômico, ressalvadas as espécies ameaçadas de extinção, constantes nas listas oficiais da fauna e da flora.

Cria-se, assim, uma situação em que a norma considerou como pesca (isto é, como pressuposto fático para a incidência da norma penal do art. 34) "todo ato *tendente*" a retirar, extrair, apanhar etc. Diante dessa redação, já se verificaram casos em que os órgãos ambientais apreenderam pescadores antes mesmo de eles adentrarem a área na qual a pesca era proibida, tendo o Ministério Público oferecido contra eles denúncia. Ora, a toda evidência, tal antecipação da tutela penal é ilegítima, pois criminaliza condutas que nem mesmo abstratamente começaram o eventual ataque ao bem jurídico tutelado, aproximando-se de uma tutela de intenções. Numa tal hipótese, evidentemente é cabível ao operador do direito o controle da legitimidade do tipo penal, restringindo sua aplicação às hipóteses em que o caso concreto trouxer elementos factuais que demonstrem ter-se iniciado o ataque à biodiversidade.

8. Conclusão

A nova configuração da sociedade como uma sociedade do risco torna a definição de como se distribuem os novos perigos decorrentes das atividades humanas uma das mais centrais questões. Na atualidade, os riscos se tornaram uma importante força de mobilização política, por vezes até mesmo substituindo as referências às desigualdades de gêneros, étnicas ou de classes sociais. Como afirma Ulrich Beck,[282] numa época de incertezas fabricadas, a questão passa a ser quem deve arcar os riscos de um produto, de uma tecnologia e quais critérios podem ser utilizados para essa definição.

Essa questão torna-se ainda mais relevante quando se nota que a democracia, entendida tanto no aspecto formal de participação popular na formulação das políticas do estado, como numa concepção material, ligada à prevalência dos direitos fundamentais e respeito aos direitos da minoria, já se consolidou como um valor fundamental do qual a sociedade não pode abrir mão. Daí que, num ambiente onde não só os riscos existem e estão diariamente à espreita, mas onde são percebidos como graves ameaças pela população, que até os superestima, é natural que o direito penal, mais poderoso instrumento de controle social disponível no estado de direito, seja chamado a intervir gerenciando os riscos.

A expansão do direito penal, seja pela introdução de novos tipos dirigidos à tutela de bens que tradicionalmente eram objeto do direito administrativo, seja pelo agravamento das penas cominadas aos tipos anteriormente existentes, passou a ser um dado incontestável da atualidade, quando já se fala na construção de um novo modelo de direito penal, um direito penal moderno, construído a partir do paradigma do risco, em oposição a um direito penal "clássico", próprio do Estado liberal, quando foram cunhados os limites ao exercício do poder punitivo estatal.

---

[282] BECK, Ulrich. *La sociedad de riesgo global*, p. 6.

Esses dois modelos diferentes convivem numa permanente tensão nas legislações modernas, o que vem gerando muita perplexidade no campo doutrinário e na jurisprudência, porquanto os institutos penais clássicas não mais parecem adequados para responder à tarefa que a sociedade assinalou ao direito penal. Frente a uma sociedade que anseia por um instrumento apto a proteger os bens jurídicos mais relevantes, o direito penal ainda se vê atado a limites criados para proteger o indivíduo contra o estado-leviatã.

Ocorre, entretanto, que o estado não tem mais a feição liberal individualista que os defensores de um direito penal nuclear pretendem defender. Nessa nova etapa de desenvolvimento institucional, o papel do estado ante os direitos fundamentais não mais se resume a respeitá-los. Ele é também chamado a garanti-los, seja defendendo-os contra possíveis ataques dos detentores do poder (político ou econômico), seja promovendo as condições necessárias para sua implementação.

O meio ambiente é um exemplo perfeito das novas funções assumidas pelo estado na tutela dos direitos fundamentais, visto que não basta o estado se abster de, por seus agentes, causar danos ambientais. Ele também deve se estruturar para garantir que o meio ambiente não seja atacado pelos poderosos de plantão. Para isso, deve o estado lançar mão de todo seu arsenal de instrumentos destinados a moldar comportamentos, entre os quais o direito penal ocupa lugar privilegiado em razão da severidade de suas sanções e, principalmente, em razão de seu caráter extremamente formalizado, que lhe garante uma força (real e simbólica) que nenhum outro instrumento de controle social detém.

Por isso, o controle de riscos mediante o direito penal é uma tarefa da qual o estado moderno não pode se eximir. Não é possível assumir um discurso de defesa de um estado mínimo, que utiliza um direito penal mínimo, se a sociedade exige do estado tarefas muito mais amplas do que aquelas típicas do estado liberal. Assim, no debate penal de nosso tempo, a pergunta não deve ser *se* o direito penal pode tutelar o meio ambiente, mas *como* o direito penal deve tutelar o meio ambiente.

Nesse aspecto, entendemos que a legitimidade da tutela penal do meio ambiente passa pela harmonização dos limites do direito penal clássico (o princípio da intervenção mínima e a legalidade estrita) com as necessidades de precaução impostas pelos novos riscos sociais, em especial na área do meio ambiente, cujo eixo central se encontra no princípio da precaução. Esse objetivo pode ser obtido a partir da definição de um espaço de legitimidade da intervenção penal, delimitado a partir da regra da proporcionalidade, com suas sub-regras da adequação, da necessidade e da proporcionalidade em sentido estrito.

Essa avaliação, todavia, pressupõe que a aproximação do direito penal ambiental seja feita a partir da delimitação correta do bem jurídico-penal tutelado, já que esse conceito permite conferir um substrato real à intervenção penal, tornando possível fazer a comparação e a ponderação entre as necessidades político-criminais de precaução e proteção e os limites garantistas do exercício do poder penal, estabelecendo limites materiais à atuação do legislador. Trata-se, assim, de um conceito de bem jurídico-penal crítico da legislação e de base constitucional, e não meramente descritivo da objetividade jurídica dos diversos tipos penais.

Adotamos, outrossim, a tese dualista, segundo a qual, ao lado dos bens jurídico-penais individuais, diretamente relacionados aos indivíduos, existem também bens jurídicos coletivos ou universais, que não podem ser reduzidos aos interesses individuais. Entretanto, visando garantir que o conceito efetivamente seja dotado de uma funcionalidade crítica, delimitamos o campo possível dos bens jurídicos coletivos àqueles com existência real, efetiva, ainda que imaterial, de modo que não seja possível a criação de bens jurídicos de acordo com a necessidade do legislador, o que acabaria por retirar qualquer possibilidade de controle de eventuais excessos ou insuficiências na tipificação de condutas.

Delimitado o campo possível do bem jurídico, definimos o bem jurídico-penal ambiental como sendo a biodiversidade, e não o meio ambiente como um todo ou o ecossistema. A adoção da biodiversidade como conteúdo do bem jurídico-penal permite dar concretude às operações de ponderação na tutela penal do meio ambiente, de modo a tornar possível a verificação da legitimidade da forma como concretamente vem sendo feita a intervenção penal, além de fornecer subsídios para a superação de alguns dos principais problemas do direito penal ambiental, como a compatibilização da tutela penal do meio ambiente com o princípio da lesividade, os limites possíveis para a antecipação da intervenção penal a um momento anterior ao da produção do dano e a exclusão da tipicidade pela insignificância.

Referências

ADEODATO, João Maurício. *Ética e retórica: para uma teoria da dogmática jurídica*. 4. ed. São Paulo: Saraiva, 2009.

ALEXY, Robert. *El concepto y la validez del Derecho*. 2. ed. Barcelona: Gedisa, 1997.

——. *Teoria da argumentação jurídica*. São Paulo: Landy, 2001.

——. *La formula del peso*. In CARBONELL, Miguel (ed.). *El principio de proporcionalidade y la interpretación constitucional*. Serie justicia e derechos humanos – Neoconstitucionalismo y sociedad. Quito: Ministerio de Justicia e Derechos Humanos de Ecuador, 2008.

——. *Justicia como corrección*. Doxa- Cuadernos de Filosofía del Derecho. Nº 26. Alicante: Espagrafic, 2003. Disponível em <http://descargas.cervantesvirtual.com>. Acesso em 10.08.2010.

——. *Constitucionalismo discursivo*. Porto Alegre: Livraria do Advogado, 2006.

——. *Teoria dos direitos fundamentais*. São Paulo: Malheiros, 2008.

ALHO, Cléber José Ramalho. *The value of biodiversity*. Brazilian Journal of Biology. São Carlos. v. 68, n. 4, nov. 2008 . Disponível em <http://www.scielo.br/scielo.php?script=sci_arttext&pid=S151969842008000500018&lng=pt&nrm=iso>. Acessos em 23 agosto 2011.

ATIENZA, Manuel e FERRAJOLI, Luigi. *Jurisdicción y argumentación en el estado constitucional de derecho*. México: Universidad Nacional Autónoma de México, 2005.

ÁVILA, Humberto Bergmann, *A distinção entre princípios e regras e a redefinição do dever de proporcionalidade*. Revista Diálogo jurídico, vol. I, nº 4. Disponível em <http://www.direito-publico.com.br/pdf_4/DIALOGO-JURIDICO-04-JULHO-2001-HUMBERTO-AVILA.pdf> acesso em 10.06.2012.

AZEVEDO, Plauto Faraco. *Ecocivilização*. 2ª ed. São Paulo: RT, 2008.

BARROSO, Luiz Roberto. *Curso de direito constitucional contemporâneo*. Os conceitos fundamentais e a construção de um novo modelo. São Paulo: Saraiva, 2009.

BANDEIRA DE MELLO, Celso Antônio, *Curso de direito administrativo*. 14ª ed. São Paulo: Malheiros, 2002.

BARATTA, Alessandro. *Princípios do direito penal mínimo*. Para uma teoria dos direitos humanos como objeto e limite da lei penal. Texto publicado orginalmente na Revista "Doutrina Penal" n. 10-40, Buenos Aires, Argentina: Depalma, 1987. pp. 623-650, traduzido para fins acadêmicos por Francisco Bissoli Filho. Disponível em <http://danielafeli.dominiotemporario.com/doc/ALESSANDRO%20BARATTA%20Principios%20de%20direito%20penal%20minimo.pdf>. Acesso em 09.12.2012.

BECCARIA, Cesare Bonesana. *Dos delitos e das penas*. 11ª ed. São Paulo: Hemus, 1995.

BECK, Ulrich. *La sociedade de riesgo*: hacia uma nueva modernidad. Barcelona: Paidós, 1998.

——. *La sociedad del riesgo global*. Madrid: Siglo Veintiuno de España, 2002.

BENSUSAN. Nurit. *Decifra-me ou infecto-te*. Nosso planeta – Portal G1. Disponível em <http://oglobo.globo.com/blogs/nossoplaneta/>. Acesso em 24.08.2011.

——. Introdução. A impossibilidade de ganhar a aposta e a destruição da natureza In: ——. (org.) *Seria melhor mandar ladrilhar?* Biodiversidade: como, para que e por que. 2ª ed. Brasilia: Editora UnB, 2008.

——. O que a natureza faz por nós: serviços ambientais. In: ——. (org.) *Seria melhor mandar ladrilhar?* Biodiversidade: como, para que e por que. 2ª ed. Brasilia: Editora UnB, 2008

BIANCHINI, Alice. *Pressupostos materiais mínimos da tutela penal.* São Paulo: RT, 2002.

BOBBIO, Norberto. *Teoria do ordenamento jurídico*, 10ª ed. Brasília: ed. UnB. 1999.

BONAVIDES, Paulo. *Curso de Direito Constitucional.* 11ª ed. São Paulo:Malheiros, 2001.

BOTTINI, Pierpaolo Cruz. *Crimes de perigo abstrato.* 2ª ed. São Paulo: RT, 2010.

CANARIS, Claus-Wilhelm. *Direitos fundamentais e direitos privados.* Coimbra: Almedina, 2009.

CARVALHO, Gisele Mendes de. *Patrimônio genético e Direito Penal.* De acordo com a Lei 11.105/05. Curitiba: Juruá, 2008.

CARVALHO NETO, Menelick de. A hermeneutica constitucional sob o paradigma do Estado Democrático de direito. In: CATONI DE OLIVEIRA, Marcelo Andrade (coord.). *Jurisdição e hermenêutica constitucional* no *Estado Democrático de Direito.* 3ª ed. Belo Horizonte: Mandamentos, 2004.

CERVINI, Raúl. *Os processos de descriminalização.* São Paulo: Revista dos Tribunais, 1995.

COUTINHO, Jacinto Nelson de Miranda. Introdução aos princípios gerais do processo penal brasileiro. *Revista da Faculdade de Direito da Universidade Federal do Paraná*, Curitiba, a. 30, n. 30, 1998.

DANTAS, David Diniz. *Interpretação Constitucional no pós-positivismo.* São Paulo: Madras, 2004.

D'AVILA, Fábio Roberto. *Ofensividade em direito penal. Escritos sobre a teoria do crime como ofensa a bens jurídicos.* Porto Alegre: Livraria do advogado, 2009

DERANI, Cristiane. *Direito Ambiental Econômico.* São Paulo: Max Limonad, 1997.

DÍEZ RIPOLLÉS, José Luis. *El nuevo modelo penal de la seguridad ciudadana.* Revista Electrónica de Ciencia Penal y Criminología. 2004, núm. 06-03, p. 07. disponível em <http://criminet.ugr. es/recpc http://criminet.ugr.es/recpc>

——. *De la sociedad del riesgo a la seguridad Ciudadana: un debate desenfocado.* Revista Electrónica de Ciencia Penal y Criminología. 2005, núm. 07-01, p. 04. disponível em <http://criminet.ugr. es/recpc http://criminet.ugr.es/recpc>.

DWORKIN, Ronald. *Constitucionalismo e democracia.* Texto traduzido para fins acadêmicos por Emílio Peluso Neder Meyer. Publicado originalmente no European Journal of Philosophy, n° 3: 1, p. 2-11, em 1995.

——. *Uma questão de princípio.* São Paulo: Martins Fontes, 2001.

——. *Levando os direitos a sério.* São Paulo: Martins Fontes, 2002.

FEIJOO SANCHEZ, Bernardo. *Sobre a "administrativização" do Direito Penal na "sociedade do risco".* Notas sobre a política criminal no início do século XXI. Revista Liberdades. N° 7, maio-agosto 2011. Disponível em <http://www.ibccrim.org.br/site/revistaLiberdades/revistaLiberdades.php>. Acesso em 10.11.2012.

FELDENS, Luciano. *Direitos fundamentais e Direito Penal.* Porto Alegre, Livraria do Advogado, 2008.

FERRAJOLI, Luigi. *El Derecho Penal Mínimo.* In. RAMÍREZ, Juan Bustos (dir.) Prevención y teoria de la pena. Santiago de Chile: Editorial Jurídica Conosur, 1995.

——. *El papel de la función judicial en el Estado de Derecho in* ATIENZA, Manuel e FERRAJOLI, Luigi. *Jurisdicción y argumentación en el estado constitucional de derecho.* México: Universidad Nacional Autónoma de México, 2005

——. *Direito e razão: teoria do garantismo penal.* 3ª ed. São Paulo: Editora Revista dos Tribunais, 2010.

FIGUEIREDO, Guilherme Gouveia. *Crimes ambientais e bem jurídico-penal.* 2ª ed. Porto Alegre: Livraria do Advogado, 2013.

FIORILLO, Celso Antônio Pacheco. *Curso de direito ambiental brasileiro*. São Paulo: Saraiva, 2000.

——. *Prevenção ou precaução?* O art. 225 da Constituição Federal e o dever de preservar os bens ambientais com fundamento na dignidade da pessoa humana (art. 1, III da CF) assim como nos valores sociais do trabalho e na livre iniciativa (art. 1º, IV da CF. Revista Brasileira de Direito Ambiental. Ano 5, n. 18, São Paulo: Editora Fiuza, 2009.

FREITAS, Vladimir Passos de; FREITAS, Gilberto Passos de. *Crimes contra a natureza*. 8ª. Ed. São Paulo: Editora Revista dos Tribunais, 2006.

GRECO, Luis. *Modernização do direito penal, bens jurídicos coletivos e crimes de perigo abstrato*. Rio de Janeiro: Lumen Juris, 2011.

——. Introdução à dogmática funcionalista do delito. *Revista Brasileira de Ciências Criminais*, n. 32, São Paulo: RT. out/dez. 2000.

——. A relação entre o Direito Penal e o Direito Administrativo no Direito Penal Ambiental: uma introdução ao problema da acessoriedade administrativa. *Revista brasileira de Ciências Criminais*, nº 58, p. 152-194. São Paulo: Editora Revista dos Tribunais, 2006.

GUARAGNI, Fábio André. *As teorias da conduta em direito Penal*. 2ª ed. São Paulo: Revista dos Tribunais.

HABERMAS, Jürgen. *Direito e Democracia: entre facticidade e validade*. Vol. I. Rio de Janeiro: Tempo Brasileiro, 2007.

HART, Hebert L. A. *O conceito de direito*. São Paulo: Martins Fontes, 2009.

HAMMERSCHMIDT, Denise. O risco na sociedade contemporânea e o princípio da precaução no direito ambiental. *Revista Seqüência*. nº 45. Florianópolis: EDUFSC, 2002.

HASSEMER, Winfried. Linhas gerais de uma teoria pessoal do bem jurídico. In: GRECO, Luis. (org.). *O Bem jurídico como limitação do poder estatal de incriminar?* Rio de Janeiro: Lumen Juris, 2011.

HESSE, Konrad. *A Força Normativa da Constituição*. Porto Alegre: Sergio Fabris, 1991.

HEFENDEHL, Roland. ¿Debe ocuparse el Derecho Penal de riesgos futuros? Bienes jurídicos colectivos y delitos de peligro abstracto. *Revista Electrónica de Ciencia Penal y Criminología*, n. 04-14, 2002. Disponível em <http://criminet.ugr.es/recpc>. Acesso em 05.08.2012.

——. Uma teoria social do bem jurídico. *Revista Brasileira de ciências criminais*, n. 87, São Paulo: RT, 2010.

IBÁÑEZ, Perfecto Andrés; ALEXY, Robert. *Jueces y ponderacción argumentativa*. Cidade do México: Unam, 2006.

JAKOBS, Gunther. *Derecho Penal. Parte General*: fundamentos y teoria de la imputación. Trad. Joaqui Cuello Contreras. 2ª ed. Madrid: Marcial Pons, 1997.

KÄSSMAYER, Karin. *Cidade, riscos e conflitos socioambientais urbanos*: desafios à regulamentação jurídica na perspectiva da justiça socioambiental. Tese apresentada ao Programa de Doutorado em Meio Ambiente e Desenvolvimento da Universidade Federal do Paraná, Curitiba, 2009.

KELSEN, Hans. *Teoria geral das normas*. Porto Alegre: Sergio Fabris, 1986.

——. *Derecho y Logica*. 1965, cópia digital disponível em <http://www.juridicas.unam.mx/publica/librev/rev/boletin/cont/21/pr/pr18.pdf>. Acesso em 27.05.2011.

LOPES JR, Aury. *Direito Processual Penal e sua conformidade constitucional*. Vol. I, 3ª ed. Rio de Janeiro: Lumen Juris, 2010.

LUISI, Luiz. *Os princípios constitucionais penais*. 2ª ed. Porto Alegre: Sergio Fabris, 2003.

LUHMANN, Niklas. El concepto de riesgo. In: BERIAIN, Josetxo. (comp.) *Las consecuencias perversas de la modernidad. Modenidad, contingencia y riesgo*. Barcelona: Anthropos, 1996.

MACHADO. Paulo Afonso Leme. *Direto Ambiental brasileiro*. 12ª ed. São Paulo: Malheiros, 2004.

MAY, Robert M. Why *Worry about How Many Species and Their Loss?* Journal Public Library of Science. Disponível em <http://www.plosbiology.org/article/info%3Adoi%2F10.1371%2F journal.pbio.1001130>. acesso em 25.08.2011.

MARMELSTEIN, George. *Curso de direitos fundamentais*. São Paulo: Atlas, 2008.

MARTIN, Luis Gracia. *O horizonte do finalismo e o Direito Penal do inimigo*. São Paulo: Revista dos Tribunais, 2007.

——. *A modernização do direito penal como realização do postulado do Estado de Direito (social e democrático)*. Revista Brasileira de Ciências Criminais. N° 88, São Paulo: Revista dos Tribunais, 2011. p. 95-142.

MILARÉ, Edis. *Direito do ambiente:* doutrina jurisprudência, glossário. 5ª ed. São Paulo: Revista dos Tribunais, 2007.

MONTORO, André Franco. Lógica jurídica, ferramenta do jurista. In: DI GIORGI, Beatriz; CAMPILONGO, Celso Fernandes; PIOVESAN, Flávia. *Direito, cidadania e justiça*. São Paulo: Revista dos Tribunais, 1995, p. 15- 43.

MORA, Camilo, et alli. *How Many Species Are There on Earth and in the Ocean*? PLoS Biol 9(8): <e1001127. doi:10.1371/journal.pbio.1001127>. Acesso em 24.08.2011.

MOURA, Luiz Antônio Abdalla de. *Economia Ambiental. Gestão de Custos e Investimentos*. São Paulo: Juarez de Oliveira, 2000.

MOTA, Mauricio Jorge Pereira da. Princípio da precaução: uma construção a partir da razoabilidade e da proporcionalidade. R*evista Brasileira de direito do petróleo, gás e energia* n° 2, Rio de Janeiro: CEDPETRO-UERJ. Disponível em <http://www.e-publicacoes.uerj.br/index.php/ rbdp>. Acesso em 20.04.2013.

MUÑOZ CONDE, Francisco Muñoz. *Introducción al Derecho Penal*. 2ª ed. Buenos Aires: B de F, 2001.

OLIVÉ ,Juan Carlos Ferre et ali. *Direito Penal Brasileiro. Parte Geral*: princípios fundamentais e sistema. São Paulo: RT, 2011.

OLIVEIRA, Eugenio Pacelli. *Curso de Processo Penal*. 10ª ed. Rio de Janeiro: Lumen Juris, 2008.

——. *Processo e hermenêutica na tutela penal dos direitos fundamentais*. 2ª ed. Rio de janeiro, Lumen Juris, 2009.

O PREÇO DA BIODIVERSIDADE. Entrevista com Pavan Suhkdev. *VEJA* Edição 2168 / 9 de junho de 2010. Disponível em Disponível em <http://veja.abril.com.br/090610/preco-bio-diversidade-p-156.shtml>. acesso em 26.09.2011.

PEDRON, Flávio Quinaud. Comentários sobre as interpretações de Alexy e Dworkin. *Cadernos do CEJ*, n. 30,Brasília: Conselho da Justiça Federal. p. 70-80, jul./set. 2005.

PISA, Adriana. Direito ambiental x sociedade de risco de Ulrich Beck: uma abordagem crítica. *Revista de Direito Ambiental*, n° 54. São Paulo: RT, 2009.

PRADO, Lídia Reis de Almeida. Alguns aspectos da lógica do razoável na interpretação do direito (segundo a visão de Luís Recasens Siches). In: DI GIORGI, Beatriz; CAMPILONGO, Celso Fernandes; PIOVESAN, Flávia. *Direito, cidadania e justiça*. São Paulo: Editora Revista dos Tribunais, 1995, p. 61- 74.

PRADO, Luiz Régis. *Direito penal do ambiente*. São Paulo: RT, 2005.

——. *Bem jurídico-penal e constituição*. 4ª ed. São Paulo: RT, 2009.

PRITTWITZ, Cornelius. *El Derecho penal alemán: ¿Fragmentario? ¿Subsidiario? ¿Ultima ratio?* Reflexiones sobre la razón y límites de los principios limitadores Del Derecho penal. In: INSTITUTO DE CIENCIAS CRIMINALES DE FRANKFURT. *La insostenible situación del Derecho Penal*. Granada: Editorial Comares. 2000. p. 427-446.

ROCHA, Carmem Lúcia Antunes. *A Atuação do Judiciário no Cenário Sócio-Político Nacional*. Cadernos do CEJ – Centro de Estudos Judiciários, v. 11: Brasília, 1996.

ROXIN, Claus. *Derecho Penal. Parte general*. Fundamentos. La estructura de la teoría del delito. Madrid: Civitas, 1997.

——. Política. *Política criminal e sistema jurídico-penal.* Rio de janeiro: Renovar, 2000.

——. *Que comportamentos pode o Estado proibir sob ameaça de pena?* Sobre a legitimação das proibições penais. Texto distribuído aos inscritos no seminário ocorrido em Porto Alegre, nos dias 18 a 20 de março de 2004, em homenagem ao Professor Claus Roxin, de Direito Penal Econômico.

——. *Política criminal, Criminologia, Direito penal, Direito processual penal e Execução penal.* A função da moderna Política criminal. Texto distribuído aos inscritos no seminário ocorrido em Porto Alegre, nos dias 18 a 20 de março de 2004, por ocasião do Seminário Professor Claus Roxin de Direito penal econômico.

——. *A proteção de bens jurídicos como função do Direito Penal.* Porto Alegre: Livraria do Advogado, 2006.

——. Reflexões sobre a construção sistemática do direito penal. *Revista Brasileira de Ciências Criminais.* nº 82. São Paulo: RT, 2010.

——. Sobre o recente debate em torno do bem jurídico. In GRECO, Luis. (org.) *O Bem jurídico como limitação do poder estatal de incriminar?* Rio de Janeiro: Lumen Juris, 2011.

SÁNCHEZ, Jesus-Maria Silva. *Política criminal en la dogmática:* algunas cuestiones sobre su Contenido y límites. In: ——. (org.) *Política criminal y nuevo sistema penal.* Libro homenage a Claus Roxin. Barcelona: José Maria Boschi editor, 1997. p. 17-29.

——. *expansão do Direito Penal*: aspectos da política criminal nas sociedades pós-industriais. 2ª ed. São Paulo: Revista dos Tribunais, 2010.

——. *Aproximação ao Direito Penal contemporâneo.* São Paulo: Revista dos Tribunais, 2011.

SANCHIS, Luis Prieto. El juicio de ponderación constitucional. In: CARBONELL, Miguel (org.). *El principio de proporcionalidad y la interpretación constitucional.* Quito: Ministerio de Justicia y Derechos Humanos, 2008.

SANTOS, Laymert Garcia. *Politizar as novas tecnologias.* São Paulo: Ed. 34, 2003.

SARLET, Ingo Wolfgang. *Dignidade da pessoa humana e direitos fundamentais na Constituição de 1988.* 7ª ed. Porto Alegre: Livraria do Advogado, 2009.

——. *Constituição e Proporcionalidade: o direito penal e os direitos fundamentais* entre proibição de excesso e de insuficiência. Disponível em <http://www.mundojuridico.adv.br/sis_artigos/artigos.asp?codigo=53>. Acesso em 08.06.2012.

SARMENTO, Daniel. *Livres e Iguais: Estudos de Direito Constitucional.* São Paulo: Lumen Juris, 2006.

SCHUNEMANN, Bernd. O princípio da proteção de bens jurídicoso como ponto de fuga dos limites constitucionais e da interpretação dos tipos. In GRECO, Luis. *O bem jurídico como limitação do poder estatal de incriminar?* Rio de Janeiro: Lumen Juris, 2011.

SECRETARIADO DA CONVENÇÃO SOBRE DIVERSIDADE BIOLÓGICA, *Panorama da Biodiversidade Global 3,* Brasília: Ministério do Meio Ambiente, Secretaria de Biodiversidade e Florestas (MMA), 2010.

SILVA, José Afonso. *Direito ambiental constitucional.* 2ª ed. São Paulo: RT, 1998.

SILVA, Virgílio Afonso. O proporcional e o razoável. *Revista dos Tribunais,* nº 798, pp. 23-50. São Paulo: Revista dos Tribunais, 2002.

——. *Princípios e regras:* mitos e equívocos acerca de uma distinção. Revista Latino-Americana de Estudos Constitucionais. Vol. I. Belo Horizonte: Del Rey, 2003, p. 607-630.

——. O conteúdo essencial dos direitos fundamentais e a eficácia das normas constitucionais. *Revista de Direito e Estado,* n. 4, Rio de Janeiro: Renovar, 2006.

——. *Direitos fundamentais.* Conteúdo essencial, restrições e eficácia. 2ª ed. São Paulo: Malheiros, 2010.

SOARES, Antônio Jorge. *Uma concepção de meio ambiente.* Revista Direito e Liberdade. Revista da Escola da Magistratura do Rio Grande do Norte. V. 8. Disponível em <http://www.esmarn.tjrn.jus.br/revistas/index.php/revista_direito_e_liberdade/article/view/> 19, acesso em 12.04.2013.

STRATEWERTH, Günter. *Derecho penal. Parte general I. El hecho punible.* 4ª ed. Buenos Aires: Hammurabi, 2005.

——. Sobre o conceito de "bem jurídico". In GRECO, Luis. (org.) *O Bem jurídico como limitação do poder estatal de incriminar?* Rio de Janeiro: Lumen Juris, 2011.

STRECK. Lenio Luiz. *Verdade e consenso – Constituição, Hermenêutica e Teorias discursivas: da possibilidade à necessidade de respostas corretas em Direito.* Rio de Janeiro: Lumen Juris, 2007.

——. *A dupla face do princípio da proporcionalidade.* Disponível em <http://www.leniostreck.com.br/site/wp-content/uploads/2011/10/17.pdf>. acesso em 21.03.2012.

SWIFT, Michael. Prefácio. In MOREIRA, Fátima, SIQUEIRA, José; BRUSSAARD, Lijbert. *Biodiversidade do solo em ecossistemas brasileiros.* Lavras: Ufla, 2008.

TEEB. *A Economia dos Ecossistemas e da Biodiversidade para Formuladores de Políticas Locais e Regionais.* Disponível em <http://www.teebweb.org/ForLocalandRegionalPolicy/tabid/1020/Default.aspx>. Acesso em 20.09.2011.

TOLEDO, Francisco de Assis. *Princípios básicos do direito penal.* 5ª ed. São Paulo: Saraiva, 1994.

ZAFFARONI, Eugenio Raúl. *Tratado de Derecho Penal. Parte general.* Tomo II. Buenos Aires: Ediar, 1987.